KB058473

일 만명 리더를 변화시킨

리더 수업

일 만명 리더를 변화시킨

리더 수업

나를 이끌고, 팀을 이끌고, 성과를 이끌어 내는 리더십 A to Z

현미숙 지음

LEAD SELF
LEAD PEOPLE
LEAD RESULT

21세기북스

추천의 말

현미숙 코치를 만나기 전까진 코칭 프로그램이 의미가 있다고 생각하지 못했다. 그래서 차세대 리더들의 코칭을 요청하며 긴가민가하는 마음으로 나도 직접 코칭을 받았었다. 그러나 코칭을 받으며 몰랐던 나의 성격을 알게 되었고, 내가 일하는 모습을 객관적으로 바라보게 되는 놀라운 경험을 했다. 그동안 리더십에 대한 공부는 충분히 했다고 자부해왔는데, 나도 몰랐던 부분 때문에 상처 입었을 구성원들을 생각하니 미안한 마음에 고개가 숙여졌고, 나 자신을 다시 돌아보게 되었다.

'리더가 이끌어야 할 첫 번째 사람은 자기 자신입니다. 우선 상세하게 스스로를 파악하고, 자신을 바꿀 수 없다면 문제를 올바르게 다룰 수 있는 새로운 방법을 찾아야 합니다'라는 현미숙 코치의 이야기가 마음에 오래 남았다. 리더십은 매일 행동으로 나타나는 삶의 문제라는 말에 공감했기 때문이다.

현미숙 코치가 겪은 다년간의 코칭 경험을 엮어낸 책이 출간되었다. 한 권의 책으로 알차게 정리된 그의 코칭은 다양한 사례와 상세한 설명을 더한 덕분에 한순간에 몰입해서 읽을 수 있었다. 이 책을 만나 일상에 둔해졌던 마음을 다시금 일깨울 수 있어서 참으로 감사하다. 행복한 리더가 되고자 하는 분들에게 이 책을 자신 있게 권한다. 투자한 시간이 아깝지 않을 것이다!

○ **방민수(코오롱글로텍㈜ 대표이사)**

한국에서 비즈니스 코치 전문가가 막 육성되던 때 좋지 않은 경험을 한 적이 있다. 그런 탓에 코칭 프로그램에 부정적인 인식을 가지고 있던 나는 현미숙 코치를 만나며 놀라운 변화를 겪었다. 나를 많이 변화시키는 과정이었고, 그와 대화하는 모든 순간이 가치 있는 시간이었다. 코칭은 나를 변화시키는 것은 물론이고, 나와 같이 일하는 중간 리더들이 더 좋은 리더가 되기 위해 고민하는 순간에 도움을 줄 수 있는 좋은 기회가 되었다.

소위 살아있는 전설로 불리는 르브론 제임스는 현역이면서 역대 가장 많은 누적 골을 넣은 미국 농구선수이다. 이런 기록은 기술도 중요하지만 오랜 기간 큰 부상 없이 실력을 유지할 수 있는 몸 관리가 필요하다. 르브론은 연간 약 16억 원 정도의 비용을 들여 몸 관리를 한다고 알려졌다. 세상에서 몸 관리를 가장 잘하는 선수가 몸 관리에 가장 많은 비용을 사용하는 것이다. 상위 10위 안에 드는 PGA프로 골퍼들 또한 스윙 코치, 퍼팅 코치, 멘탈 코치, 피팅·스트레칭 코치를 각각 고용하며 몸 관리에 많은 시간과 비용을 지불한다. 이렇듯 리더 역시 현재 좋은 평판을 받는다고 하더라도 더 훌륭한 리더가 되려면, 혹은 계속 훌륭한 리더로 남으려면 꾸준히 시간과 비용을 투자해야 한다.

이 책은 조직에서 좋은 리더가 되는 데 도움을 준다. 리더십에 관련된 좋은 책들이 많이 있지만, 이 책은 저자가 오랜 기간 나를 포함한 수많은 리더를 만나면서 같이 고민한 생생한 현장 이야기들이 담겨있다는 점에서 다른 책과는 사뭇 다른 인사이트를 제공한다.

대부분의 리더들이 시급한 현안에 밀려 리더로서의 성공에 가장 중요하다고 할 수 있는 리더십에는 관심을 덜 가진다. 물론 책 한두 권만으로 리더십을 크게 변화시킬 수는 없다. 하지만 이 책을 읽으면서 리더십에 좀 더 관심을 가지고 내가 어떤 리더인지 고민할 수 있게 될 것이다. 이 책에서 제안하는 리더로서 해야 할 여러 활동들을 각자의 일상에 비추어 보길 바란다. 더 나아가 본인의 리더십을 점검하고 고도화를 위한 코칭의 필요성을 좀 더 느낄 수 있는 계기가 되길 기원한다.

○ **서정식(현대오토에버 사장)**

이 책이 탄생하기까지의 산고는 엄청났을 것으로 생각된다. 필자의 부단한 학습, 리더의 문제를 같이 풀었던 경험, 회사를 다니는 리더와 구성원에 대한 사랑, 신앙인으로서의 성실한 소명이 어우러진 명작이다. 다양한 현장 사례, 구체적인 실행 Tool, 참고해야 할 배경지식을 담고 있어서 각 조직의 임원과 팀장들이 시행착오를 줄이고 문제를 해결하여 ①목표를 초과하는 성과 창출, ②부하직원 개발 ③조직 내 역량 축적을 할 수 있는 지름길을 제시한 리더십 바이블이다. 전통적인 리더들의 고민과 VUCA 시대와 MZ세대 변화 등을 포함한 새로운 리더십 문제들을 열정, 진정성, 사랑으로 함께 나누어 주신 저자 덕분에 현장의 리더들이 자신감을 잃지 않고 리더십을 발휘할 수 있게 되었다. 부분과 전체를 아우르면서, 문제해결 방법론까지 구체적으로 제시한 책은 아마도 이 책이 유일하지 않을까 싶다.

○ **김원배(前 SK 리더십팀장, 교육사업본부장, 한국스마트경영연구원 대표)**

리더의 가장 중요한 책무 중 하나는 자기보다 뛰어난 후배를 키워내는 것이다. 정성을 다해 키운 미래의 리더들이 조직을 10배, 100배 성장시키기 때문이다. 문제는 '어떤 방법을 통해 탁월한 리더로 키워 낼 것인가?'인데 현장에서 20년이 넘는 시간 동안 한눈팔지 않고 사람을 제대로 키우는 일에만 매진해 온 저자가 리더 육성의 해법을 명쾌하게 제시하고 있다.

아무나 쓰는 그런 책 만들지 말라고 말렸는데, 자신과 후배의 행복한 성장을 위하여 고민하는 대한민국의 리더들에게 제대로 된 리더십 교과서가 될 것이다.

○ **김홍묵(前 SK아카데미 원장)**

대한민국 비즈니스 코칭 분야의 선구자 중 한 사람으로 평가받는 저자가, 지난 20여 년간 수많은 리더의 성장을 도우며 체득한 지식과 경험의 정수를 책으로 만나볼 수 있다는 것은 큰 행운이다. 경험해 보지 못한 세대와 함께 경험해 보지 못한 세상을 살아가야 하는 리더들이 이 책을 통해 깊은 통찰과 구체적인 조언을 얻을 수 있을 것이라 확신한다.

○ **신상규(SK하이닉스 기업문화실장)**

직책을 맡은 수많은 사람이 있다. 뼈아픈 고백이지만, 그들 모두가 리더는 아니다. 자고 일어나면 지형이 바뀌는 사막과 같은 지금의 시대에서 리더십의 무게는 점점 더 무거워지고 있다. 무게감으로 어려움을 겪는 후배 리더들에게 이 책을 권한다. 20여 년간 리더들의 고민을 함께해 온 저자가 마치 내 옆에서 코칭을 해주듯 어려움에 공감하고 더 나은 선택을 하도록 함께 대화해주는 것 같다. 리더십 변화 요구에 곤혹스러워하는 리더들에게 변화를 위한 모티브를 마련해주고 실천할 도구들 또한 제안해주니, 든든한 코치를 옆에 둔 듯 지혜를 얻게 될 것이다.

○ **이충구**(前 현대자동차 사장)

현미숙 코치의 《일만 명 리더를 변화시킨 리더 수업》에서는 변화하는 세상에서 리더들도 변화해야 한다는 대명제를 현장 에피소드로 친근하게 풀어내고 있다. 하루가 다르게 변화하는 세상에서 기업이 지속 성장하기 위해서는 경영자가 먼저 변화하고, 변화의 세상에서 구성원을 리드하여 조직의 성과를 내는 리더가 되어야 한다. 리더가 변화하기 위한 스무 가지의 방안들을 현장 에피소드로 시작하여 셀프 코칭 질문으로 마무리하고 있는 이 책은 경영자에게 필수 도서가 될 것이다.

○ **임건신**(연세대학교 경영대학 교수)

VUCA라는 단어가 더 이상 특별하게 느껴지지 않는 시대, 지금까지의 리더십이 더 이상 유효하지 않음을 느낀다. 대한민국 비즈니스 코치 1세대로서 수많은 리더의 변화를 이끈 저자의 현장 코칭이 이 시대를 살아가는 리더들에게 큰 도전이자 도움이 될 것이라 기대한다. 리더십이 두려운 리더, 혹은 리더십을 더 확장하고 싶은 리더에게 이 책은 가장 가까운 코치이자 멘토가 될 것이다.

○ **임규남**(SK실트론 기업문화실장)

들어가는 말

우리는 세상이 변하는 것만큼 빠르게 변화하고 있는가

세계적인 경영학자 게리 하멜Gary Hamel은 이것이 지금 우리에게 가장 중요한 질문이라고 주장*한다. 그리고, 사업Business Model의 혁신만큼 중요하지만 우리가 놓치고 있는 것은 관리Management Model의 혁신이라고 강조한다.

관리의 혁신이란 무엇을 뜻하는 것인가. 그 효용을 다해 버린 위계적, 관료적, 수직적 구조를 버리고, 보다 기업가적이고, 수평적이며, 직원들에게 더 많은 권한을 부여하는 구조로 변화해야 한다는 뜻이다. 조직 상층부에 있는 소수의 사람들에게만 의사결정 권한이 주어지고, 그들이 전략을 결정하며, 직원들끼리 승진을 두고 경쟁하는 낡은 관리 방식으로는 지금의 불황을 타개하기 어렵다. 게리 하멜은 이런 관리방식을 여전히 사용하고 있는 기업들이 멸종 직전의 공룡과 같다고 비유하면서, 이제 관료주의Bureaucracy에서 인간중심주의Humanocracy로 전환해야 한다고 주장한다.

인간중심주의에 기반한 관리 방식은 의사결정의 단계를 줄이고,

---

* 게리 하멜.2023. 불황 시대의 기업 생존 전략. 컨퍼런스 G 2023. Keynote Speech.

지원 조직은 환경에 빠르게 대응할 수 있도록 작은 단위로 만들며, 현장 조직은 채용, 평가, 해고 등을 자체적으로 할 수 있는 권한을 준다. 마치 조직 전체가 실험실인 것처럼, 누구든 필요한 사람에게는 자원과 기회를 주며, 어떤 영향력impact을 가져 왔는가에 따라 보상을 하여 협력을 이끌어 낸다.

사실 게리 하멜의 주장이 새로운 것은 아니다. 이미 발 빠르게 관리 혁신을 해 나가고 있는 기업들도 많이 있다. 문제는 여전히 많은 리더들이 자신의 권한을 나눠주지 않고 구성원을 자원resource으로만 보고 있다는 것이다. 그래도 기업 차원에서 관리 혁신을 하겠다고 선포한 기업은 방향이라도 정했기에 희망이 있다. 더 큰 문제는 기존의 관료주의, 기득권, 관성에 안주하면서 말로만 혁신이 필요하다고 소리치고 있는 많은 기업과 리더들이다. 영향력을 발휘해야 할 리더가 오히려 걸림돌이 되고 있음을 보게 될 때 코치로서 마음이 아프다.

리더십 또한 세상이 변하는 것만큼 빠르게 변화해야 한다. 이 책은 구성원뿐만 아니라 자신까지도 하나의 수단으로만 보고 통제하고 관리하려는 리더들을 위해 준비하였다. 특히, 관리 혁신을 하려는 리더들이 낡은 관료주의 방식을 벗어 던지고 인간중심주의를 향해 가려는 노력에 함께하기 위해 코치로서의 사명감과 경험을 담았다. 이 책에 담긴 이야기들은 관리의 혁신을 통해, 조직의 혁신과 지속적인 성장을 모색하는 데 좋은 가이드라인이 되리라 본다.

리더십을 다시 배워야 하는 당신에게

경험이 많고 적음에 관계없이 리더십은 늘 어렵다. 신임 리더가 되면 성과를 내던 사람에서 성과를 내도록 돕는 사람으로 환골탈태해야 하지만, 리더의 정체성을 정립하지 못한 채 그 동안 칭찬 받던 방식으로만 일을 계속 하다보면 부정적 피드백이 쇄도한다. 시니어 리더는 다를까? 오랜 세월 관료주의에 길들여져 성과를 내는 법을 터득했는데, 이제 그런 리더십을 버리고 다시 배우라고 요청받는 것 또한 힘든 일이다.

이 중 변화가 더 힘든 쪽은 누구일까? 필자는 후자라고 본다. 이들은 관점과 신념이 명확해서 수많은 이유를 대며 새로운 것을 거부한다. 머리로는 박사급인데, 사람을 이해하고 받아들이는 가슴은 어린아이 수준 같다. 이런 리더에게 가장 필요한 것은 마인드셋의 변화이다. 마인드셋의 변화 없이는 새로운 기술과 도구가 무용지물이기 때문이다. 따라서 이 책에서는 다양한 관점에서 인지적인 충돌을 주어 마인드셋의 변화를 이끌어 내기 위해 성심을 다했다. '이건 이미 알고 있는 내용인데?'라는 내면의 소리가 들릴 때면, 그 부분에서 변화가 꼭 필요하다는 말이라고 생각하며 읽어주길 바란다. 마인드셋이 바뀌면 이제 현장에 적용할 수 있는 스킬과 툴이 필요하다. 장마다 마인드셋, 스킬셋, 툴셋을 골고루 기술해놓아 현업에 적용할 수 있게 설계하였다. 그리고 각 장의 마지막에는 배운 것을 적용해볼 수 있는 셀프코칭 코너가 있다. 이를 통해 아는 것에서 끝나지 않고 현장에서 실행해 보는 것으로 이어지길 바란다.

이 책은 크게 세 개의 파트, 즉 나를 이끄는 리더십Lead Self, 사람을 이끄는 리더십Lead People, 성과를 내는 리더십Lead Result으로 구성되어 있다. 첫 번째 파트에서는 리더로서 스스로를 승진시키고, 자신의 강점과 약점을 파악하여 영향력을 잘 미치는 방법을 살펴보며, 세상과 사람을 바라보는 나의 관점을 점검해본다. 또한 스트레스 요인이 무엇인지 살펴보고 스트레스 상황에서 어떻게 빠져나올 수 있는지, 그리고 새로운 리더십을 습관화할 수 있는 방법은 무엇인지 살펴본다.

두 번째 파트에는 조직에서 어떻게 신뢰를 구축할 수 있는지, 구성원에 대한 호불호가 조직에 얼마나 큰 어려움을 주는지, 세대 간 소통과 동기부여를 어떻게 해야 하는지, 일하면서 육성할 수 있는 방법은 무엇인지, 요즘 대기업들이 관심 갖고 있는 1on1(원온원)은 왜 필요하고 어떻게 해야 하는지, 그리고 각종 코칭 기술을 어떻게 실행해야 하는지, 조직 내 족보처럼 떠다니는 암묵적 가정을 어떻게 관리해야 하는지에 대한 현장 이야기와 개선들이 담겨져 있다.

마지막 세 번째 파트에서는 성과를 높이기 위해 예측 가능성을 어떻게 높일 것인지, 목표 합의가 잘 되지 않는 이유는 무엇이고 리더가 중점을 두어야 할 것은 무엇인지, 그리고 성과관리를 위한 피드백은 어떻게 해야 하는지, 저성과자를 어떻게 코칭해야 하는지, 그리고 성과면담은 어떻게 해야 하는지 등에 대해 다루었다.

체계를 잡고 분류는 했지만, 골라먹는 재미가 있다고 광고하는 아이스크림처럼 현장에서 리더로서 어려움을 겪을 때마다 필요한 부분부터 읽어도 무방하다. 리더들이 많이 겪는 고민을 나누는 것부터, 그것을 해결하기 위한 다양한 관점과 기법을 확인하고, 스스로 조직에 적용해 볼 수 있는 내용을 뽑다 보면 외로움보다는 용기를 얻게 될 것이다.

"그런 책 쓰지 마세요!"

처음 이 책을 쓰기로 마음먹었을 때, 필자를 말리려고 SK아카데미 전前 원장님이 하신 말씀이다. 깊이가 없는 리더십 책이 너무 많이 나오고 있으니 지식과 경험이 더 농익으면 내라고, 대신 코치로서 리더들을 직접 만나 그들이 성장하는 것을 돕는 데 더 많은 시간을 쓰라고 권하셨다. 그 후로 시간이 많이 흘렀다. 이 책은 지금까지 만났던 지혜로운 리더들, 구성원들을 위해 늘 고민하고 사업과 조직의 성장을 위해 밤낮없이 뛰던 리더들에게서 배운 것을 담았기에 그 분들과 함께 쓴 책이라고 해도 과언이 아니다. 지금 이 순간에도 각자의 자리에서 사업과 관리의 혁신을 위해 힘쓰고 있을 리더들에게 작은 등불이 되길 소망한다.

세상 그 무엇도 돕는 자 없이 결실을 맺기는 어렵다. 알라딘 램프의 지니처럼 언제든지 도움을 주며 격려하는 남편 양홍규와 '가치대로 살려고 노력하는 엄마'에게 존경과 지지를 보내주며 자신의 삶을 건강하게 헤쳐 나가는 아들 원주와 딸 희재에게 깊은 사랑과 감사를 전한다.

늘 중보기도자로서 멘토로서 역할을 해주시는 이강락 대표님과 리더십 책 판매 시장이 어려운데도 불구하고 이 두꺼운 책의 출판을 허락해주신 21세기북스 김영곤 사장님께 감사드린다. 항상 새로운 공부를 하도록 안내해주고 배움의 열정에 불을 지펴주는 김원배 대표님께도 우정과 신뢰와 감사를 보낸다. 책에 집중할 수 있도록 시간을 확보해준 하우코칭 식구들, 필요한 정보가 있을 때 딱 맞는 자료를 찾아준 류주현 상무, 집단지성을 나누는 하우코칭의 파트너 코치님들, 날카로운 관점으로 기획과 교정을 도와준 강문형 에디터님, 인생을 어떻게 살아야 할지 길잡이가 되어주신 분당우리교회 이찬수 목사님, 기도로 응원해준 엘사랑교회 정광용 목사님과 제자반 동역자들, 그리고 다락방 식구들께 사랑과 감사를 전한다.

이 책을 통해 받을 작은 칭찬이 있다면, 그것은 모두 하나님께 돌려야 할 영광이다. 하나님은 나의 부족함을 탓하지 않으시고 늘 용서와 기회와 지혜와 사랑을 주셨다. 그 어마어마한 사랑에 감사하며 글을 마친다.

대한민국의 리더십이 조금 더 성장하길 바라며

현미숙

목차

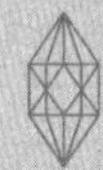

1장

Lead Self
나를 이끄는 리더십

1. 스스로를 승진시키는 첫 작업, 리더십 정체성을 확립하라
2. 내 강점과 약점을 파악하라
3. 나는 세상을 어떻게 해석하고 있는가?
4. 나의 스트레스는 안녕한가?
5. 새로운 리더십 행동을 습관화할 비법이 있는가?

1

스스로를 승진시키는 첫 작업, 리더십 정체성을 확립하라

현장 에피소드

저는 2년 연속 리더십 진단 결과가 좋지 않았습니다. 작년 리더십 진단 결과를 받고 나름대로 노력했는데, 올해도 결과가 좋지 않으니 마음이 조금 상하더군요. 상사도 '나는 네가 너무 필요한데, 리더십 이슈 때문에 곤혹스럽다.' 하십니다.

인사팀에서는 제가 개선해야 할 부분이 '위임'이라고 말합니다. 제가 너무 디테일을 챙기고 실무자처럼 간섭한다는 것이죠. 사실 처음 피드백을 듣고선 납득이 가지 않았습니다. 구성원들이 일을 제대로 했다면 저까지 디테일을 챙길 필요는 없었을 테니까요. 그런데도 자신의 역량 부족을 되돌아보지 않고 상사의 탓을 한다는 게 못마땅했습니다.

젊은 시절 제 상사는 실무자의 어려움을 돌봐주지 않아서 참 힘들었거든요. 그때부터 '내가 리더가 되면 구성원들이 성취를 잘할 수 있도록 제대로 도와야지' 했습니다. 그런 좋은 마음이 이제는 독이 된 거 같습니다. 저 같으면 옆에서 도와주고 챙겨주는 상사가 있으면 좋을 것 같은데……. 이런 특성이 상무라는 직위에는 맞지 않는 건지, 아니면 세대가 바뀌어서 그런건지, 아니면 제가 리더로서 자질이 없는 건지 잘 모르겠습니다. 코치님께서 리더십의 본질과 그 평형추 맞추는 방법을 좀 코칭해주세요.

"왕관을 쓰려는 자, 그 무게를 견뎌라!"

셰익스피어의 희곡 〈헨리 4세〉에 나온 대사이다. 리더라는 직책은 왕관과 같다. 4차 산업혁명 이후 그 왕관의 무게는 배가되었다. 인력은 줄었고, 과업은 어려워졌으며, 변화는 예측하기 힘들다. 그뿐이랴. 조직 개편은 왜 이렇게 수시로 이뤄지는지 구성원에게 비전은커녕 명분조차 제시하기 어렵다. 게다가 소통은 어떤가. 소위 MZ라고 불리는 세대와의 소통도 어려운데, 재택근무가 빈번해지면서 원격근무라는 장벽이 하나 더 세워졌다. 이쯤되면 근무 환경에 문제가 있다는 합리적인 항변을 해볼 법하지만, 그렇다고 달라지는 것은 없다. 이럴 때 예전의 자신처럼 상사의 의도를 명확히 알고 기대한 것 이상으로 과업을 수행하는 사람이 있었으면 좋겠다는 생각을 해본다. 하지만 고민을 덜어주는 사람은커녕 리더십 및 조직 진단 결과에는 날선 평가가 줄을 잇는다.

'우리 부서의 일도 아닌데 자꾸 일을 가져옵니다.', '부서장은 우리가 어떻게 일을 해내고 있는지 관심도 없습니다. 우리는 그저 과업을 수행하는 도구일 뿐입니다.', '본인도 모르는 일을 가지고 방향도 제시해주지 않으면서 다시 해오라고 합니다.', '커뮤니케이션 자체를 모르는 분 같습니다.'

회사에서는 내가 처한 복잡한 사정까지 알아주지 않는다. 진단 결과만으로 '구성원의 몰입과 동기부여가 얼마나 중요한데 그것을 소홀히 하느냐'고 지적한다. 책임은 고스란히 나의 몫이 되어 '내가 역량이 있는 사람인가?', '내가 이 자리에 있는 게 맞는 일인가?'하는 의심이 고개를 내민다. 이럴 때 부정적 감정에 매몰되기보다 그런 생각들로부터 빠르게 벗어나는 것이 중요하다. 최소 두 개의 문을 지나야 한다. 하나는 다시 마음을 정렬하는 문, 두 번째는 리더로서 어떤 방향을 바라보고 갈지를 정리하는 문이다.

첫 번째 문 '마음의 중심 잡기'

첫 번째 문은 평정심을 찾기 위한 노력의 문이다. 이 문을 열고 들어서면, 두 잔의 차tea가 준비되어 있다. 각 잔에 담긴 차를 마시며 명상해보자.

첫 잔에 담긴 차의 이름 '자기 수용'

'당신의 리더십은 문제가 있어!' 혹은 '리더니까 당신이 더 노력해야 해!'라는 메시지가 여기저기서 들려올 때 가장 먼저 해야 할 것은 무엇일까? 분노? 자책? 결심과 노력?

코치로서 나는 '공감'부터 한다. 다른 사람은 오해하거나 비난해도, 코치는 리더 마음속에 있는 긍정적 의도와 최선을 믿기 때문이다. 그럴듯한 말로 사탕발림하려는 것이 아니다. 공감과 수용은 변화를 만들어내는 에너지가 된다. 코치에게 온전한 공감을 받고 난 리더들은 고민의 방향을 좀 더 쉽게 수정할 수 있다. '왜 그들은 부족하고 어리석은가?'에서 '내가 뭘 다르게 해야 하나?'로 생각이 옮겨가는 것이다. 이렇듯 마음의 중심을 잡기 위한 첫 번째 문은 '공감'을 통해 쉽고 빠르게 통과할 수 있다.

그러니 당신도 스스로의 코치가 되어 자신의 마음에 공감하고 스스로를 지지해주어야 한다. '일도 잘하면서 리더십 발휘도 잘하고 커뮤니케이션도 훌륭하게 하기'란 정말 힘들다. 단언컨대 대부분의 리더들이 유사한 어려움을 겪고 있다. 당신만 그런 것이 아니니 안심하고 이렇게 해보자. 왼쪽 가슴에 오른손을 얹는다. 그리고 말해보자.

'○○아! 아무리 노력해도 여러 사람을 만족시키는 것은 누구에게나 어려운 일이야. 너는 최선을 다했어. 다른 사람이 했어도 힘들었을 거야. 결과가 어떻든 네가 노력했다는 사실은 부인하지 말자. 나는 네가 믿음직스럽고 참 고마워.'

처음엔 겸연쩍고 쑥스러울지 모른다. 그래도 깊은 호흡을 병행하며 심장이 편안해지고 힘과 용기가 올라올 때까지 천천히 3회 이상 해보자. 마음이 불편할 때마다 반복해도 좋다. 내가 내 편이 먼저 되어주면, 비로소 변화를 위한 에너지와 여유가 생긴다.

두 번째 잔에 담긴 차의 이름 '1막과 2막'

새로운 깨달음을 얻기 전은 1막, 깨달은 후부터는 2막이 시작된다. 이미 1막이 끝났는데, 그 시간을 부여잡고 후회와 분노, 절망에 머물러 있어서는 안 된다. 스트레스를 받으면 자신의 강점을 발휘하기는커녕 시야가 좁아져 잘못된 결정을 내리기 쉽다. 지금 당신의 상황에서 1막을 회고하니 '이런 면이 좋았고 그래서 감사하다'라고 생각하고 털어버려라. 동시에 2막에는 어떤 그림end picture을 그릴지, 1막에서 아쉬웠던 것을 2막에 어떤 형태로 적용해볼 것인지를 정리하며 2막을 맞이해야 한다.

믿을지 모르겠지만 구성원들이 리더에게 하는 거친 말들은 '도와달라'는 메시지이다. 예를 들어보자. '우리 리더는 호불호가 심해요'라는 말은 '제가 고성과자는 아니지만 저 같은 사람에게도 기회를 주세요'라는 강력한 요청이다. 리더의 방식이 구성원이 원하는 것과 달랐다면 2막에서는 어떻게 방식을 바꿀지 고민하면 된다.

시선이 미래를 향해 있으면 마음에 힘이 생긴다. 반면 과거에 대한 불만과 현실에 대한 변명만 되풀이하면 미래로 눈을 돌리기 어려워진다. 미래로 나아가는 힘, 변화를 위해 필요한 힘은 최선을 다한 자신을 수용하는 것에서부터 나온다는 사실을 꼭 기억하라. 잠시 스스로를 위로하고 나면, 새로 만들어갈 2막이 펼쳐진다. 성공적으로 2막의 첫걸음을 뗄 굵직한 해답을 두 번째 문에서 정리해 보자.

두 번째 문 '리더십의 방향 잡기'

자신을 어떤 사람이라고 생각하는가? 이러한 질문에 선뜻 답하기는 쉽지 않다. 그렇다면 질문을 좀 더 쉽게 바꿔 보자. 자신이 어떤 사람으로 기억되길 바라는가?

이런 질문들은 모두 정체성과 관련된 질문이다. 정신분석학자인 지그문트 프로이트Sigmund Freud가 '정체성'이란 용어를 처음 사용한 이후 학자들은 여러 가지 관점에서 정체성을 정의해왔다. 정체성Identity이란, 일정 기간 동안 비교적 일관되게 유지되는 고유한 실체로서의 자기에 대한 경험이다.[1]

회사에서 전략과 방향 없이 일을 하지 않는 것처럼, 인생에서도 역할에 따라 정체성과 방향을 수정하지 않으면, 매우 어려운 상황에 처하게 될 수 있다. 필자의 경험을 예로 들어보자. 대학에서 학생을 가르치는 일을 했을 당시, 다른 사람을 가르치려면 나 자신이 먼저 완벽해져야 한다고 생각했다. 책임을 다하는 사람이어야 하고, 언행이 일치돼야 하며, 상대의 기대 이상을 해내야 한다는 강박이 있었다. 이 강박이 성과와 평판에 긍정적인 영향을 주자 신념과 가치로 굳어지기 시작했다. 이 신념으로 자신을 가혹하게 대했지만, 그럴수록 좋은 평판을 얻게 하는 힘이 되었다.

문제는 역할이 바뀌었는데도 성공을 가져왔던 기존의 가치와 신념을 고수할 때이다. 필자는 학교를 떠나 작은 연구소의 대표를 맡게 되었다. 혼자 일하는 것이 아니라 리더십을 발휘해야 하는 위치에 서게 된 것이다. 포지션은 바뀌었는데 새로운 역할에 필요한 정체성, 즉 '나는 이곳에 왜 존재하는가? 나는 어떤 리더가 되고자 하는가?'와 같은 리더십 정체성을 정리하지 못했다. 기존에 내가 성공했던 방식을 강요하면서, '당신은 왜 나처럼 하지 않느냐'고 다그

치기 시작했다. 나도 지치고 사람들도 지쳤다. 왜 사람들이 내가 주는 피드백을 수용하지 않는지 좌절했고 무기력해졌었다.

삶이 나에게 묻는다. '너는 어떻게 존재하고자 하는가?'

분석심리학의 대가 칼 구스타브 융Carl Gustav Jung은 자신의 존재 의미를 찾는 것이 얼마나 중요한 일인지를 이렇게 언급한다.

내 존재의 의미는 나의 삶이 나에게 질문한다는 데에 있다.

한편 이것은 반대로, 나 자신이 세상에게 나의 대답을 전해준다는 것을 의미한다.

그렇지 않으면 나는 세상의 응답에만 의존하게 될 것이다.

("나는 누구인가?"라는 스스로의 질문에 답하는 것) 그것은 내 개인적인 것을 초월하는 사명으로 이는 오직 내가 전력을 다해 노력할 때 비로소 도달할 수 있다.[2]

칼 융의 주장처럼 내가 세상에 제대로 존재하기 위해서는 내가 누구이고 어떤 사명을 위해 존재하는지 치열한 고민이 필요하다. 그런 고민을 하지 않을 때, 남이 요구하는 나로 맞추며 살게 되고, 어느 순간 공허감과 허탈감으로 가슴을 치는 슬픈 일이 벌어지기도 한다.

리더의 역할도 마찬가지다. 리더십을 발휘하기 위한 치열한 고민이 필요하다. 리더십을 한마디로 정의하면 '영향력influence을 끼치는 것'이다. 즉 조직의 미션에 동의하고, 공동의 목적과 목표를 설정하며, 구성원 각자가 자신의 강점을 사용해서 맡은 일에 성과를 내며, 조직의 지속가능성에 기여하도록 구성원을 독려하는 일련의 행태이다. 얼마나 거대하고 어려운 일인가. 그러니 리더라는 직책을 맡게 되면 그 직책을 어떻게 해나갈지 깊고 끈질긴 숙고가 필요하다. 어떤 리더가 되고자 하는가, 조직의 지속가능성을 위해 어떤 변화를 만들어 낼 것인가, 리더로서 내가 보고자 하는 아웃풋 이미지output image*는 무엇인가, 나와 함께 하는 사람들에게 어떻게 기여하고자 하는가. 이 숙고의 결과물이 바로 다른 사람과 구별되는 나만의 리더십 정체성이며, 이 방향대로 살기 위해 끊임없이 노력하는 과정이 바로 리더십 여정이다.

앞서 현장 에피소드의 상담자는 '조직의 리더'가 아니라 '프로젝트 리더' 역할에 충실했던 것으로 보인다. 프로젝트 성공에만 몰두하기 때문에, 구성원의 성공과 성장을 알아채지 못하고 조직의 역량에도 관심갖지 않는다. 어떤 리더가 될 것인가 하는 리더십 정체성을 정리하지 못하니 노력이 파편화될 수밖에 없고, 파편화된 노력으로는 조직 관리에 변화를 가져올 수 없게 되는 것이다. 결국 리더십의 방향을 정리하지 못한 결과는 리더로서의 존폐를 좌우하게 된다.

역지사지하라

역지사지가 필요하다. 내 관점이 아닌 다른 사람의 관점에서 '내

---

* 일이 완성되었을 때의 최종 결과물, 혹은 어떤 일이 진행되고 난 후에 벌어질 수 있는 결과.

가 어떻게 보이나'를 생각해봐야 한다. 우선 나의 상사 입장에서 보자. 최고경영자를 비롯한 많은 사람들이 나를 보고 있다. 더 큰 조직을 맡겨도 되는 사람인지 아닌지 말이다. 임원인데 실무까지 말끔하게 처리해준다면 당장의 필요를 채워줘서 고마운 마음이 들 것이다. 하지만 사람과 조직을 성장시키지 못하고 리더십 이슈가 반복되면, 이 사람의 역량은 여기까지밖에 되지 않는다고 생각할 수 있다. 지금 당장의 과제task를 해결해주는 사람이기는 하지만 함께 앞일을 내다보고 조직의 지속가능성을 고민할 수 있는 '선 굵은 임원감'으로 여겨지진 않을 것이다.

구성원의 입장이 돼보는 것도 필요하다. 내가 하면 로맨스, 남들이 하면 불륜이라는 말처럼, 사람들은 매우 이율배반적인 속성을 가지고 있다. '자신을 평가할 때는 의도'로, '타인을 평가할 때는 행위'로 하는 것이다. 반대가 되어야 한다. 말해주지 않은 의도를 상대가 알 리 없다. 상대는 내 행위만 가지고 해석할 것이기 때문에, 객관적으로 볼 때 내 행동이 어떻게 해석되는지 생각해봐야 한다. 예를 들어보자. 반면교사가 되었으면 좋겠다는 의도로 여러 사람 앞에서 한 실무자를 야단친다. 상대방은 내 의도를 알 리가 없다. 그러니 화를 조절하지 못하는 리더로 해석할 수밖에 없다. 더욱이 나도 당할지 모른다는 생각 때문에, 구성원들은 그 리더 앞에서 매우 소극적인 태도로 일관하며 책임지지 않으려 할 것이다. 내 선한 의도와는 완전히 다른 파장을 만들어내는 것이다.

내 행위의 결과를 관찰해야 한다. 그 결과가 내가 원하는 모습과 일치하는지 수시로 살펴야 한다. 일치하지 않는다면, 상대방이 나의 의도를 제대로 해석할 수 있도록 말과 행동을 바꾸어야 한다.

수석 요리사의 모자가 높은 이유

주방에서는 수석 요리사일수록 모자 높이가 높다. 모자 높이는 경력과 위계를 나타내기도 하지만, 고개를 들고 주방 전체를 바라보며 관리하라는 의미다. 높은 모자를 썼는데 직접 요리를 하려고 고개를 떨군다면 모자가 쉽게 떨어질 테니 말이다.

리더가 된다는 것은 의도적으로 높이가 높은 모자를 쓰는 것과 같다. 요리사의 정체성을 포기하라는 뜻이 아니다. 리더 역시 직접 새로운 요리를 선보일 수 있다. 그러나 무엇보다도 눈을 들어 조직이 어떻게 흘러가고 있는지, 역할과 자원들이 잘 분배되고 있는지, 내 리더십의 영향력이 조직의 성과와 문화에 어떤 영향을 미치고 있는지 평가하고 성찰해야 한다.

자꾸만 고개를 숙여서 실무를 하고 싶을 때, 그때는 내가 높이 솟은 모자를 쓰고 있다는 상상을 해보자. 조직 전체에 미칠 나의 영향력과 유산을 생각하면서 말이다. 당신이 앉아 있는 위치는 당신이 생각한 것보다 훨씬 더 큰 숲을 봐야 하는 자리라는 것을 명심하자. 그리고 또 하나, 당신은 당신이 생각한 것보다 훨씬 더 큰 사람이라는 것도 기억하자.

셀프 코칭

다음 질문에 답하면서 역할에 따른 정체성을 정리해봅시다. 상황을 구체적으로 상상하며 답변한다면 정체성 정리가 더 쉬워집니다.

당신과 함께 조직에서 3년을 보낸 구성원이 조직을 떠나면서 마지막 인사를 하러 왔습니다. 구성원은 당신에게 '당신을 통해 무엇을 배웠고, 그것이 나의 어떤 능력을 키워주었다. 이제 그것은 나의 특별한 경쟁력이 되었다.'라며 고맙다는 감사 인사를 전합니다.

Q1. 이때 무엇을 배웠고 어떤 면에서 경쟁력이 생겼다고 하면, 내가 리더로서 역할을 잘했다고 생각될까요?

(예. "팀장님과 함께하면서 협업의 가치를 배웠습니다. 각자의 일로 바쁜 사람들에게 어떤 가치를 제공하며 협업을 도모할지 노하우가 생겼고, 이것이 또 다른 저의 경쟁력이 되었습니다.")

____

____

Q2. 앞의 질문에 답을 했다면, 그 답의 키워드를 넣어 리더십 정체성(리더로서 존재 이유이자 방향성)을 정리해봅니다. 이때 문장에는 의도intention와 의지를 엿볼 수 있는 '~이고자 한다'라는 단어가 들어가면 좋습니다.

(예. "나는 '서로 같이 잘되게 하는' 협업을 전수하는 리더이고자 한다")

"나는______________________________하는 리더이고자 한다."

2

내 강점과 약점을 파악하라

현장 에피소드

처음 뵙겠습니다, 코치님. B상무입니다. 메일로 전해주신 리더십 진단을 진행하고 검사결과지를 받았는데, 많이 놀랐습니다. 동의하기 어려웠거든요.

강점에 대한 결과는 동의합니다. 거시적으로 큰 그림을 그린다거나 트렌드에 민감하며 지속적으로 공부하는 성향이 있다는 것이요. 그로 인해 다른 사람이 생각지 못한 방향으로 위험을 감수risk-taking하며 사업을 키워가고 있다는 측면도 일리가 있습니다.

강점에만 동의한다는 것은 아닙니다. 타당한 지적도 있습니다. 사람보다는 과업에 초점을 두고, 실무자들이 해오는 과제의 수준이 마음에 들지 않아 잔소리를 한다는 부분 말이지요. 제가 동의할 수 없는 부분은 리더십 탈선 요인derailer입니다. 흥분성, 비판성, 냉담성, 무모함, 괴팍성…… 이런 부적절한 단어가 제가 주의해야 할 탈선 요인이라는 것은 말도 안 됩니다.

제 입으로 말하기 민망하지만, 저는 7년간 조직 평가 및 개인 평가에서 S등급을 놓치지 않았던 사람입니다. 7년간 S등급을 받으려면 어떤 성과를 내야 하는지 아시지 않습니까? 작년에 120% 이상으로 실적을 냈다면, 올해는 그 수치가 기본 출발선이 되어 더 높은 목표를 설정해야 합니다. 그런 도전적인 목표를 연속해서 7년간 달성했다는 뜻입니다. 물론 이 목표를 달성하려면 구성원들도 힘들겠지요. 그러나 결국 고과도 잘 받고 제 어필로 PIProductivity Incentive도 두둑하게 받습니다. 뼈를 갈아 넣어야 하는 어려움이 있지만, 결국 노력한 결과를 보상해주는 그런 조직입니다.

코치님, 제가 생각하기에 저의 현실과 진단의 갭이 큰 것 같은데, 설명을 좀 해주시겠어요?

사람들은 자신이 잘하지 못하는 영역이 약점이라고 생각한다. 결론부터 이야기하면 더 큰 약점은 강점 때문에 생긴다. 약점은 자주 사용하지 않지만, 강점은 자주 사용하기 때문이다. 강점이 과도하게 혹은 상황에 맞지 않게 사용될 때 치명적인 약점이 된다.

어떤 팀장이 고민을 털어놓는다. 상사가 하는 말의 의도를 빠르게 알아차리고 기꺼이 위험을 감수하면서 도전하는 것이 자신의 강점인데, 내성적인 성격으로 사람들과의 네트워킹을 제대로 하지 못하는 것이 약점이라고 말이다. 이 경우, 내성적인 성향보다 오히려 두 가지 방향에서 강점이 치명적인 약점이 될 수 있다. 첫 번째는, 조직의 리소스를 고려하지 않고 새로운 프로젝트를 시도하는 것이다. 새로운 것에 신경을 쓰다 보니, 기존 과제를 후속관리할 여력이 없다. 루틴한 업무를 하고 있는 구성원에게 신경 쓸 여력이 없으니 조직의 대다수는 소외감을 느낀다. 새로운 업무로 스포트라이트를 받는 구성원도 서서히 지쳐간다. 더 큰 문제는 스트레스 상황에 빠질 때다. 스트레스에 빠지면 사람들은 방어적으로 변해서 자신이 가장 잘해왔던 방식을 고수한다. 이 팀장이 스트레스가 심해지면 더욱 일을 벌이려 하고 구성원들은 심리적·물리적으로 이탈하게 된다. 이 얼마나 치명적인 약점인가!

이 팀장이 갖는 두 번째 약점은 내 강점을 구성원들과 나누는 방식이다. 내가 가진 강점으로 다른 사람의 부족을 돕는다면 더할 나위 없다. 그러나 '당신은 왜 나만큼 못하냐'는 평가의 잣대로 쓰면 치명적인 약점이 된다. 자신도 모르게 이 답답함을 드러내면, 구성원들은 소극적으로 변하고 어느 누구도 선뜻 주도성을 드러내지 못하게 된다. 결국 조직 역량은 쪼그라들 수밖에 없다.

그러니 자신의 강점을 알고, 그 강점이 어떤 방식으로 주변에 영향력을 발휘하고 있는지 살펴봐야 한다. 또한 자신의 강점이 약점으로 작용하고 있지는 않은지 살펴봐야 한다.

나의 강점을 찾아라

"사람은 오직 자신의 강점을 통해서 능력을 발휘할 수 있다."[3]

강점을 활용할 때 성과가 난다. 강점으로 인해 인정받고 승진한다. 세계적인 경영학자 피터 드러커Peter Drucker도 강점은 강화하고 약점은 관리하라고 조언한다. 그래서 자신의 강점을 아는 것은 매우 중요한 일이다. 우선순위가 높은 세 가지 강점을 말해달라고 하면 당신은 바로 답할 수 있는가? 즉답하지 못한다면, 어쩌면 당신은 지속적으로 성공할 수 있는 자신의 자원을 폐기하고 있는 상태인지도 모른다.

강점, 역량, 재능, 장점은 같은 말인가?

강점이 장점, 재능, 역량이라는 단어들과 어떻게 같고 다른지 정리부터 해보자. 〈골목식당〉이라는 TV 프로그램을 보면, 백종원의 말 한마디에 희비가 엇갈린다. "모든 면에서 완벽에 가깝다. 이 음식의 교본, 그 자체다!"라고 감탄하는 음식이 있는가 하면, "이건 집에서 엄마가 가끔 해주면 맛있게 먹을 수 있는 정도"라고 혹평하는 음식이 있다. 자신이 남보다 쉽게 해내거나 동일한 노력을 기울였을 때 잘하는 것을 우리는 '재능이 있다' 혹은 '장점이 있다'고 한다. 반면 대부분의 사람들이 동일하게 맛있다고 평가한다면 우리는 '강점이 있다' 혹은 '역량이 있다'라고 한다.

기업도 마찬가지다. 이 분야에서 십수년간 일했다며 베테랑처럼 굴지만 그 분야에서 성과를 내지 못하는 사람이 있다. 이는 강점이 단순히 투자한 시간을 의미하는 것이 아니라는 뜻이다. 강점은 성과와 관련되어 있다. 즉, 중화요리 가게를 연 지 1년이 채 안 되었는데도 맛있다는 평가가 절대적으로 많고 손님의 전체 수와 재방문 수라는 성과로 나타나고 있다면, 중화요리에 강점이 있다고 평가할 수 있다. 다시 강조하자면 시간을 얼마나 투자했는지가 아닌 어떤 성과를 냈는지로 강점을 바라봐야 한다. 이는 역량competency이라는 개념에서 좀 더 쉽게 이해될 수 있다.

[그림 1] 역량의 예

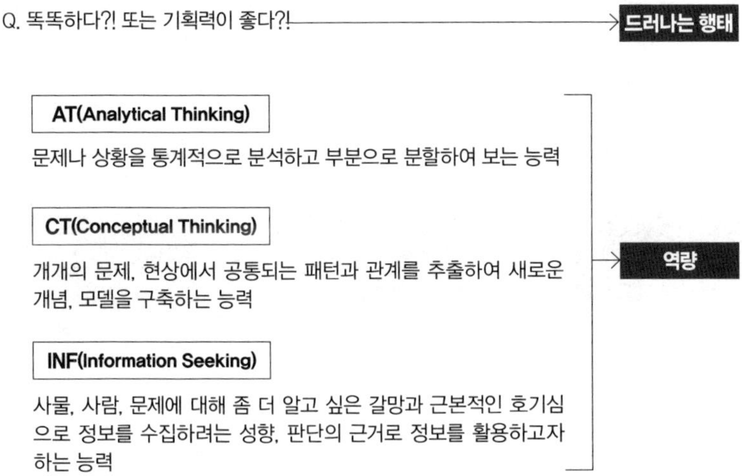

Q. 똑똑하다?! 또는 기획력이 좋다?! → **드러나는 행태**

AT(Analytical Thinking)

문제나 상황을 통계적으로 분석하고 부분으로 분할하여 보는 능력

CT(Conceptual Thinking)

개개의 문제, 현상에서 공통되는 패턴과 관계를 추출하여 새로운 개념, 모델을 구축하는 능력

INF(Information Seeking)

사물, 사람, 문제에 대해 좀 더 알고 싶은 갈망과 근본적인 호기심으로 정보를 수집하려는 성향, 판단의 근거로 정보를 활용하고자 하는 능력

→ **역량**

출처: 최동석 [성과예측모형]

역량이란 무엇일까? 엄격한 의미에서 역량이란, 특정한 상황이나 직무에서 우수한 성과를 내는 데 지속적으로 쓰이는 개인의 내적 속성을 말한다.[4] 인사조직의 대가인 최동석 박사의 예를 살펴보자. 기획력이 대단하다는 평가를 받는 사람이 있다. 기획력이 좋으려면 최소한 세 가지의 역량이 일관되게 작용해야 한다. 문제를 분석하는 능력, 낱개의 데이터를 더 큰 개념이나 모델로 만들어내는 개념적 사고, 그리고 양질의 정보를 찾아내어 활용하는 정보수집력 등이 그것이다.

결국 조직에서 강점은 '누구보다 잘한다'는 단순한 차원이 아니라 일관되게 성과를 내는 요소를 가지고 있는가에 관한 것이다. 기획을 '가끔' 잘하는 것이 아니라, 저 사람에게 맡기면 늘 좋은 기획

자료를 내놓는다고 할 때 그 사람은 강점 혹은 역량을 가지고 있다고 본다. 결국, 재능, 장점, 강점, 그리고 역량은 다음과 같이 정리할 수 있다.

[그림 2] 재능과 강점의 관계

즉답할 수 있는 나의 강점 3가지를 찾아라

남보다 조금 잘하는 장점 차원이 아니라 일정한 성과를 내는 데 쓰이는 특성이 강점이라는 것을 알았다. 이런 차원에서 나의 강점을 찾아보자. 자신의 강점을 찾는 방법은 크게 두 가지 방향이 있다. 하나는 진단이고 다른 하나는 직접 질문하는 방법이다. 가장 좋은 방법은 잘 조직화된 진단도 하고 주변과 자신에게 질문함으로써 이를 통합해 내는 것이다. 하지만 [표 2]에 소개된 질문에 자

[표 1] 강점을 찾는 방법

진단을 통해 강점을 찾는 방법	직접적 질문으로 강점을 찾는 방법
• **리더십 진단:** 호건진단, 해리슨진단, 버크만 메소드(리더십 진단) 등 • **성향 진단:** 버크만 메소드, MBTI, 에니어그램, 에고그램, DiSC 등	• 주변인에게 질문하는 방법 • 과거 성공체험을 탐색함으로써 스스로 파악하는 방법

문자답하거나 주변 지인에게 피드백을 구하는 방식으로도 얼마든지 자신의 강점을 정리할 수 있다.

직접적 질문으로 강점을 찾는 방법은, 자신의 과거 경험 속에서 최고의 경험Peak/Optimal Experience을 떠올리는 것이다. 즉 '아, 내게 이런 면이 있었구나.'라고 스스로 감탄했던 과거의 사건, 혹은 최고의 성과로 기억되는 사건을 떠올려보는 것이다. 자화자찬해도 쑥스럽지 않을 지인과 아래의 질문을 주고받아보자. 그런 지인이 없다면, 자문자답을 통해 도출할 수도 있다.

[표 2] 최고의 경험 속에서 재능 혹은 강점 찾기

내가 경험한 최고의 사건 속에서 나의 재능과 강점이 드러났을 겁니다. 일의 규모가 크든 작든 중요하지 않습니다. 지금 조직에서 있었던 일도 좋고, 꼭 직장에서 일어난 일이 아니어도 좋습니다. 스스로 자랑스러워했던 순간, 혹은 나의 노력으로 최고의 결과(성과)를 가져왔던 경험을 떠올려보세요.
① 어떤 상황이었습니까? 어떤 역할을 맡았습니까?
② 어떤 행위를 하였습니까? 그 행위를 한 의도는 무엇이었습니까?
③ 그 역할로 인해 얻은 결과result는 무엇입니까?
④ 그 결과로 어떤 변화transition가 있었습니까?
⑤ 그 과정을 지켜본(혹은 지켜봤다면) 사람들은 나에게 어떤 칭찬을 하였습니까?
⑥ 스스로 평가할 때 나의 어떤 능력이 드러났다고 생각합니까?
⑦ (⑤와 ⑥의 내용을 종합해서) 내게 있는 재능 5가지를 정리해본다면 무엇이 될까요?
⑧ 5가지 재능 중, 성과에 지속적으로 기여하는 속성을 강점(역량)이라고 합니다. 내가 성과를 내는 데 지속적으로 발현되는 속성 3가지를 정리한다면 그것은 무엇입니까?
나의 강점 3가지
•
•
•

위의 질문에서 가장 중요한 두 단어는 '의도'와 '지속적으로 발현되는 속성'이다. 우선 의도는, 우연히 혹은 어쩌다 보니 그 결과가 생긴 것이 아니라 어떤 결과가 올지 예상하고 행동했다는 것을 의미한다. 또한 지속적으로 발현되는 속성은 앞서 언급한 것처럼 재능과 강점을 구분하는 매우 중요한 요소이다.

미국 갤럽에서는 탁월한 성공을 얻는 사람과 그렇지 못한 사람들의 차이를 발견하기 위한 대대적인 연구를 하였다. 포춘 500대 기업, 학교, 스포츠 팀에서 일하는 25만 명을 대상으로 40년에 걸쳐서 실시한 방대한 조사였다. 그 결과 뛰어난 사람들은 자신의 강점에 힘을 집중하는 반면에 평범한 사람들은 자신의 여러 가지 약점을 고치는 데에 에너지를 낭비하고 있음을 발견했다.[5] 그렇다. 성공하기 위해서는 내 강점을 알아내고 지속적인 성과를 창출하도록 갈고 닦아야 한다.

잠깐! **기업에서 임원 승진에 사용하는 평가 센터Assessment Center란?**

기업에서 중요한 직책자를 선발하거나 중진senior 임원으로 승진시킬 때, 영향력이 큰 역할을 잘 해낼지 평가하는 평가 센터 기법이 있다. 센터Center는 공간적인 의미가 아니라 역량을 평가하는 다양한 기법들을 모아두었다는 의미이다. 평가 센터의 다양한 기법 중 임원의 역량을 가장 잘 예측해내는 것이 '행동 사건 면접BEI, Behavior Event Interview'이다. 승진 예정자가 경험한 과거의 사건을 인터뷰함으로써 역량을 평가하는 것이다.

이 평가 방법을 쓰는 이유는, 과거에 겪었던 어떤 사건 속에서 '의도를 가지고 문제를 해결하는 데 발휘된 역량'은 이후 미래에도 유사하게 발휘될 수 있기 때문이다. 이 BEI의 질문은 위의 '최고의 경험' 질문과 거의 유사하다. 이는 두 가지 시사점이 있다. 첫째, 최고의 경험에 관한 질문은 역량을 평가할 수 있는 매우 합리적이고 의미 있는 질문이라는 것이다. 둘째, (과장을 좀 보탠다면) 자신의 성공체험 속에서 자신의 의도와 강점을 즉답할 수 없는 사람은 중직을 맡을 수 없다는 것이다.

강점이 갖는 그림자를 인식하라

강점에 대한 정리가 끝났다면, 이제 그 강점을 과도하게 쓰거나 상황에 맞지 않게 쓸 때 어떤 파장이 일어나는지, 강점의 그림자를 인식할 단계이다. 앞서 B상무의 현장 에피소드를 가지고 살펴보자.

B상무의 강력한 강점이 탈선 요인이 될 수 있다.

B상무가 스스로 말하듯 그는 세상이 어떻게 흘러가는지 민첩하게 잡아내고 이를 전략에 반영한다. 소위 나비효과, 그러니까 나비의 작은 날갯짓이 우리에게 어떤 영향을 미치는지 감지하는 것이다. 학습 민첩성도 뛰어나다. 공식적인 채널에서 나오는 자료를 탐색하고 공유하며 시간을 쪼개 배운다. 이런 노력 덕에 고급 정보를 빠른 시간에 찾아낸다. 매 순간 정보를 받아들이고 통합해 실행에 적용하며, 마지막 순간까지 새로운 통찰을 보고서와 실행에 삽입한다. 그러니까 B상무의 강점을 세 가지로 정리한다면 ①혁신적 사고, ②학습 민첩성, ③끊임없는 눈높이라고 말할 수 있다.

자, B상무의 이러한 강점을 잘 관리하지 못할 때 어떤 일이 벌어질까? B상무의 입장에서 구성원이 찾아온 정보가 마음에 들지 않을 확률이 높다. 여러 번 반려하며 부정적인 피드백을 할 것이다. 구성원 입장에서는 이 버전이 마지막이라고 생각하고 보고했는데, 새로운 정보나 틀을 가지고 다시 수정하라는 지시를 받을 가능성이 크다. 조직의 인력이나 역량은 감안하지 않고 새로운 프로젝트를 자꾸 생성해내고 리소스를 투입하라고 종용할 수도 있다. 전문성을 가진 사람은 존중하나, 관리가 필요한 일에는 신경을 쓰지 않거나 그런 일을 하는 구성원은 안중에 없을 수 있다. 작년에도 뼈를 갈아 넣어 목표 이상을 달성했는데, 다시 뼈를 갈아 넣자고 한다. 그 과정에서 업무 성과에 반하는 개인적 변명은 터부시할 가능성이 크다.

이런 것들이 어떤 증상으로 드러날까? 잦은 이동과 병가 신청, 높은 이직률 등이다. 조직 풍토는 어떨까. 인재 육성에 관심을 갖기 어렵다. 언제 사람을 키워서 성과를 내겠는가? 그러니 일을 제대로 해내지 못하는 사람들은 다른 회사로 이직하거나 다른 부서로 이동하고, 소위 일을 잘하고 재무적 성과로 보상받기를 원하는 사람만이 그 조직에 남아있을 가능성이 크다. 이러한 조직의 분위기는 어떨까?

무엇보다도 제일 걱정인 것은 일 중독으로 인한 B상무의 건강과 가정생활이다. 결국 B상무가 강점을 무분별하게 발휘한다면, 탈선 요인이 고개를 들게 되고 그것이 B상무를 끌어내리는 강력한 위협 요소가 될 수 있다.

탈선 요인 없이 자신의 강점을 잘 쓰는 리더도 있다

강점이 있다고 모든 사람이 위험한 탈선 요인을 갖는 것은 아니다. 스스로 각성해서 노력하는 사람도 있고, 태생적으로 균형점을 잘 유지하는 사람도 있다. 사례를 살펴보자.

재계 5위 안에 드는 A그룹은 높은 성과를 내는 임원들을 사장 후보군으로 선발하여 지속적으로 관리한다. 두 가지가 인상적이었다. 하나는 계열사 사장을 멘토로 맺어주어 주기적으로 경영 수업을 받게 한 것이다. 그 바쁜 대기업 대표들이 이 한 사람을 좋은 경영자로 육성하기 위해 기꺼이 시간을 내어, 자신의 성공, 실패, 두려움, 관점, 혜안을 나눠주는 것이다. 또 하나는 코치를 매칭하여 리더십의 레벨을 높이는 혜택을 준 것이다.

그 해 전 계열사를 통틀어 선발된 여섯 사람 중 C상무가 내게 의뢰되었다. 첫 코칭 세션을 준비하면서 C상무의 이력 사항을 검토하던 중 특이한 문구 하나를 발견하였다. 유의점에 "시련 경험이 없음"이라고 적혀 있던 것이다. 시련 경험이 없다니, 너무나 부러운 이 사항이 왜 유의점일까?

실제로 기업에서는 요직에 있는 경영진이 실패나 시련 경험이 없는 것을 경계한다. 두 가지 이유이다. 첫째는, '늘 성공하는 나'의 이미지가 굳어지고 자신이 보는 관점이 최고라는 생각을 하게 된다. 이 자부심이 결국 자신보다 이 일에 대해 잘 아는 사람은 없을 것이라는 자만심으로 변한다. 이는 본인이 듣고 싶은 이야기만 듣게 되고 과감한 혁신이나 위험 감수를 하지 않게 되는 요인이 된다. 둘째는 위기에 대응해본 적이 없기 때문에 실제로 위기 상황에 처할 때 우왕좌왕하여 조직을 더 위험에 빠뜨릴 수 있기 때문이다. 그래서 '자만에 빠지지 않고 종합적인 사고와 틀을 유지하도록 돕는 것'이 내게 부여된 과제였다.

실제로 C상무를 만나 보니 왜 사장 후보군으로 선정되었는지 쉽게 납득이 갔다. 매우 주도적이고 낙관적이며 민첩했다. 한 가지 사안에 대해 종합적이고 체계적인 사고system thinking를 하는 사람이었기에, 실패할 확률이 적었고 예상치 못한 증상들을 빠르게 알아차렸으며 빠르게 소통하며 대안을 마련했다. 이런 성향으로 인해 작은 실수는 있어도 그것이 큰 실패가 되도록 내버려 두지 않았다. 상사에게 직언하는 것도 마다하지 않았는데, 그 직언을 수용한 상사도 훌륭한 상사이겠으나 무엇보다 C상무가 미래를 내다보는 안목과 근거를 체계적으로 제시하는 성향을 가졌기에 가능한 일이었다. C상무를 스카우트하려는 헤드헌터들의 메일도 주기적으로 받고 있었다.

이러한 엄청난 강점은 대부분 스트레스 상황에서 탈선 요인을 야기한다. 그런데 몇 가지 가벼운 증상을 빼놓고는 탈선 요인을 찾아보기 어려웠다. 이유가 뭘까? 다음 사례에서 그 해답을 찾아보자.

C상무에게는 다른 임원에게서 찾아볼 수 없는 특이점이 있었다. 대부분의 회의록을 본인이 작성한다는 것이다. 팀장들과 회의를 할 때도, 사장과의 회의에서도 회의록을 스스로 작성했다. 회의록을 상무가 쓰다니? 너무 낯설었다. 처음에는 실무자들에게 위임을 하지 못해서 본인이 직접 작성한다고 생각했다. 특히 사장까지 공유하는 회의록이라면, 통상 똑똑한 시니어 구성원이 초안을 작성하

고 윗사람의 피드백으로 여러 번 수정을 거쳐야 겨우 회의록이 완료되어 보고하게 된다. 낭비가 많음을 알면서도 보통의 경우 그렇게 하지 않는가.

그에게 왜 직접 회의록을 작성하는지 물었다. 다른 사람보다 회사의 방향과 전략을 잘 알고 있어 핵심을 쉽게 파악할 수 있으며, 요점 정리하는 훈련이 잘 되어 있으니 자신이 작성하는 게 효율적이라는 이유였다. 실제로 이 방법은 여러 가지 측면에서 효과적이었는데, 가장 좋은 점은 의사결정이 빠르게 이루어진다는 점이었다. 상사들도 자신이 하는 이야기가 무엇인지 모를 때가 있고 우선순위를 정하지 못해 다양한 이야기를 쏟아낼 때도 있는데, 그 의중을 파악하여 회의록에 깔끔하게 정리해내니 상사들의 만족도가 높았고 의사결정도 빠르게 이루어진다는 것이다. 팀장 및 구성원은 회의 때 이해되지 않았던 내용을 확인할 수 있고, 그들로 하여금 회의할 때 어떤 내용을 귀 기울여 들어야 하는지 재고해보는 효과도 컸다. 상사의 의중과 전략적 방향을 명확히 확인하게 된 실무자들은 자연스럽게 자신들의 리소스를 본질과 실행에 투입하게 되었다.

그렇다면 구성원에게도 일목요연하게, 빠른 의사결정을 돕노록 회의록을 쓰는 훈련이 필요한데, 그 기회를 뺏는 것은 아닐까? 하지만 C상무는 자신이 참석하지 못하는 팀 간 혹은 다른 부서와의 회의에서 팀장 및 실무자들이 쓴 회의록을 보면서 그 명료함에 뿌듯함을 감출 수 없다 한다.

C상무는 자신이 가진 강점으로 다른 사람을 비난하지 않았다.

자신이 가진 역량으로 다른 사람의 역량이 성장하도록 도왔고, 효율성과 효과성을 위한 도구로 기꺼이 사용했다. C상무의 강점으로 상사, 동료, 구성원 모두가 몰입할 수 있었고 낭비 요소를 줄였으며 효율적으로 일하는 것이 구성원들에게 벤치마킹되었다.

강점과 탈선 요인의 역학 관계가 이해되는가? 크게 보면 두 가지라고 생각된다. 하나는 C상무가 가지고 있는 서로 다른 차원의 역량이다. 예를 들면 '성과'라는 일 중심적인 측면과 '역지사지'라는 관계적 측면의 강점이 상호 보완적으로 작용했다. 일 중심적인 임원의 경우, 사람들을 대하는 역량은 매우 떨어지는 경향이 있다. 그런데 C상무는 일과 사람을 아우르는 성향을 가지고 있었다. 두 번째 요인이 더 중요하다고 보는데, '자신과 타인에 대한 신뢰의 균형'이다. 자신만 신뢰하는 것이 아니라 타인도 신뢰한다는 것이다. C상무처럼 자신의 강점이 강점으로 어필되도록 상보적인 관계에 있는 요소를 살펴보는 노력이 필요하다.

나의 탈선 요인을 관리하라

대기업 상위 세 직책에서 성공하는 가장 큰 요인은 '부하직원과의 관계'라고 이야기한다. 800여 명의 인사 담당 임원들에게는 반대로 인터뷰했는데 그 결과도 유사하다. 임원이 추락하는 가장 큰 탈선 요인이 '대인 관계 문제'와 '팀 구축 능력 결여'라는 것이다.[6] 결국 리더의 강점이 긍정적인 영향력을 발휘하려면, 함께하는 사람들과 긍정적인 관계를 구축하고 하나의 팀으로 결속력을 다지는 노력과 역량이 필요하다는 것이다.

마인드셋mind-set이 바뀌어야 한다. 마인드셋이란 내면의 마음가짐이라 볼 수 있는데, 쉽게 말하면 마음의 필터 혹은 선글라스라고 생각하면 된다. 빨간색 선글라스를 끼고 있으면, 주변이 붉게 보인다. 원래의 색깔로 볼 수 없는 것이다.

그렇다면 리더에겐 어떤 마인드셋이 필요한 걸까? 자신과 타인을 신뢰해야 한다. 자신에 대한 신뢰가 부족하면서 목표에 대한 갈증이 심하면 조바심이 나고 쉽게 평정심을 잃게 된다. 과거에 잘못한 일을 되새김질하면서 자신을 탓하기 시작하면 점점 구덩이에서 헤어 나올 수 없다. 누구 책임인지를 따지는 데 머물러 있으면 비판적인 말을 쏟아내고 쉽게 흥분하게 되어 사람을 잃게 된다. '나도 당신도 최선을 다했다'는 것을 인정하고 그다음 일을 도모해야 일도 사람도 잃지 않게 된다.

《아웃워드 마인드셋》에서는 두 가지 마인드셋을 비교하고 있다. 하나는 시선이 자신에게만 집중된 '인워드 마인드셋Inward Mind-set'이다. 시선과 마음이 자신의 요구 사항과 목표에만 쏠리기 때문에, 다른 사람들에 대해서는 관심 없는 것을 말한다. 구성원을 자신이 중요하다고 보는 요구사항과 목표를 이뤄주는 '도구나 대상'으로만 생각하는 것이다. 다른 하나는 '아웃워드 마인드셋Outward Mind-set'이다. 나처럼 그들도 요구 사항이 있고 목표가 있으며 해결하고 싶은 문제를 가지고 있는 '사람'으로 바라보는 것이다. 즉, 다른 사람과 공존하기 위해 무엇을 어떻게 해야 할지를 되짚어 보고 종합적으

로 이해관계를 헤아려 행동하는 것이다.[7]

타인의 의도를 의심하는 사람이 의도를 믿어주는 사람으로 변화하기 쉽지 않다. 내 요구만 우선시하던 사람이 쉽게 바뀌기 어렵다. 그러나 당신의 지속가능성을 위해 노력해보자. '매년 10%만 신뢰를 더하자'라는 식의 점진적인 목표를 설정하자. 다른 사람의 필요를 관찰하고 들어주고 함께하는, 단계적이면서 작은 목표가 설정되었다면, 몇 년 뒤에는 많이 달라진 당신을 목격하게 될 것이다.

셀프 코칭

다음의 질문에 답하면서 자신의 강점과 탈선 요인에 대해 생각해봅시다.

Q1. 주변 지인들 중 나에 대해 잘 알고 있는 5명 이상에게 나의 장점 3가지와 관리해야 할 3가지 요소에 대해 말해달라고 요청합니다. 빈도수가 높은 3가지를 적어봅니다.

빈도가 높은 장점	관리할 요소
• ____________	• ____________
• ____________	• ____________
• ____________	• ____________

Q2. 나의 강점에 대해 정리하고 강점을 강화할 계획을 세워봅니다. 우선 본문 35쪽에 있는 '최고의 경험 속에서 재능 혹은 강점 찾기'에 답한 나의 재능 및 강점과, Q1을 통해 얻게 된 장점을 비교해봅니다.

① 재능 혹은 장점이 강점이 되려면 성과와 연계되어야 합니다. 현재 직무 및 직책과 연계해서 볼 때, 어떤 것이 나의 강점이라고 정리해볼 수 있을까요? 3가지*로 정리해봅니다. (개수를 정해 놓는 이유는 스스로 기억하기 쉽기 때문입니다. 3가지가 넘어도 상관없습니다. 다만, 잊어버리지 않게 잘 보이는 곳에 메모해두세요.)

② 정리된 3가지 강점을 늘 기억합니다. 어떤 문제를 해결해야 하는 상황이라면, "이 상황에서 나의 강점을 발휘한다면 무엇을 해볼 수 있지?"라고 스스로 물어봐주세요. 가능하다면 많은 순간에 자신의 강점을 인식하고 사용해주세요. 이것이 당신의 성공 지름길이 될 것입니다.

③ 분기마다 강점 중 하나에 초점을 둬서, 이 강점을 더 강화하기 위한 환경을 스스로 만들어주세요. (예. 혁신적 사고가 나의 강점이라면, 이 사고를 더 발휘하도록 돕는 영양분이 무엇인지 생각해보고 그 환경을 마련해봅니다. 만약 새로운 정보를 받아들이는 과정에서 혁신적 사고가 활성화된다면, 뭔가 배우거나 양질의 정보를 받을 수 있는 채널을 구축해놓는 것입니다.)

Q3. 혹시 모를 나의 탈선 요인에 대해 정리해봅니다.

① 다음의 상황에 대해 생각해보면서, 중복적으로 언급되는 관리 요소가 무엇인지 3가지 정도의 요소를 정리해봅니다.

- 지인을 통해 얻은 관리해야 할 요소 중 중복된 항목
- 회사 내에서 진단이나 평판으로 언급되는 개선점
- 나의 강점이 과도하게 쓰여서 자신과 주변 사람을 힘들게 하는 상황
- 자신 혹은 타인에 대한 신뢰의 부족으로 보이는 행동과 태도

② 5%만 개선한다면 어떤 행동들을 해볼 수 있는지 3가지만 적어봅니다.(예. 새로운 일을 시작하기 전에 객관적으로 상황을 이야기해줄 D와 먼저 소통한다. D에게 객관적인 피드백을 해주는 역할을 해달라고 사전에 당부한다.)

- ______________________________
- ______________________________
- ______________________________

③ 안 하던 행동을 하면 한두 번 하다 그만두게 됩니다. 그 행동을 꼭 할 수 있도록 사전 행동이나 환경을 어떻게 세팅할지 설계합니다. (예. 일주일에 한 번 이상 구성원들과 점심식사를 한다. 그날은 조직 내의 과제에 대해 구성원들의 목소리를 듣는 날이다.)

- ______________________________
- ______________________________
- ______________________________

3

나는 세상을 어떻게 해석하고 있는가?

현장 에피소드

코치님, 상무들과 인터뷰를 하면서 저와 사장님 간의 어려운 상황을 알게 되셨다고 들었습니다. 솔직하게 말씀드리겠습니다. 사장님은 부사장인 저를 견제하고 있습니다. 회의 시간에 저의 생각을 충분히 들어보지 않고 방향을 틀어 버리거나 본질에서 벗어난 문제 제기를 하십니다. 다른 임원들을 앞세워 자신의 의견에 동조하게 하며 임원들끼리 사전에 협의했던 사안을 폐기하게 합니다.

처음에는 원인을 제게서 찾았습니다. 제가 다른 부서와 제내로 의견을 일치시키지 못했구나 하고요. 그래서 유관 조직과 사전 회의를 통해 합의를 도출한 후 보고하기도 했습니다. 하지만 결과는 같았습니다. 사장님이 문제를 제기하면 임원들의 말이 바뀝니다. 사전에 충분히 논의한 변수였음에도 불구하고 사장님의 의견에 동조하는 방향으로 말이지요. 그때의 좌절감은 이루 말로 다할 수 없습니다.

사장님이 저러시는 이유가 뭘까 궁금했는데, 지난번 술자리에서 "내년에도 내가 사장할 거다."라고 말씀하시더군요. 너무 놀랐습니다. 저희 회사는 그룹사에서 사장을 선발하게 되어 있고, 또 제가 사장 후보군에 올라가 있는 것은 알고 있었지만 저렇게까지 저를 견제하고 있을 줄은 생각하지 못했습니다. 저를 잘 활용하면 사장님 자신이 더 오랫동안 유능함을 인정받고 회사에 기여할 수 있을 텐데 그러지 않는 것이 이해가 잘 안 됩니다.

나이 들수록 저녁에 운전하는 것이 힘들다. 비가 오는 저녁은 더더욱 그렇다. 어두우면 잘 보이지 않을뿐더러 거리 감각도 떨어지고 보이는 반경도 줄어들기 때문일 것이다. 시력처럼 의식에도 밝음과 어두움이 있다. 의식에 빛이 환하게 들어와 있으면 시야가 넓어지고 긍정적인 것을 볼 수 있다. 그러나 의식에 빛이 잘 들어오지 않아 어두우면, 볼 수 있는 게 적거나 왜곡된다.[8] 《의식혁명》에 나오는 이야기다.

《의식혁명》은 내용이 좀 어렵고 의식 측정 방법에 있어서 여러 논박이 있지만, 우리가 세상을 바라보는 사고의 틀에 대해 놀랄 만한 환기를 준다. 이 책을 관통하는 개념인 '의식의 지도'가 그렇다.

의식 수준을 측정해보면 사람마다 그 밝기가 다르고, 그 수준에 따라 세상을 해석하는 방식이 다르다는 것이다. 밝기에 따라 어떻게 다르게 지각하는지 그 지표를 정리해둔 것이 의식의 지도다.

의식의 밝기가 20*lx** 정도밖에 되지 않는 사람이 있다고 가정해보자. 이 사람의 세상은 매우 어둡고 컴컴하다. 데이비드 호킨스 박사에 따르면 이 사람은 세상을 수치심이란 필터를 끼고 보게 된다.

---

* 룩스. 빛의 밝기를 나타내는 단위를 말한다. 1룩스는 촛불 1개 정도의 밝기이다.

[그림 3] 의식의 지도

신의 관점	세속의 관점	수준	대수와 수치	감정	과정
자아	존재	깨달음	700~1000	언어 이전	순수 의식
항상 존재하는	완전한	평화	600	축복	자각
하나	전부 갖춘	기쁨	540	고요함	거룩함
사랑	자비로운	사랑	500	존경	계시
현명함	의미 있는	이성	400	이해	추상
인정 많은	화목한	포용	350	용서	초월
감화 주는	희망에 찬	자발성	310	낙관	의향
능력이 있는	만족한	중용	250	신뢰	해방
용납하는	가능한	용기	200	긍정	힘을 주는
무관심한	요구가 많은	자존심	175	경멸	과장
복수에 찬	적대의	분노	150	미움	공격
부정하는	실망하는	욕망	125	갈망	구속
징벌의	무서운	두려움	100	근심	물러남
경멸의	비극의	슬픔	75	후회	낙담
비난하는	절망의	무기력	50	절망	포기
원한을 품음	사악한	죄의식	30	비난	파괴
멸시하는	비참한	수치심	20	굴욕	제거

출처: 《의식 혁명》, 데이비드 호킨스 지음, 이종수 옮김, 한문화, 2006, p64.

누군가가 자신을 도와준다고 했을 때, 고마워하기보다는 '내가 그렇게 부족해 보이나?'하며 수치스럽게 받아들인다는 것이다. 반면 의식의 밝기가 500*lx* 정도로 매우 밝은 사람들은 사랑이란 필터로 세상을 보게 된다. 함께 공존하며 사랑을 나누고 베풀 곳으로 바라보는 것이다. 즉 상대방의 행동 때문에 내가 수치심을 느끼는 것이 아니라, 내 의식이 볼 수 있는 수준이 이미 정해져 있다는 것이다.

'내 의식의 수준'이 세상을 다르게 해석한다

앞의 사례를 다시 소환해보자. 부사장을 대하는 사장의 의식의 밝기는 매우 어두운 것 같다. 물론 양자의 이야기를 다 들어본 것이 아니라서 단정 짓기는 어렵다. 대상이나 상황에 따라 의식의 밝기가 달라지기 때문에, 사장은 다른 사람에게는 더 상위 의식으로 대했을지도 모른다. 어찌 됐든 현장 에피소드만 보면, 사장은 직속 부사장에 대해서 '잘 보이지' 않는 것 같다. 잘 보이지 않는 눈으로 보면, 상대가 어떤 노력을 해도 그 선의를 받아들이지 못한다. 역량 있는 사람일수록 적으로 보게 되고, 쓸데없는 곳에 자신의 자원을 낭비함으로써 오히려 사장 자리를 오래 유지하지 못할 가능성이 커진다. 부사장 때문이 아니라, 사장 자신이 그렇게 받아들이고 행동하기 때문에 그런 사태가 벌어지는 것이다.

A부사장은 어떠한가? A부사장은 경영진 회의에서 사장이 맞지 않는 이야기를 하면 그 자리에서 '아니다'라고 바로 직언하는 스타일이라고 고백(?)했다. 상사가 제대로 된 결정을 내리도록 하기 위해선 그 휘하의 사람들이 올바른 직언을 해야 하며, 상사는 그런 반대 의견이나 실무진들의 고민을 잘 경청해야 하는데, 사장에게 그런 자질이 부족하다고 했다. 이 말을 다르게 보면 A부사장도 상사의 면을 세워주며 지혜롭게 직언하지 못한 부하 직원이 된다.

'그 사람이 그렇게 대해서' 혹은 '그런 환경이어서'가 아니라, 스스로가 부정적 시각에 사로잡힌 게 먼저이다. 그런 시각으로 세상을 해석하니, 세상이 나에게 덤비고 두려움을 주며 배신하는 것이다. 나의 의식 수준, 즉 나의 멘탈 모델이 '원인'이고, 지금 맞닥뜨리는 환경이 '결과'인 것이다. 교육 수준, 경제 수준, IQ와 상관없다. 교육 수준이 높아도, 경제력이 막강해도, IQ가 높아도, 이 모든 것은 자신이 가진 의식 수준에 맞물려 돌아간다. 물론 '저 사람' 때문에 힘들어지는 경우도 있다. 그럼에도 불구하고 대부분의 상황은 자신이 보는 방식이 끌개가 되어 행운 혹은 불행을 끌고 온다는 것도 자명한 사실이다. 좀 더 살펴보자.

내 의식의 밝기만큼 세상이 보인다

우리 조직에 있는 구성원 하나가 당신의 지시 내용을 누락하는 일이 한두 번 생겼다고 가정해보자. 이런 경우, 당신은 이 상황을 어떻게 해석하고 행동할 것 같은가? '저런 사람이 어쩌다가 우리 조직에 들어왔나?'라고 생각한다면 가장 밑바닥의 의식 수준인 20*lx*(수치심)의 영역에서 그 상황을 보는 것이다. 50*lx*(무기력)의 수준에서는 '이런 친구는 경험해봐서 아는데 절대 개선이 안 돼. 사람은 고쳐 쓰는 게 아니라고 했어.'라고 생각한다. 100*lx*(두려움)의 수준에서는 '결국 우리 조직의 성과와 분위기를 해칠 거야.', '저런 친구가 상사의 뒷담화나 하고 다니지.'라고 생각한다. 세밀한 관찰을 하면서 구성원의 부정적 측면만 수집한다. 150*lx*(분노)의 수준에서는 작은 일에 분노가 커지고 그 구성원만 보면 화가 나고 예민해진다. 부족한 측면에만 초점을 두어 계속 화가 섞인 피드백을 하게 되고 구성원은 상사를 피해 다닌다.

긍정성의 시작인 200*lx*(용기)의 수준에서는 해당 구성원에게 필요한 것이 무엇인지 생각해보게 된다. 310*lx*(자발성)의 수준에서는 구성원과 별도의 식사를 하면서 지금 무슨 일이 있는지, 어려움은 무엇인지 듣고자 하며, 어떻게 역량을 개발할지 연구하고 시도한다. 500*lx*(사랑)의 수준에서는 구성원도 조직에서 인정받고 싶을 것이며 그런 의도가 있을 것을 생각하며 어떻게 사랑으로 감싸주고 스스로의 몫을 해내게 할 수 있을지 고민하며 구성원을 돕게 된다.

호킨스 박사는 200*lx*를 중요한 기점으로 봤다. 200*lx*를 기점으로 힘Power과 위력Force으로 나뉜다는 것이다. 힘의 특징은 겸손함이나, 위력의 특징은 오만함이다. 힘은 끌어당기지만, 위력은 물리친다. 힘은 우리의 높은 본성에 호소하지만, 위력은 우리의 낮은 본성에 호소한다. 힘에는 한계가 없지만 위력은 한계가 있다. 200*lx* 이상의 의식 수준을 가진 사람들은 겸손과 공존을 통해 부富를 만들지만, 175*lx* 이하의 의식 수준을 가진 사람들은 강압과 근심으로 부를 축적해왔을 것이다. 리더십도 마찬가지다. 어떤 리더는 위력으로 구성원을 제압한다. 하지만 어떤 리더는 용기를 주고 수용하며 공존의 힘을 드러낸다.

앞의 현장 에피소드를 읽으면서 여러 가지 생각이 들 것이다. 사장의 잘못일까, 아니면 A부사장의 잘못일까. 아니면 둘의 상호작용이었을까, 나라면 어떻게 했을까, 등등. 사장이 먼저 A부사장의 의도를 긍정적으로 받아주고 위임해주었더라면, 혹은 A부사장이 문제 해결보다는 사장의 면을 세워주고 지혜롭게 제안하며 사장의 입장을 역지사지하였더라면 결과는 달랐을 것이다. 그러나 서로를 탓하기 시작하면 다람쥐 쳇바퀴 돌 듯 같은 상황이 반복되어 버리고, 단기적으로 보면 누군가 승리한 것처럼 보이지만 결국 그 원망이 남아 둘 다 패하는 결과를 맞게 된다. 어떤 시각으로 지금의 현상을 바라보는가가 이렇게 중요하다.

자신을 바라보는 의식 밝기는 어떤가?

훌륭한 성과를 내는 리더들 중 자신을 거칠게 대하는 리더들이 참 많다. 자신이 모든 것에서 전능한 성과를 내야 한다는 생각 때문일 수도 있고, 역할에 대한 책임감 때문이기도 하다. 당신은 어떠한가? 도전 앞에 있는 자신을 어떤 의식의 밝기로 바라보는가? 실수나 실패 앞에 있는 자신을 어떤 의식의 밝기로 바라보는가? 두려움으로 보는가 아니면 전화위복의 기회가 되게 하자며 용기와 수용으로 바라보는가?

아마도 젊은 시절, 자신을 채찍질하고 두려움을 주입해서 성공해왔던 사람은, 여전히 그 방식으로 자신을 대할 것이다. 그 많은 세월 동안 자신의 역량과 태도에 근육들이 붙고 튼튼해졌음을 고려하지 않고, 기존의 의식 수준으로 자신을 바라보고 있는 것이다. 분명한 것은 과거에는 그런 방식이 성공을 가져왔는지 모르지만, 부정적인 채찍질로 상황을 반전시키는 에너지는 한계가 있다.

자신을 대하는 의식 수준을 높여야 한다. 자신에게도 부정적인 위력이 아닌 긍정적인 힘을 불어 넣어줘야 한다. 오늘 보고가 마음먹은 대로 잘되지 않았는가? 어제 한 결정이 미비한 결과를 가져왔는가? 잠시 상심에 머무를 수 있다. 진짜 잠시만 머무르라. 그런 뒤 조금 후에는 괜찮다고 스스로를 다독여라. 마음에 평정을 찾고 자신에게 긍정의 힘을 불어넣어주면, 훨씬 싱싱한 뇌와 마음으로 사안을 꿰뚫게 되고 전화위복을 만들어내게 될 것이다. 더 놀라운 것은, 일은 힘든데 마음은 든든하고 행복하며 자신감이 커지는 경험을 하게 될 것이다.

의식의 밝기를 어떻게 키울 수 있을까

다행인 것은, 의식 수준은 고정되어 있지 않다는 것이다. 갈등을 빚었던 사람을 만날 때는 무기력과 두려움에 사로잡혀 자신 있게 나서지 못한다. 반면 자녀를 볼 때는 기쁨, 사랑, 공존, 이해, 수용과 같은 매우 높은 의식 수준의 에너지를 쓰게 된다. 사람과 상황에 대해 이렇게 유동성이 있다는 것은 의식 밝기를 높이는 것이 가능하다는 반증이 된다.

죽음의 문턱까지 다녀온 사람들 중 새로운 인생을 얻었다며 나머지 삶은 세상에 기여하겠다는 고백을 하는 사람이 왕왕 있다. 생사의 갈림길에서 무엇이 가치 있고 헛된지를 크고 깊게 볼 수 있었기에 가능한 고백이다. 죽음을 맞닿았을 때는 세상의 많은 것을 초월하기에, 그 순간 의식 수준은 급격히 높아지게 된다. 극단적으로 들릴 수도 있지만, 이 정도의 충격이 있어야 자신 안에 잠재되어 있는 의식 수준을 깨울 수가 있다. 왜냐하면 호킨스 박사가 《의식혁명》에서 밝힌 숫자는 그냥 숫자가 아니라 로그값(대수)을 의미하기 때문이다. 200*lx*는 100*lx*의 2배가 아니다. 100^{10}과 200^{10}의 차이다.

평균을 넘어서는 노력이 있어야 다른 수준으로 도약할 수 있다.

다음의 방법을 살펴보고 자신이 꾸준히 할 수 있는 것 세 가지만 선택해보자.

- 햇볕을 받으며 걸어라. 세로토닌이 활성화된다. 세로토닌은 긍정성과 행복감을 느끼게 해준다.
- 사랑과 연민을 실천하라. 친절을 베풀면 오히려 자신에게 여유를 줄 것이다. 다만 상대의 반응에 일희일비하지 마라. 그도 당신의 순수한 의도를 잘 알아차리지 못하고 그저 자신의 의식 수준에서 반응하는 것이다.
- 자발적으로 헌신하라. 자발성은 당신의 높은 의식 수준을 깨우는 힘이 된다. 하기로 했다면 최선을 다해서 신나게 하라.
- 예술을 접하고 배움을 지속하라. 예술은 높은 의식 에너지를 가지고 있다. 배움을 통해 인식을 계속해서 수정하라.
- 자신의 가치관이 무엇인지 세 가지만 꼽아보자. 그리고 지금 느끼는 감정과 생각이 그 가치관과 어떻게 같고 다르게 움직이는지 관찰하라. 관찰만으로도 의식 수준이 향상된다.
- 기도와 명상을 통해 내 자신의 선한 의도를 일깨우자. 세상에 어떻게 기여하고자 하는지, 크고 작은 기여들을 떠올려보자.

'의도'와 '행위'를 일치시키기 위해 노력하자

예전에 농구 감독을 코칭한 적이 있다. 최고의 전략을 구사하는 감독이었는데 선수들은 이 감독을 믿고 따르면서도 무서워했었다.

선수들과 좋은 관계를 맺기 위해 무엇을 해야 할지에 코칭 대화를 나누던 어느 날이었다. 감독은 큰 깨달음을 실천했다며 코칭 세션이 시작되자마자 말문을 떼었다. 경기 중에 자신이 심판에게 뭔가를 이야기하려고 하면, 심판들이 인상을 쓰고 있으니 마음이 상하고 그래서 언성이 더 높아진다는 것이다. 그런데 문득 '그들이 아니라 내가 먼저 인상을 쓴 건 아닐까?'라는 생각이 들어서 얼굴을 펴고 이야기하려고 노력했단다. 그러자 놀라운 일이 생겼다. 심판들이 인상을 쓰지 않고 자신에게 말하더라는 것이다. 그동안 자신이 인상을 먼저 썼고 이미 기분이 상한 상태에서 이야기를 들었던 것이라는 사실을 깨닫는 순간이었다.

많은 갈등과 오해의 원인은 의도와 행위가 달라서이다. 의도는 선했는데, 행위가 따라가지 못하는 것이다. 자식을 사랑한다(의도)고 하면서 '이렇게 해서 성공하겠냐'는 뉘앙스로 야단을 친다(행위). 구성원을 육성한다(의도)고 하면서 그들이 얼마나 부족한 사람인지 자각시키는 데 시간을 가장 많이 쓴다(행위).

이런 오류를 범하지 않으려면 세 가지 노력이 필요하다.

- 내가 어떤 의도로 이 사람을 대하려 하는지 먼저 생각해보자. 비참함과 두려움을 주려는 것이 의도인가, 아니면 용기를 주고 성장하게 돕는 게 의도인가? 좀 더 긍정적인 수준의 의도를 찾으려 애써보자. 의도는 성장시키겠다는 것인데 자극을 주기 위해 거친 언어를 사용했다면, 구성원은 자신을 분풀이 대상으로 삼아 공격했다고 생각하게 된다. 상처 받은 그

구성원은 다양한 방식으로 부정적 행동을 하게 된다. 그러니 구성원이 성장하길 바라는 마음, 일이 뜻대로 풀리지 않는 구성원에 대한 측은지심이 들 때까지 기다리며, 좀 더 긍정적인 의도를 찾아내라.

- 의도가 긍정적인 의식 수준(용기, 자발성, 포용 등)에서 나온 것이라면, 의도와 말을 일치시키는 노력과 연습이 필요하다. 그 사람에게 주려는 말을 한번 적어보거나, 가까운 사람에게 이런 상황에서 나의 의도를 정확히 표현하려면 어떻게 말해야 하는지 의견을 구하자. 신뢰 관계에 있다면 대충 말해도 나의 긍정적인 의도에 방점을 찍고 듣겠지만, 그렇지 않은 관계에서는 드러난 행동, 말의 내용, 말투만 보고 판단할 가능성이 크다. 그러니 내 의도를 전혀 모르는 상대가 행동만을 별도로 봤을 때, 이것이 어떻게 받아들여질지 생각해보고 행동해야 한다.
- 반대로 상대방의 행동을 볼 때는 긍정적인 의도를 파악하는 노력이 필요하다. 거칠어 보이지만 그 안에 있는 긍정적이고 선한 의도를 생각해 보는 것이다. 좀 억울한 마음이 들 수도 있다. 그러나 잊지 말라. 당신은 리더이고 조직의 울타리가 되는 사람이다.

관계에서 성공체험을 만들어라

내가 자석이라면 어떤 것을 끌어당기고 있는지, 지금 자석에 무엇이 붙어있는지를 상상해보자. 친절하게 위임해주고 설명도 해줬는데, 과제를 제대로 못 해냈다고 생각하면 위력을 쓰고 싶어진다. 그러니 누군가를 향해 부정적인 마음이 계속 올라온다면 재빨리 자신을 챙겨봐야 한다. 왜냐하면 위력이 다른 위력을 끌고 오기 때문이다.

상사와의 관계에서 성공체험이 적은 구성원은 자꾸 쪼그라들고 스트레스를 받기 쉽다. 상사와의 관계가 부정적으로 설정되면, 대화할 때마다 구성원은 생각하고 판단하는 전두엽이 아닌 두려움을 관장하는 편도체를 주로 사용하게 된다. 파충류의 뇌라고도 불리는 편도체가 1순위가 되어 버리니, 제대로 듣지 못하고 도망갈 생각만 하게 되는 것이다. 이렇게 낮은 의식 수준에서 교류하다 보면 생각지 못한 악순환이 거듭되고, 역량도 없는 사람이 태도까지 나쁜 사람으로 보이게 된다.

그러니 체하지 않도록 구성원의 상태를 살펴줘야 한다. 그 구성원이 파충류의 뇌가 아니라 인간의 뇌(전두엽)를 쓰게 된다면, 당신의 시간을 훨씬 절약하게 될 것이다. 게다가 상사와의 관계에서 나쁘지 않은 경험을 한 구성원은 더 반짝이는 눈으로 과제를 할 가능성이 커진다.

현장 에피소드에 나오는 사장도 자신감이 넘쳤을 때는 더 높은 수준의 의식 에너지를 썼을 것이다. 자만심으로 인해 독불장군의 특성을 드러냈다 하더라도, 많은 순간에 수용과 공존의 환경을 만들었을 것이다. 그랬던 사람이 세상을 위협적으로 보기 시작한다. 휘하에 있는 임원에게 자신의 두려움을 자만심처럼 경솔하게 드러낸다. 이것은 사장의 마음이 닫히고 있다는 증거이며, 낮은 의식 수준으로 세상을 대하고 있다는 방증인 것이다.

부사장의 경우도 휘하 임원들과는 겸손함을 전제로 한 '이성과 자발성의 높은 의식 수준'으로 상호작용했을 것이다. 그런 사람이 자신의 상사에게는 자만심으로 대하지는 않았는지 살펴봐야 한다. 휘하 임원에게 그랬던 것처럼, 사장의 의도와 마음을 헤아려 공존의 상태로 가기 위해 노력을 해볼 수 있다.

촛불 하나 켠 상태로 다른 사람과 대화하면 일부분밖에 볼 수 없다. 인색했던 마음을 돌아보고, 내가 좋아하는 사람과 일할 때처럼 환한 조명을 켜자. 밝은 빛이 당신과 당신의 조직을 밝혀주길 소망한다.

셀프 코칭

다음의 질문에 답하면서 나의 의식 수준에 대해 성찰해봅시다.

Q1. 나의 의식 수준을 높일 수 있는 방법 중 실천할 수 있는 것을 3가지만 고르세요. 언제 어떤 주기로 실행할지 적어봅니다.

방법	언제	빈도	기타

예. 기도, 명상, 자신의 가치관대로 살기, 예술 접하기, 배우기, 인식을 돕는 책 읽기, 햇볕 산책, 사랑과 연민의 실천, 자발적 헌신 등

Q2. 내가 가진 의도를 스스로 명확하게 하고, 이를 말로 표현하는 훈련이 필요합니다. 내가 접하는 상황에서 나의 의도를 적어보고, 이를 말하기 전에 문장으로 작성해보십시오.

〈예. 상사의 지시를 제대로 반영하지 못하는 구성원〉

[상황] 이 과제에 대해 친절히 설명해주었다고 생각했는데, 내가 말해준 기본 절차조차 빠져있다.

[의도] 기본으로 꼭 넣어야 할 것과 자신이 응용해야 할 것에 대해 구분하는 역량이 자랐으면 좋겠다. 과제에 대한 피드백이 끝나고 나면, 구성원이 이 관점에서 생각을 정리하고 일하면 좋겠다.

[말하기] "A측면에서 고민을 많이 했나 봐요. 더 들려줄래요? (설명을 들은 후) 설명을 들으니 고민이 정말 많았겠다는 생각이 드네요. 고민이 더 의미 있어지려면, 이 과제에서 꼭 들어갈 기본 요소와 순서를 반영하는 게 좋아요. 지난번 제가 알려준 것 기억나나요? (구성원이 이야기한 것에 대해 칭찬하고 빠진 요소에 대해 다시 말해준다.) 이 항목과 프로세스 중 이번 보고에 반영된 것과 반영되지 못한 것은 뭔가요? 무엇을 보완하면 당신이 고민한 내용이 의사결정에 반영될까요?"

〈내 사례 적어보기〉

[상황] ______________________________

[의도] ______________________________

[말하기] ______________________________

Q3. 내가 가장 높은 의식 수준에 있게 되는 상황이나 사람은 누구입니까? 가장 낮은 의식 수준에 있게 되는 상황이나 사람은 누구입니까?

[가장 '높은' 의식 수준에 있게 하는 상황이나 사람]

예. 가족이 함께 식사할 때, 자녀와 함께 할 때

• ______________________________

[가장 '낮은' 의식 수준에 있게 하는 상황이나 사람]

예. 오해 받을 때, 이기적인 사람과 함께 할 때

• ______________________________

Q4. 낮은 의식에 머물게 하는 사람과 상황에 대해 다르게 생각하고 행동할 수 있는 방법은 무엇입니까?

대상	현재 내가 인식하는 방식	새롭게 인식하기	노력 방안
말수가 적은 A매니저	친밀감을 갖기 위해서 다가가도 말을 하지 않으니 답답하다. 나를 좋아하지 않는다는 생각이 드니까 용건 외의 말은 하지 않는다. 일하는 것에도 열정이 없는 것 같다.	A매니저는 힘을 가진 사람에 대한 두려움이 있을지도 모른다. 일만 따로 떼놓고 볼 때, 자신이 맡은 일은 완수한다.	한 발자국씩 다가가기: 심리적 안정감을 주기 위해 열심히 한 것을 알아주고, 짧은 발언이라도 잘 경청하기. 일의 배경과 목적 설명해주기. 내가 젊었을 때의 어려움을 공유하기

4

나의 스트레스는 안녕한가?

현장 에피소드

코치님, 안녕하세요. 저는 이런 자리가 조금 불편합니다. 리더십 진단 결과가 제 리더십의 전부는 아닐 텐데 그 결과만 가지고 문제 있는 사람처럼 여겨지고 이렇게 코칭까지 받게 되었으니까요.

저는 경영지원 총괄을 맡고 있습니다. 그래서 CEO가 제대로 의사결정을 할 수 있도록 도와야 하고, 그러다 보니 다른 조직과의 소통에서는 악역을 자처합니다. 리더십에서 탈선 요인으로 언급된 '과시성'이나 '무례' 등은 제가 맡은 자리에서라면 어쩔 수 없는 행동입니다.

작년과 다를 바 없는 사업을 위해 예산을 편성해달라고 하면 그것은 용인될 수 없습니다. 상대가 쉽게 포기하지 않고 계속 사업 지원을 요구하면 언성이 높아지곤 합니다. 제 역할은 필요악인 셈입니다.

저도 하고 싶지 않은 역할입니다. 코치님께서 경험이 많으시다고 들었는데, 이 역할을 잘해나가면서 나쁜 평판을 받지 않을 방법이 있다면 알려주십시오.

세계적인 리더십 진단인 '호건 진단Hogan Assessment'에서 리더가 실패하는 이유는 강점이 부족해서가 아니라고 본다. 강점 없이 리더의 자리에 오를 수 없기 때문이다. 오히려 리더의 실패는 스트레스 상황과 연관이 깊다고 본다. 스트레스 상황에서 발생할 수 있는 탈선 요인, 그러니까 기차가 선로에서 벗어나게 되는 위험한 인자를 잘 관리하지 못하기 때문이라는 것이다.

예를 들어보자. B팀장의 강점은 신중한 성격으로 평상시에 합리적인 의사결정을 하는 것이다. 그러나 스트레스 상황에 놓이면 강박적으로 데이터에 집착하느라 전체 맥락을 놓치거나, 유연성 없이 엄격한 기준만 고수하다 보니 최적의 결정을 하지 못한다.

차량에는 상황에 따라 운전을 돕는 엑셀, 브레이크, 그리고 중립기어가 있는 것처럼, 우리에게도 동일한 기능이 필요하다. 뿐만 아니라 최적의 상태를 유지하기 위해서는 차가 어떤 상태인지 빠르게 파악해야 한다. 그렇다면 차량에 문제가 생기기 시작하는 전조 증상, 즉 내가 스트레스 상황에 빠져들고 있다는 것을 어떻게 알 수 있을까? 이것을 파악해야 탈선 요인을 관리할 수 있게 된다.

특정 행동을 보면 스트레스 상황인지 알 수 있다

스트레스 상황일 때는 시야가 매우 좁아지고, 비효율적인 행동을 반복하게 되고, 진흙에 발이 빠졌는데도 나갈 생각을 하지 못한다. 자신만 힘들게 하는 게 아니라 다른 사람에게도 까칠하고 편협

하게 대한다. 이 행동들 때문에 다른 사람은 불편해하고 있는데 정작 자신은 알아차리지 못한다. 나중에 정신을 차린 후에는 스트레스 상황에서 했던 행동들 때문에 많은 것을 손해 보거나 만회하느라 진땀을 흘리게 된다. 그러니 자신이 지금 스트레스 상황에 빠져 있는지 빠르게 알아차리고 증폭되기 전에 관리해야 한다.

문제는, 언제 스트레스가 시작되었는지 잘 모른다는 것이다. 필자도 한때 스트레스에 빠르게 대응하지 못했던 적이 있다. 견딜 수 없는 무게가 될 때까지 스스로가 스트레스 상황인지 몰랐던 것이다. '버크만 메소드Birkman Method'라는 성향 진단 도구를 통해서 필자의 스트레스 첫 행동이 '침묵'임을 알게 되었다. 이제는 말하기 싫다는 느낌이 오면, '아, 지금 스트레스 상황이구나'라고 알아차린다. 알아차린 순간 스트레스를 관리할 수 있기 때문에, 자신의 상태를 파악하고 있는 것은 매우 중요하다.

버크만 메소드에서는 스트레스 행동을 크게 네 가지 유형으로 설명한다. 다음의 설명을 보면서 내가 스트레스 상황에서 보이는 '첫 번째 반응(행동)'이 무엇인지 찾아보자. 첫 번째 행동에 초점을 두는 이유는, 스트레스 행동도 대부분 기질에서 유래된 행동인데 사회생활을 통해 스트레스 행동이 복합적으로 나타나거나 혹은 반대로 너무 억압해서 알아차리기 어렵기 때문이다.

첫 번째 유형은 '침묵 유형'이다. 소위 동굴로 들어가는 상태를 말한다. 말하기 싫어지고 말수가 적어지며 생각(특히 부정적인 생각)이 많아져서 결론을 내지 못하고 우유부단해지는 상태를 경험하는 유형이다. 누구하고도 말하기 싫어지는가? 오늘은 아무도 말 시키지 않았으면 하는가? 혼자 있고 싶은가? 그렇다면 스트레스 상황이다.

두 번째 유형은 '냉담 유형'이다. 합리적 근거를 중요하게 여기는 정도가 아니라, 거절하기 위해 듣는 사람처럼 까칠해진다. 웃음기가 없어지고 근거를 과도하게 요청하며, 부족한 근거로 설득하려는 사람에 대해 차디찬 "No!"를 외친다. 겉으로 보면 매우 이성적으로 보이나 사실은 변화에 저항하고 있거나 사람들의 어려움과 호소에 냉담하게 공격하는 상태다. "규정대로 하세요.", "근거를 더 대보세요!"라고 계속 거절 멘트를 하는 중인가? 스트레스 상황이다.

세 번째 유형은 '감정 유형'이다. 사람들 때문에 상처받았다고 생각하며 마음이 상하고 감정적으로 화가 나는 상태를 경험한다. 상냥하고 친절하게 대하니 상대방이 자신을 만만하게 여긴다는 생각이 들면서 사람들에게 짜증이 난다. "다 필요 없어!"하며 사람들에게 분을 내고 있는가? 스트레스 상황이다.

마지막 유형은 '강압 유형'이다. 마음이 매우 분주해져 일을 챙기려 하지만 이전처럼 빠르게 마무리되지 않는다. 자신은 여기저기 뛰어다니며 분주한데, 사람들은 자기 역할을 제대로 하지 않는다고 생각된다. 사람들에게 '왜 여태까지 완성이 안 되었냐?', '빨리빨리 해라.'라고 강압적으로 일로 내몰고 있는가? 스트레스 상황이다.

앞서 언급한 것처럼, 사회적으로 성숙한 사람은 스트레스 상황에서도 눈에 띄는 행동을 하지 않고 자연스럽게 넘어간다. 또 어떤 사람은 억압하느라 화가 나는데도 그렇지 않은 척하느라 안간힘을 쓰기도 한다. 외적으로는 감출 수 있어도, 스스로는 스트레스의 첫 반응을 알아챌 수 있다. 설령 여러 개의 행동을 동시에 보이더라도 스트레스 상황에서의 첫 행동을 찾고 기억하는 것은 매우 중요하다. 당신의 스트레스 첫 반응을 찾았는가? 그렇다면 이 스트레스는 어디에서 온 것인지 찾아보자. 스트레스를 관리할 수 있는 두 번째 실마리가 될 것이다.

스트레스의 원인 파악하기

무엇이 나를 이런 스트레스 상황에 빠뜨리게 하는 걸까? 스트레스를 불러일으키는 요인은 셀 수 없이 많다. 예측할 수 없는 사건들, 압도하는 과중한 일, 실수와 실패, 통제 불가능한 상황, 배신 등 많은 요인이 스트레스를 불러일으킨다. 여기서는 불규칙하게 일어나는 이런 요인은 배제하고, 자신의 패턴으로 생기는 예측 가능한 요인을 살펴보고자 한다. 네 가지로 추려볼 수 있다.

스트레스 요인 ① 가치

내가 가진 '가치'가 스트레스의 요인이 된다. 삶의 기준이 되는 가치가 스트레스 주범이 된다는 것이 놀랍지 않은가.

예를 들어보자. 필자의 경우 삶의 가치 중 하나가 책임감이다. 나를 믿고 맡겨준 일과 사람에 대해, 처음 합의했던 목표를 이뤄내는 것을 책임감이라 생각한다. 이 책임감이라는 가치 때문에 일에 몰입하고 성과를 내려 한다. 책임을 다했다는 생각이 들 때 매우 기쁘고 뿌듯하다. 그러나 약속한 대로 일이 잘 진행되지 않거나 결과가 기대에 미치지 못할 때, 스트레스에 빠져 버린다. 필자는 앞서 언급한 스트레스 유형 중 '침묵 유형'이어서, 이 상황이 되면 말하기가 싫어지고 생각이 많아진다. 물론 사회생활로 단련이 되었기에 밖으로 드러내는 강도는 크지 않지만, 내면으로 느끼는 스트레스는 여전히 크다.

'가치'란 자기 삶의 방향을 안내해주고 동기부여 되는 요소다. 이런 성스러운 가치가 스트레스 요인이 된다니, 스트레스가 좀 다르게 보이지 않는가? 그러니 스트레스 받은 나를 부족한 사람으로 치부해 버리기보다는 그 원인을 좀 더 찾아 들어가는 것이 유익하다.

스트레스 요인 ② 강점

'강점'도 스트레스 요인이 된다. 엄밀히 말하면, 강점 자체가 스트레스 요인이라기보다는 상황에 맞지 않게 강점을 사용하는 것을 말한다. 사실 자신이 가지지 않은 요소보다는, 강점이라고 생각되는 자신의 특성을 무차별적으로 사용하거나 과도하게 사용할 때 실수와 실패가 더 빈번하게 발생한다.

신중한 의사결정이 좋은 예이다. 분명 신중한 의사결정은 강점이다. 그러나 모든 영역에서 신중하게 의사결정을 하려하면, 이것은 강점이 아닌 독이 된다. 더 많은 데이터와 리소스가 투입되어야 하고, 검토하느라 적기를 놓치게 되니까 말이다. 시간 압박이 있으면 신중하게 결정하지 못할까 봐 두려움이 커져서 더욱 신중해지고 시간은 흘러가니 스트레스가 극한으로 치닫는다. 주변은 불안해하는데, 정작 자신은 스트레스 상황인지 모르니 의사결정을 미루고 더 신중해지려 한다.

사실 더 큰 문제는 그 뒤에 있다. 자신의 강점에 좀 더 기대어 일을 처리하다 보면, 소위 약점이라고 부르는 영역을 개발하지 못한다. 신중한 성향의 사람일수록 사람을 존중하고 케어하는 데 쓰는 에너지가 적을 것이다. 의사결정을 미루면서 구성원의 어려움도 케어하지 않기 때문에 리더십 도전은 배가된다.

따라서 강점을 제대로 사용하기 위해서는 '맥락'을 고려해야 한다. 나의 이 강점을 사용할 상황인지 아닌지를 파악하는 것이다. 더불어 '절제'도 필요하다. 중요도와 시급성에 따라 나의 강점을 100% 쏟아 부어야 할지, 50%만 투입할지 결정해야 한다.

지금 스트레스를 받고 있다면, 강점을 발휘해서 잘 해내고 싶은 압박감이 커져서인지 되돌아보라. 만약 그렇다면 그 강점을 발휘할 맥락이 맞는지 절제해야 하는 상황인지 생각해보라.

스트레스를 불러일으키는 요인 ③ 흥미

'타고난 흥미'라 하면, 무슨 이유인지 모르겠지만 자연스럽게 끌리는 것, 여러 번 반복해도 지루하지 않은 것, 밤을 새도 또 하고 싶은 것을 말한다. 왜 또 하고 싶을까? 하는 행위 자체가 긍정적 피드백이 되고 행복감을 맛보게 해주기 때문이다. 몸의 원기 회복을 위해 먹는 보약처럼 타고난 흥미는 인생에 힘을 주는 동기부여 요소이다. 필자는 새롭게 접근하는 것에 흥미가 있다. 코칭이나 워크숍을 할 때, 늘 하던 과정도 새롭게 바라보고 다르게 정의해보곤

한다. 누가 시켜서 하는 게 아니라 그렇게 하는 게 즐겁고 의미가 있다고 생각하기 때문이다.

여기에서 스트레스가 촉발된다. 즉 새롭게 생각해볼 시간이 주어지지 않으면 스트레스를 받는다. 루틴한 일을 하는 중간에 새로운 방식을 적용할 틈이 있어야 기운이 난다. 이 흥미의 기준으로 상대를 평가하기도 한다. 즉 내가 좋아하는 새로운 방식을 고민하지 않고 기존 방식으로 일하려는 구성원을 보면 답답해한다. 호불호의 원인이 되는 것이다.

지금 스트레스가 쌓인 상태인가? 혹시 내가 좋아하는 방식으로 해볼 기회가 현재 없거나, 구성원이 나와 같은 방식으로 고민하지 않는 것 같아서 화가 나는 건 아닌가? 그렇다면 그 스트레스의 원인은 나의 타고난 흥미 때문이다.

스트레스를 불러일으키는 요인 ④ 약점

리더에게는 직책에 따른 역할이 주어진다. 프로젝트 리더가 아니라 조직을 관리하는 어마어마한 역할이 맡겨진다. 역할에 따라 필요한 역량이 있다.

그 역할에 필요한 리더십 요소를 개발하지 못하면, 계속 부정적 피드백을 받게 되고 리더로서의 존립마저 어려운 도전에 직면하게 된다. 단발성으로 노력한다고 되는 것이 아니기에 그 스트레스는 이만저만한 게 아니다. 현 직책과 직무를 해나갈 때 필요한 요소가 약점에 해당된다면, 이것은 당연히 스트레스 요인이 된다.

일터에서 나의 패턴으로 생기는 스트레스 요인 네 가지를 알아보았다. 스트레스의 많은 부분이 내가 가진 긍정적인 측면으로부터 촉발된다니 놀랍지 않은가? 그렇다면 이 스트레스를 어떻게 해소할 수 있을까?

나만의 스트레스 해소법 찾기

누구나 스트레스를 겪는다. 그러나 매우 비생산적이고 좁아진 시야로 세상을 바라보는, 이 상태를 그대로 두어서는 안 된다. 스트레스를 잘 관리하지 못하면, 작은 행동이 거칠어지고, 거칠어진 행동이 일상화되기 때문이다. 이 일상화된 행동에 작은 압박이 더해지면 자칫 탈선derail해 버려 돌이키기 어려운 상태가 되기 쉽다.

그렇다면 스트레스가 커지기 전에 어떻게 조치를 취해야 할까? 몇 가지 방법이 있다.

스트레스 해소법 ① 스트레스 상황인지 알아차리기

스트레스를 해소하기 위한 첫 번째 스텝은 자신이 스트레스 상황인지 아닌지를 빠르게 파악하여 객관화하는 것이다. 스트레스를 나타내는 침묵, 냉담, 감정, 강압 중 자신은 어떤 형태를 보이는지 평상시에 파악해두고, 스트레스 상황에 빠졌을 때 그것을 빠르게 알아차려야 한다.

스트레스 해소법 ② 스트레스의 원인 파악하기

앞서 언급한 네 가지, 즉 가치·강점·흥미·약점이라는 나의 패턴 때문에 생긴 스트레스인지, 아니면 압도되는 사건이어서 생긴 것인지 구분해야 한다. 가치, 강점, 흥미 때문에 생긴 것이라면, 자기 자신을 토닥여주자. 잘하고 싶어서 그랬다는 것을 스스로 알아차리면 그 순간 머쓱해지거나 웃음이 난다. 그러면 한고비 넘긴 것이다. 그 웃음이 여유를 만들어주고 균형을 잡게 도와줄 것이다.

만약 압도되는 사건이라면 감정과 그 사건을 떼놓는 노력이 필요하다. 부정적 감정이 그 일을 더 압도하게 만든다. 감정이 사건과 거리를 두게 하려면 다음과 같은 질문을 스스로에게 해보는 것도 도움이 될 것이다. '팩트가 뭐지? 이 사건을 통해 무엇을 배워야 하지? 주변에 지혜를 구할 사람은 누구지? 전화위복이 되게 하려면 무엇을 해야 하지?'와 같은 질문들 말이다. 스트레스를 객관적으로 관찰하게 되면 이제 관리할 수 있는 상태가 된다.

스트레스 해소법 ③ 호흡하기

아마 많은 리더들이 호흡법에 숙달되어 있겠지만 스트레스 상황에서는 잘 하지 않을 가능성이 크다. 그러니 간단하고 의미 있는 호흡법 두 가지를 평상시에 습관처럼 해보자. 첫 번째 호흡법은 일본의 자율신경 연구의 대가인 고바야시 히로유키小林弘幸가 소개한 방법이다.[9] 우선 평상시에 할 수 있는 '1:2 호흡법'이다. 이 숫자의 의미는 두 가지이다. 하나는 '1'에 들이쉬고 '2'에 내쉰다는 의미이다. 둘째는 숨을 들이마실 때보다 내쉬는 숨을 두 배로 하라는 의미이기도 하다. 즉, 들이쉴 때는 코로 3~4초 들이마신다. 이때 코로 들어온 공기가 배까지 도달해서 배를 부풀리는 순간까지의 여정에 집중하면 더욱 좋다. 혹은 배꼽에 코가 달렸다고 생각하고 배꼽에 달린 코로 숨을 들이마시는 상상을 해도 좋다. 내쉴 때는 6~8초 정도 천천히 입으로 숨을 뱉는다. 내쉬면서 배꼽 안쪽의 공기를 내보내며 배 안의 공기를 없애는 것에 집중하면 더욱 좋다. 1:2 호흡법으로 심호흡하면 자율신경이 금세 안정된다.

두 번째 호흡법은 답답하거나 화가 날 때 사용하는 호흡법이다. 화가 날 때는 고개를 위로 들고 호흡한다. 고개를 들면 기도가 일직선이 되기 때문에 깊은 호흡을 할 수 있고 금방 안정을 찾을 수 있다.

스트레스 해소법 ④ 기분 전환 목록 만들기

각자 한두 가지의 스트레스 해소법을 가지고 있다. 어떤 리더는 주말마다 등산을 통해 마음의 어려움을 정리한다. 어떤 리더는 새벽 운동과 반신욕을 통해 해소한다. 어떤 리더는 저녁 식사와 반주를 곁들여 대화하면서 마음에 여유를 찾는다.

어떤 것이든 좋다. 다만 다양한 장면에서 자신의 기분을 원래 상태로 돌아올 수 있도록 돕는 '기분 전환 목록' 만들기를 권하고 싶다. 시간이 한 시간 있을 때 혹은 심지어 5분밖에 없을 때 활용할 수 있는 목록이 있으면 빠르게 원래의 상태로 돌아올 수 있기 때문이다. 코칭 대상자였던 대기업 B부사장은 방 안의 화초를 본인이 다 길렀다고 자랑했다. 너무 많은 보고와 회의가 있는데, 이전 회의에서의 감정이나 생각을 빨리 정리하고 새로운 보고를 듣기 위해, 잠깐이라도 화초에 물을 준다. 혹은 비서가 있는데도 직접 커피 머신에서 커피를 내려주기도 한다. 커피를 내리는 삼 분가량의 시간 동안 마음과 머릿속을 정리하는 것이다. 잠깐 머리를 식힐 나만의 아지트를 만들어 놓는 것도 좋다. 이동 중에는 음악 리스트를 정리해 놓을 수도 있다. 간혹 맛있는 커피를 먹기 위해 사무실 밖으로 나오는 것도 좋은 목록 중의 하나이다. 꼭 목록을 만들어보라. 여러 장면에서 해소할 수 있는 다섯 가지 이상의 목록이 있다면, 때로는 그 메모를 읽기만 해도 여유가 생길 수 있다.

스트레스 해소법 ⑤ 또 다른 나와 대화하기

스트레스를 객관화하고 관리할 수 있는 비법 중의 하나는 이 상황을 지켜보는 '제3의 나'를 만들어보는 것이다. 마치 다른 사람처럼, 조금 먼 거리에서 혹은 회의실 천장에서 나의 행동을 관찰하고 필요할 때 조언과 격려해주는 역할을 하는, '또 다른 나'를 만들어보자. 예를 들면 컴퓨터 앞에 앉아서 씩씩대는 나를 사랑스러운 눈으로 쳐다보는 또 다른 나를 상상해보는 것이다. 또 다른 나가 이 상황을 보고 뭐라고 조언하는지, 어떤 지혜로운 해법을 줄 수 있는지 귀 기울여본다.

그게 어렵다면, 존경하는 인물을 떠올려보는 것도 좋다. 예전에 코칭을 진행했던 한 내담자가 진퇴양난에 빠진 것 같다고 했을 때, 가장 존경하는 분이 누구냐고 물었다. 그는 아버지라고 대답했고, 실제로도 스트레스가 너무 많이 쌓이면 아버지 묘소를 찾기도 한다고 했다. '아버지는 이 상황에서 뭐라고 하실 것 같은가?'라는 질문만으로도 상당 부분 평정심을 회복했다. 존경하는 사람이 있는가? 그 사람을 떠올리며 하소연도 하고, 그 사람이라면 뭐라고 위로해주고 조언해줄지 상상해보자. 좁아서 보이지 않았던 마음에 어쩌면 큰 길이 날 수도 있다.

그래도 해소가 안 되는가? 그러면 이제 우는 수밖에 없다. 깊은 감동이나 슬픔을 느낄 수 있는 영화 한 편을 선택해서 아무도 없는 공간에서 시청하라. 그리고 울라. 울고 나면 자율신경이 안정화되면서 마음에 균형이 찾아올 것이다.

한 가지만 기억하자. 당신이 나약해서 힘든 것이 아니다. 당신이 책임지고 있는 것들의 무게가 워낙 무거워서 그런 것이다. 당신은 어려운 순간을 수없이 뚫고 왔다. 이번에도 해낼 수 있다.

셀프 코칭

다음의 질문에 답하면서 나의 스트레스를 관리해봅시다.

Q1. 내가 스트레스를 받았을 때 보이는 첫 행동은 무엇인가요?

□ 침묵하게 됨.
(말하기 싫어짐. 깊은 동굴에 들어간 것처럼 혼자 있고 싶고 사람들을 대면하기 싫음.)

□ 냉담하게 됨.
(웬만한 일로는 동조해주지 않음. 근거를 따지며 사람들에게 차게 대함.)

□ 감정적이게 됨.
(사람들이 내 말을 우습게 여기는 것 같고, 쉽게 짜증이 남.)

□ 강압적이게 됨.
(사람들이 일을 빨리하지 않아서 화가 남. 분주하게 뛰어다니는데 마무리가 안 됨.)

Q2. 지금의 스트레스는 내 패턴에 의한 것인가요, 아니면 상황에 의한 것인가요?

□ 내 패턴에 의한 것(내 가치, 강점, 흥미, 약점 등)

□ 상황에 의한 것(예상치 못한 사건 사고, 컨트롤 할 수 없는 여건, 압도되는 도전 등)

Q3. 스트레스를 극복할 수 있는 '기분 전환 목록'을 만들어봅시다.

- 1~5분 안에 할 수 있는 활동: ______________________
- 30분 이내에 할 수 있는 활동: ______________________
- 1시간 이내에 할 수 있는 활동: ______________________
- ( )시간 이내에 할 수 있는 활동: ______________________
- ( )시간 이내에 할 수 있는 활동: ______________________
- 주말에 할 수 있는 활동: ______________________

5

새로운 리더십 행동을 습관화할 비법이 있는가?

현장 에피소드

코치님, 오늘 코칭 세션에서 나눈 이야기 중 '구성원의 과제를 중간에 빼앗지 않기'라는 키워드가 기억에 남습니다. 처음에는 일을 잘해보라고 독려하지만, 진도가 잘 나가지 않을 때는 도로 그 과제를 가져오니까요. 처음부터 할 수 있는 만큼만 하고 달라고 할 때도 있고요. 그래서인지 구성원들이 최선을 다하는 것 같지 않습니다. 대충 처리한 뒤 제게 넘길 때가 많거든요. 저는 새벽같이 출근하고 저녁에도 혼자 남아 일을 합니다.

그러다 보니 일이 많아 시간을 효율적으로 쓰려고 하는 편입니다. 그래서 회의 시간에 구성원이 모를 것 같다고 생각이 드는 것은 묻지 않고 제가 설명을 해주니 회의 시간은 저 혼자 떠드는 시간이 되어버립니다.

그들이 하지 못하는 일을 다 해주는데 구성원들은 어떤 점에서 불만을 느끼는 걸까 생각했는데, 오늘 깨달았습니다. 제가 그들에게 과제를 줬다 빼앗았기에 과제의 주인이 중간에 바뀌게 되고, 다른 과제도 그렇게 금방 주인이 바뀔 것이라고 생각이 드니 몰입하기가 어려웠겠다는 것을요. 구성원이 답을 해도 제가 생각하는 답 외에는 수용하지 않으니 본인들의 의견을 말하기도 쉽지 않았을 것 같습니다.
이제부터는 구성원의 의견을 끝까지 들어보겠습니다. 납기가 급한 것이 아니라면 시행착오를 겪더라도 계속 지켜보겠습니다.

사람들은 새해마다 1년을 어떻게 보내겠다는 결심을 한다. 운동을 꾸준히 한다든지, 금연에 성공한다든지, 책을 열심히 읽는다든지 그 목표도 다양하다. 하지만 이 목표들을 습관화하여 성공하는 사람들은 많지 않다. 대부분의 사람들이 스스로를 의지박약이라 자책하며 결심을 되풀이한다.

이것이 핵심이다. 의지로 계속하려니까 안 되는 거다. '시작하는 뇌'와 '반복하는 뇌'가 다르다. 처음 배우고 시작할 때는 '의지'에 기댄다. 의지를 불러일으키며 왜 해야 하는지 목표를 떠올리는 연상 작용을 반복해야 가능하기 때문이다. 이때 뇌는 실행을 제어하는 전두엽과 해마 영역이 활성화된다. 그러나 반복하는 뇌는 감각운동 피질이 담당하며 대뇌바닥핵 안의 조가비핵putamen이라는 곳이 활성화되어야 한다. 조가비핵은 자연스러운 동작뿐만 아니라 고도의 정확도를 필요로 하는 동작을 컨트롤하는 데 관여한다. 또한 학습에도 관여하는데, 특히 알고 있는 지식을 더욱 공고히 하는 데 기여한다(조가비핵에 문제가 생길 때 파킨슨병을 앓게 된다.). 조가비핵이 활성화되면 '그냥' 하게 된다. 운전을 하는 사람이라면, 좌회전을 할 때 생각하지 않아도 깜박이를 켠다. 연상도 필요 없고 의지도 필요 없다. 생사를 가르는 화재 진압에서 가장 믿을 만한 해결책은 매뉴얼이 아니라 베테랑 소방관의 습관이다.

앞의 현장 에피소드에 나오는 리더는 구성원의 의견을 끝까지 경청하고 시행착오를 겪더라도 지켜보겠다고 했다. 좋은 결심이다. 의지만으로 어려운 목표를 지속하기 어렵다. 몇 번 하다 보면 별 효과가 없는 것 같다는 스스로의 설득에 예전으로 돌아가고 만다. 사실 우리 각자는 훌륭한 습관을 여러 가지 가지고 있다. 우리는 애쓰지 않아도 아침에 양치질을 한다. 생각하지 않아도 구석구석 이를 닦고 혀까지 닦는다. 양치질처럼 루틴 있는 습관이 없다면 아침마다 허둥지둥 힘든 출근 시간이 될 것이다. 어떻게 하면 양치질처럼 리더십 행동을 습관화할 수 있을까?

4단계를 거치면 습관을 만들 수 있다

한 조직을 책임지고 있는 리더가 건강한 습관을 만든다면, 이 습관은 자신과 조직을 탁월하게 만드는 지름길이 된다. 앞의 현장 에피소드를 가지고 어떻게 리더십 행위를 습관화할 수 있는지 살펴보자.

1단계: 이 습관과 관련해서 어떤 사람이 되고 싶은지를 생각하라

첫 번째 비결은, 행동에 초점을 맞추기 전에 이 행동을 통해 어떤 사람이 되고 싶은지를 정리하는 것이다. 경청을 잘하겠다는 행

[그림 4] 신경논리적 수준 Neurological Levels

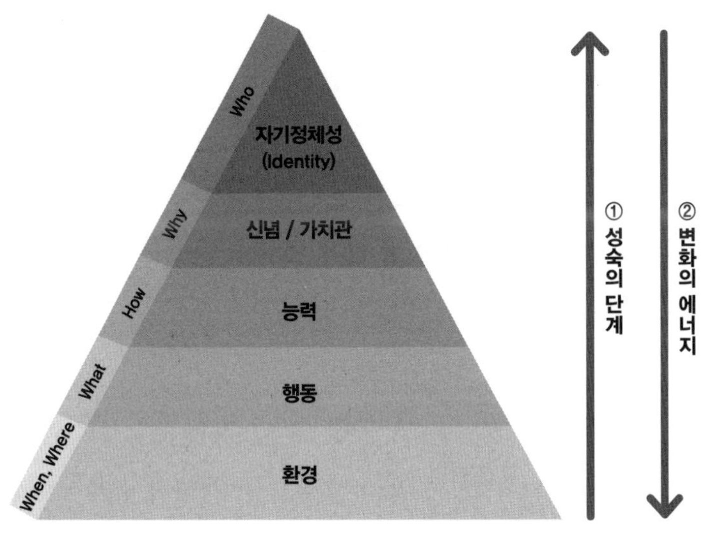

위가 아니라, '나는 구성원의 생각을 헤아리는 사려 깊은 리더다'라는 '정체성'으로 시작해야 한다는 것이다.

세계적인 행동변화 전문가 로버트 딜츠Robert Dilts에 의하면, 우리 뇌에는 몇 개의 층이 있고 이것이 우리의 행동변화와 판단에 영향을 준다고 본다. [그림 4]를 보자. 우리는 살아가면서 이 피라미드와 같이 뇌에 층을 만들게 된다. 즉, 어린 시절의 '환경'이 뇌의 한 층을 만들고, 그러면서 해야 할 행동과 하지 말아야 '행동'을 구분 짓게 된다. 그리고 남보다 잘한다고 인정받았던 '능력', 살면서 형성된 '신념과 가치', 자신이 이 땅에 왜 와 있는지를 고민하는 '정체성'의 순서로 뇌가 형성된다. 내게 만들어진 이 뇌 구조가, 지금의 상황을 판단하고 의사결정을 하며 변화를 위한 행동에 영향을 미친다.

이중 행동변화에 가장 큰 영향을 미치는 것은 정체성identity이다. '나는 누구인가'라는 스스로의 정의가 피라미드 나머지 하단을 지배하며 행동변화를 일으킨다. 습관을 형성하기 위한 첫 단계가 '이 습관과 관련해서 어떤 사람이 되고 싶은지'를 먼저 정해야 한다는 이유가 여기에 있다.

'경청하기'는 위의 피라미드에서 볼 때 하단 두 번째인 '행동'에 속한다. '경청하는 행동'이 '능력'이 되려면 많은 시간이 걸린다. 어쩌면 능력이 되기 전에 포기해버릴 수도 있다. 따라서 가장 강력한 지배력을 발휘하는 '자기 정체성'으로 접근해야, 변화 속도가 빨라지고 지속될 수 있다.

자, 당신이 습관을 들이고자 하는 행동은 무엇인가? 운동인가? 그렇다면 '내 몸을 소중히 여기고 관리하는 사람'이라는 정체성을 먼저 정리하고 받아들여야 한다. '시행착오가 있더라도 구성원이 생각하는 의견대로 진행해보도록 기회를 주기'라는 행위는 왜 하려고 하는가? 당신은 어떤 사람이고 싶어서 이런 행위를 목표로 삼는가? 아마도 당신은 '구성원 육성에 큰 관심을 갖는 진짜 리더'이기 때문일 것이다.

자, 당신이 조직에서 하고자 하는 새로운 리더십 행위는 무엇인가? 왜 그 행위를 하고자 하는가? 이 장 마지막에 있는 셀프코칭에 그 답을 적어보라.

2단계: 습관화할 행동을 구체화한 후, 스토리화 하라.

정체성이 정리되었다면, 자신이 하고자 하는 행위를 구체적으로 명시한 후, 기존 행동과 연결하여 모든 과정을 하나로 묶어야 한다. 예를 들어보자. 만약 보고 과정에서 경청의 시간을 늘리고자 한다면, "나는 구성원이 보고할 때 3:7+3을 실천하고자 한다."라고 구체화시켜야 한다. 여기서 3:7은 말하는 비율과 경청하는 비율을 말하며, +3은 질문 세 가지를 하는 것을 말한다. 예를 들어, 질문은 이런 것이다. "지금 상황은 어때?", "지금 말한 그 부분에 대해 좀 더 알고 싶은데, 좀 더 자세히 말해줄 수 있겠어?", "고민이 가장 많았던 부분은 어떤 거야?", "이 일을 가장 잘 끝냈을 때 볼 수 있는 그림은 무엇일까?", "이 과제가 갖는 중요한 의미는 무엇일까?" 구체적인 제시는 뇌파에 자극이 된다.

구체적인 행동이 정리되었다면, 이 행동을 기존의 행동과 묶어 스토리로 만들어야 한다. 이를 위해서는 그 장면을 영화처럼 상상하고 시뮬레이션해보는 것이 중요하다. 이를테면 이런 식이다.

구성원이 보고할 것이 있다며 책상 옆 의자에 와서 앉는다. 어서 오라고 눈을 맞추며 미소로 맞이한다. 구성원이 어디까지 고민해왔는지 궁금한 마음으로 듣는다. 중간중간 추임새를 넣으며 귀 기울여 듣고 있다는 시그널을 준다. 이해가 잘 안 되는 부분은 자세히 설명해달라고 부탁한다. 나는 진지하게 경청하고 있고, 구성원은 열심히 말하고 있다. 구성원이 고민한 부분에 대해 열심히 고민했다는 칭찬을 건넨다. 지난번보다 나아진 부분을 짚어주며 진보를 언급한다. 부족한 부분이 보이면 부드럽게 제안한다.

어떤가. 상황이 머릿속에 그려지는가? 상사에게 보고하기 위해 여러 번 시뮬레이션을 하는 것처럼, 자신이 하고자 하는 행동을 기존의 방식에 얹어서 스토리로 시뮬레이션해보는 것이다. 그러면 '목표'가 아니라 '상황'으로 인식하게 되고, 그 상황에서는 애쓰지 않아도 자동화된 매커니즘에 의해 행동하게 되는 순간이 온다.

3단계: 구분 동작으로 나누어 낮은 난이도로 시작하라

2단계에서 행동을 구체화하고 스토리로 시뮬레이션을 했다고 바로 행동으로 옮겨서는 안 된다. 골프에서 스윙을 제대로 하기 위해 구분 동작으로 나눠 연결하듯, 설계했던 행동을 아주 작은 행동으로 나눠서 시작해야 한다.

이와 관련해 《습관의 디테일》에서 사리카라는 여성의 사례는 매우 좋은 예이다. 사리카는 '아침 해 먹기' 습관을 들이고 싶었지만 잘되지 않았다. 그는 이 책의 저자 BJ 포그의 코칭을 받아 '아침 해 먹기'를 습관으로 만드는 데 성공하고 심지어 요리를 꽤 잘하는 사람으로 변모했다. 사리카가 성공할 수 있었던 가장 큰 원인은 작은 행동으로부터 시작했다는 것이다. 사리카가 처음 시작한 행동이 바로 '가스레인지 켜기'였다. 그냥 가스레인지를 몇 초 동안 켜 놓았다가 끄는 행동을 며칠 동안 반복했다. 며칠 반복한 후, 켜진 가스레인지 위에 빈 냄비를 올려놓는 행동을 덧붙였다. 냄비를 올려놓자 '오트밀 만들 물이나 끓일까?'라는 생각이 들었고, 물이 끓자 오트밀을 넣지 않는 게 스스로 민망해 결국 요리를 하게 되었다는 것이다. 이때 한 가지 규칙은 꼭 지켰다. 너무 바빠서 아침을 해 먹기

어려운 날이라도 가스레인지를 켰다 끄는 행위는 반드시 했다는 거다.[10]

위의 사례를 읽고 필자도 스트레칭을 시작했다. 아침에 눈을 뜨자마자 침대 위에서 복식 호흡 3회를 했다. 1분도 안 걸리니 좀 민망한 마음이 들었다. 그날 유튜브를 찾아서 아침마다 침대에서 할 수 있는 스트레칭 몇 가지를 외웠다. 다음 날 아침, 외웠던 몇 가지 동작을 더해서 스트레칭을 하니 5분이 걸렸다. 그 이후 조금씩 더해서 현재는 아침마다 7분가량 스트레칭을 하고 있다. 너무 바쁜 날은 사리카처럼 복식 호흡 3회만이라도 꼭 하고 일어난다.

자, 앞서 "나는 구성원이 보고할 때 3:7+3을 실천하고자 한다."라는 행동을 설계했다면, 가장 작은 구분 동작은 '들고 온 보고서를 보는 것이 아니라 구성원의 얼굴을 보며 미소로 맞이하는 것'이다. 스토리로 엮었던 모든 행동이 구분 동작이 되며, 이 동작 중 하나씩 늘려보는 것이다. 그리고 바빠서 다 하지 못하는 상황이라도 가장 기본이 되는 동작은 실행한다. 즉 첫 행동인 '들고 온 보고서를 보는 것이 아니라 구성원 얼굴을 보며 미소로 맞이하기'와 끝날 때 '고생했다'는 인사는 반드시 한다.

4단계: 스스로를 칭찬하는 피드백 시스템을 갖춰라

나의 작은 시도를 스스로 환대하고 긍정적 피드백을 주는 시스템을 만들어야 한다. 달력에 일을 완수했다는 표시를 하는 것도 좋고 자신의 온라인 어플 통장에 1천 원씩 보내주는 것도 좋다. 이 돈을 모아 맛있는 것을 먹거나 스스로에게 무언가 선물할 수도 있다. 어떤 형태로든 행동 뒤에는 반드시 긍정적 피드백을 주어야 한다.

이런 피드백을 시스템으로 갖출 수도 있다. 요즘 습관에 관한 어플이 많다. 자신이 설정한 습관을 적어 넣고 완수했다고 표시할 수 있어서 성취감이 생기고, 무엇보다 실행을 추적할 수 있다는 점에서 용이하다. 물론 극단의 목표에 자신을 묶어 습관화 하는 사람들도 있다. 어떤 팀장은 리더십 진단 결과를 보고 충격을 받고, 자신이 말하는 비율과 경청 비율을 1:9로 가져가겠다고 다짐했다. 연말이 되어 팀장은 1:9는 아니지만 5:5로 경청 비율을 높였다고 회고하였다. 자기 혼자 말하기를 좋아했던 팀장이 자기만의 시스템으로 5:5까지 경청 비율을 늘린 것이다. 사람에 대한 관점까지 변해야 가능한 것이기에, 이런 노력은 매우 감탄스럽다.

더 나은 리더십을 발휘하고 싶은 영역은 어디인가? 어떤 사람이 되고 싶어 그런 행위를 하기 원하는가? 가수이자 프로듀서인 박진영의 하루일과, 가수 비의 하루 한 끼만 먹는 습관은 '내가 누구인지'에 대한 정체성과 어우러진 위대한 습관이다. 내 정체성과 행동이 연결되었다면, 이제 구성원 손에 들린 자료가 아니라 구성원의 얼굴을 밝은 얼굴로 맞이하는 행동부터 시작하자. 가스레인지를 먼저 켜라. 침대에 누워 복식 호흡을 세 번만 먼저 하라. 그것만 하기에 아깝고 민망해서 그다음 구분 동작으로 넘어가고 있는 당신을 발견할 것이다. 그리고 그런 행동이 모여 당신을 멋진 리더로 만들어줄 것이다. 작은 습관이 위대한 사람을 만든다.

셀프 코칭

다음의 질문에 답하면서 습관으로 만들고자 하는 행동을 정리해봅니다.

Q1. 어떤 습관을 기르고자 하나요?(예. 경청 습관, 운동, 영어, 질문 습관 등)

습관 ______________________________

Q2. 각 습관과 관련해서 나는 어떤 사람(정체성)이고 싶나요?(예. 경청 습관과 관련된 나의 정체성은 구성원 육성에 큰 관심을 갖는 진짜 리더이다.)

나의 정체성은 ______________________________이다.

Q3. 각 습관과 관련해서 구체화된 행동과 상황을 스토리로 엮어보세요.

- 구체적 행동 기록 "나는 (앵커링이 되는) 상황에서(혹은 한 후에), (새로운 습관)을 할 것이다."

  예. "나는 보고하러 구성원이 들어오면 3:7+3을 실천할 것이다."

  "나는 침대에서 눈을 뜨자마자 7분의 스트레칭을 할 것이다."
- 그 행동이 전개되는 스토리를 연상하기 (81쪽의 습관화 2단계 내용을 참고하세요.)

습관 ______________________________

- 구체적 행동 기록 "나는 ____________________을 할 것이다."
- 그 행동이 전개되는 스토리를 연상하기

____

Q4. 각 습관과 관련해서 구분 동작을 만들어보세요. 그리고 그중 가장 작은 첫 행동부터 시작하세요.

습관 ______________________________

- 구체적 행동 기록 "나는 ____________________을 할 것이다."
- 구분 동작

____

2장

Lead People

사람을 이끄는 리더십

6. 신뢰 구축을 위한 지름길
7. 호불호好不好, 이 위험한 편견에서 벗어나기
8. MZ세대와 시니어세대에 대한 근원적인 이해와 소통
9. 빠른 육성, 성공체험과 메타인지가 답이다
10. 실리콘밸리의 팀장들이 1on1에 시간을 쏟는 이유
11. 경청, 어디까지 가봤는가?
12. 답하는 사회에서 질문하는 사회로
13. 제대로 된 칭찬은 일생에 한 번만 들어도 된다
14. 변화가 필요하다면 그 여정을 관리하라
15. 조직 내의 암묵적 가정을 관리하라

6

신뢰 구축을 위한 지름길

현장 에피소드

우리 세대와 MZ세대가 너무 다르다보니 어떻게 신뢰 관계를 쌓아야 할지 모르겠습니다. 근무 시간도 짧아진데다가 재택근무나 거점오피스와 같이 구성원의 편의를 우선으로 하는 근무 환경이 조성되고 있어서 얼굴을 맞대고 일할 시간이 적어진 것도 원인 중 하나라고 생각합니다.

이전에는 구성원들이 팀장과 많은 시간을 함께 보냈고, 함께해야 하는 일들이나 오해가 생겼을 때 푸는 방법도 많았습니다. 그런데 지금 세대와는 함께하는 것이 힘들고 아이템도 우리 때와 너무 다른데다가 꼰대라는 이야기를 들을까 봐 손발이 다 묶인 느낌입니다.

요즘 젊은 사람들은 기성세대가 보수적이어서 힘들다고 하지만, 임원과 구성원 사이에 낀 팀장은 정말 불쌍한 세대입니다. 임원들은 아직도 옛날 방식으로 일을 시키고 성과를 내라고 독촉합니다. 그러면 구성원이 함께해줘야 하는데, 말 한마디 잘못하면 노조에 신고하고, 노조에 신고하면 임원을 통해 팀장에게 전달됩니다.

어떤 회사에서는 갑질 신고 센터가 있다고 합니다. 원격으로 일하기로 하고 입사했는데 왜 회사에 나오라고 하냐며 구성원이 팀장을 고발한 겁니다. 그 팀장은 새로 입사한 직원이 역량이 떨어져 자기 업무를 제대로 수행하지 못하니까 세 번만 나와서 호흡을 맞춰보자고 했다고 합니다. 그것이 갑질이라고 신고를 했다고 하니 어떻게 구성원들과 신뢰 관계를 쌓을 수 있을까요?

《여우와 두루미》라는 동화가 생각난다. 여우는 두루미를 초대해서 평평한 접시에 음식을 대접한다. 부리가 긴 두루미는 도저히 먹을 수가 없어서 쫄쫄 굶은 채 돌아갔고, 여우가 자신을 골탕 먹이려 했다고 생각했다. 며칠 후 두루미도 여우를 초대해서 역시 자기가 늘 쓰던 그릇인 호리병에 음식을 담아 대접한다. 기성세대와 MZ세대의 갈등이 이와 유사하지 않을까 생각된다. 선의로 시작한 일인데, 아예 DNA가 다른 것 같은 MZ세대들은 때로 기성세대가 자신을 골탕 먹이려 했다고 생각한다. 마찬가지로 MZ세대는 늘 하던 대로 했는데, 기성세대가 마음 상해하는 모습을 보게 된다. 여우와 두루미의 관계가 되어 버렸다. 그렇다면 태생이 다른 여유와 두루미는 어떻게 신뢰 관계를 쌓을 수 있을까?

신뢰의 첫 단계 '신뢰에 대해 정의하기'

어린아이들이 보는 《아름다운 가치 사전》이라는 책이 있다. 우리가 흔히 쓰는 가치value를 이해하기 쉽게 적어 놓은 그야말로 아름다운 책이다. 이런 식이다.

겸손이란, 할머니는 내가 오빠보다 똑똑하다고 말씀하지만, 오빠도 잘하는 게 많다는 것을 내가 알고 있는 것

겸손이란, 나도 알고 있지만 친구가 설명하는 것을 잘 듣고 있는 것. 혹시 내가 모르는 것을 듣게 될지 모르니까[11]

너무 아름다운 말들이다. 필자는 이 책을 리더들에게 자주 선물하는데, 이유는 두 가지이다. 하나는 조직에는 핵심가치라는 것이 있다. 최고 지향, 상상력, 품질, 책임, 고객지향, 재미, 변화, 선도 등 너무 멋있는 말들을 선정해서 홈페이지에 올려놓지만, 실제로 이 가치가 현실에서 어떻게 구현되어야 하는지 그 행동 방식을 알 수가 없다. 즉 무엇을 하면 최고 지향이 되는지, 어떻게 행동해야 고객 지향인지 알 수 없다. 실현 가능성 없는 가치를 재고해보도록 돕기 위해 이 책을 선물한다. 두 번째 이유는 가치에 대해 서술한 내용이 거울과 같아서 자신을 들여다보게 된다. 위의 예시로 가져온 아주 짧은 문장으로도 겸손하지 못했던 나의 모습을 되돌아보게 된다.

그렇다면 이 책에서는 신뢰를 어떻게 정의하고 있을까? 아이들을 위한 책이다 보니 신뢰라는 말 대신 '믿음'이라는 단어로 소개되고 있다.

믿음이란, 약속을 했으니까 형이 내 비밀을 아무한테도 말하지 않을 거라고 확신하는 것

믿음이란, 농구를 하다가 친구가 던진 공에 머리를 맞아 아플 때, 친구가 일부러 그랬다고 생각하지 않는 것

믿음이란, 길을 잃었을 때 엄마와 우리 식구들이 꼭 나를 찾으러 올 거라고 생각하는 것[12]

참 아름다운 정의다. 두 가지 생각을 정리하게 된다. 하나는, 위에 나오는 단어 중 '형', '친구', '엄마', '우리 식구들'이란 단어를 '팀장', '상사', '구성원', '멤버'라는 단어로 대체해 읽어보라. '신뢰'란 서로 약속을 지키는 것, 비밀을 발설하지 않는 것, 어려움을 호소할 때 이유가 있다고 믿어주는 것, 팀에서 나를 버리지 않는다는 것, 나를 필요로 한다는 것 등으로 해석해볼 수 있다. 조직에서 있어야 할 신뢰가 바로 이런 것이라는 생각이 든다.

둘째는 조직에서의 가치가 실제로 구현되기 위해서는 어떤 행동을 해야 그 가치를 구현하는 것인지, 행동강령을 포함해야 한다는 것이다. (아름다운 가치를 어떻게 선정하고 행동강령으로 표현할지는 뒷부분에서 다룰 것이다.) 예를 들면 어떤 리더는 팀의 가치를 '긍정'으로 설정하며, '웃으면 복이 온다'로 풀어서 정의한다. 실제로 조직에 어려움이 닥쳤을 때, 웃으면 복이 온다는 마음으로 웃을 수 있다면, 팽팽한 긴장감과 부정적 마음에 아주 작은 틈이 생길 것이다. 그 틈이 지혜로운 생각을 하게 만드는 에너지를 준다. 어떤 리더는 우리 조직에 가장 1순위의 가치는 '열정'이며 이것은 '더 이상 의문이 없을 때까지 논의하자No More Why'라는 것을 의미한다고 말한다. 너무 명료하지 않은가. 멈춰야 할지 그냥 가야 할지를 알려주는 신호등처럼 분명해진다.

자, 당신은 신뢰를 뭐라고 정의하고자 하는가? 당신이 말하는 신뢰가 구성원들이 말하는 신뢰와 같은 의미인가? 무엇을 보면 신뢰가 간다고 말할 수 있을까? 무엇을 보면 신뢰가 쌓이고 있다고 말할 수 있을까? 스스로 신뢰를 정의해보자. 그런 뒤 구성원에게 물어보라. 그리고 서로의 생각에 차이가 있을 때 함께 협의하는 과정을 거쳐라. 그러면 우리 팀(조직)이 지향하는 구체적인 '신뢰'의 모습을 알게 될 것이다.

조직 차원에서 신뢰 구축하기

신뢰를 정의했다면, 이제 좀 더 구체적으로 이것을 구현해낼 방안을 고려해야 한다. 두 가지 차원에서 생각해보자. 하나는 시스템 차원의 신뢰, 다른 하나는 리더십 차원이다.

'시스템 차원'에서 신뢰 구축하기

리더십 경험이 적은 신임 팀장들은 난감한 상황에 어찌할 바를 몰라 한다. '점심시간을 두 시간씩 쓰는 구성원을 어떻게 해야 하나요?,' '자기 완결 없이 대충 일을 하니까 협업 부서에서 난리가 나는데, 어떻게 해야 할지 모르겠어요,' '행동 하나하나 지시만 기다리

[그림 5] 앤드루 그로브의 '리더 관리 영역'

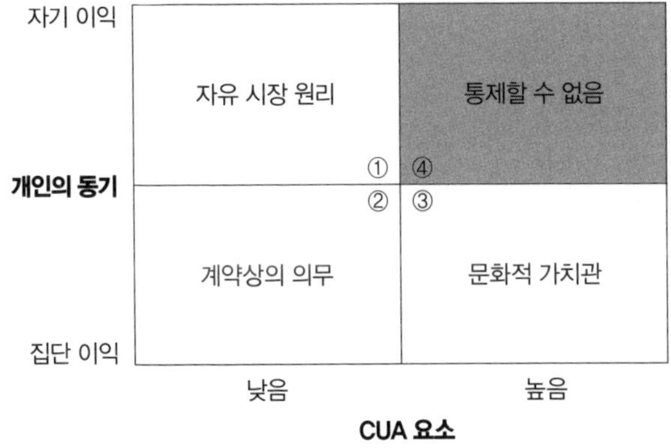

는 구성원은 어떻게 해야 할까요?'와 같은 상황이다. 임원들도 마찬가지이다. 일과 성과에만 관심을 갖고 신뢰에 영향을 주는 조직문화에는 상대적으로 관심을 덜 갖는다.

이런 혼란에 좋은 가이드라인을 제안한 사람이 있다. 인텔Intel의 앤드루 그로브Andrew Grove는 《하이 아웃풋 매니지먼트》라는 책에서 '리더가 관리해야 하는 영역Modes of Control'을 제안한다. 두 가지 요인을 가지고 2×2 매트릭스를 만들어서 관리의 영역을 나눠보자는 것이다.

2×2 매트릭스의 한 요인은 예측가능성CUA이 높은가 낮은가 하는 것*이고, 다른 하나는 이익interest으로, 집단 이익에 초점을 둘

* 앤드루 그로브는 사회·경제적 환경을 가리키는 뷰카VUCA라고 하는 용어를 업무적 환경에서는 변동성Volatility을 빼고 불확실성Uncertainty, 복잡성Complexity, 모호함Ambiguity으로 정의했다.

것인지, 개인 이익에 초점을 둘 것인지이다.

재택근무 상황을 예로 들어 보자. 우선 ①은 자유 시장Free Market Forces 영역이다. 이 영역은 CUA가 낮고(이것은 예측가능성이 높다는 뜻이다.) 개인적인 이득에 해당하는 영역이다. 즉, 개인이 이득을 취해도 예상 범위 내이기 때문에 그냥 원하는 대로 해줘도 무방한 영역을 말한다. 재택근무 상황이라면, 일을 카페에서 하든 집에서 하든 휴양지에서 하든 정해진 시간 동안만 일하면 되기 때문에, 장소에 관해서는 자유 시장에 맡기고 위임하는 것이다. 어디서 일하는지, 일할 수 있는 환경인지 아닌지, 관리하지 말고 자율적으로 하도록 두라는 것이다.

②는 계약상의 의무contractual obligations를 지켜야 하는 영역이다. 예측가능하기는 하지만 집단 이익과 관련되어 있기 때문에 자기 마음대로 하도록 내버려 둘 수 없는 영역이다. 이 영역에서의 일은 서로 지켜야 할 규칙을 명확히 세팅해야 한다. 지시할 것도 있고 합의할 것도 있다. 예를 들면, 어디서 일을 하든 9시에는 온라인 미팅에 들어오기, 화면을 켜고 접속하기, 30분 이상 자리를 비울 때는 알림 주기, 오후 5시에는 팀장에게 마감 보고하기 등의 규칙을 세팅하는 것이다.

③은 문화적 가치Cultural Values 영역이다. 집단 이익이 맞물려 있으나 예측이 어려운 상황이라서 매뉴얼도 없고 개인의 판단에 의해 행동해야 하는 영역이다. 마치 예기치 못하게 접촉사고를 냈을 때와 같은 것이다. 갑작스러운 사건에 적용할 매뉴얼은 없다. 본인의 가치 판단에 의해 행동해야 한다. 대부분의 사람은 교통사고가 나

면 사람들이 다치지 않았는지부터 살펴본다. 이후 2차 사고가 발생하지 않도록 차를 안전한 곳으로 옮긴다. 이렇게 행동할 수 있는 이유는, 사람이 중요하다는 가치가 몸에 배어있기 때문이다.

마찬가지로 조직 내에서 ③은 팀의 미션을 이루는 데 필요한 가치를 합의하고, 예기치 못한 상황이 올 때 가치에 준해서 스스로 판단하여 행동하도록 하는 것이다. 조직문화 좋기로 소문난 자포스Zappos의 핵심가치 중 첫 번째는 '와! 하는 감탄사가 나올 정도의 서비스를 한다Deliver WOW Through Service'이다. 앞서 ②계약상의 의무 영역처럼 고객의 주문에는 이렇게 대응하라고 몇 가지 규칙을 세팅할 수 있다. 그러나 예기치 못한 상황이나 자율적으로 판단하여 행동할 수 있도록 하기 위해, 핵심가치를 제안하고 이에 준하여 행동하라고 하는 것이다. 예측할 수 없었던 고객의 요구를 맞닥뜨렸을 때 '고객이 감탄할 정도의 서비스를 제공하기'라는 기준에 부합하기만 한다면, 어떤 것이든 비용이 얼마가 들든 상관없이 실행하라는 것이다. 이 기준대로 행동함으로써 집단과 회사는 큰 이득을 볼 수 있다.

마지막 ④는 컨트롤 할 수 없는 영역이다. 개인의 이익에 관련된 것으로, 개인이 마음먹고 속이려 하면 어떤 범위로 어떤 형태로 나타날지 예측하는 것이 쉽지 않다. 이것을 예측하고 통제하려 하면 너무 많은 비용이 들기에 이것을 통제하기 쉽지 않다는 것이다. 여기에 쓸 에너지라면 차라리 영역 ②와 ③에 쓰는 것이 낫다.

팀(조직)의 가치 합의하려면 어떻게 해야 할까?

C팀장은 팀의 미션을 이루는 데 있어서 '책임감'이 중요한 가치라고 말한다. 그러니 책임을 다하지 않으려는 구성원들을 보면 화가 날 것이다. 그는 무엇을 보면 책임감이 있다고 볼 수 있냐는 코치의 질문에 곰곰이 생각하더니 '자기가 맡은 일을 기한 내에 완수하려는 의지를 갖고 실행하는 것'이라고 답했다. 그 정의에 구성원들도 같은 생각인지 한번 물어보자고 제안하고, 다음 코칭 세션에 만났다.

C팀장은 구성원들이 책임감을 '자기 일을 남에게 미루지 않는 것'이라고 답했다며, 구성원들의 소극적인 정의에 좌절했다. 남에게 미루지만 않으면 책임을 다했다고 생각하기에 납기나 품질에 대해서는 크게 생각하지 않았던 것이다. 거기서 동상이몽이 생긴 것 같다고 했다.

이렇게 현격한 생각의 차이를 없애려면 조직의 가치를 정할 때 2~3시간의 워크숍으로 진행하면 좋다. 오프라인으로 만나서 하면 좋지만, 여건이 어렵다면 온라인으로 해도 좋다. 세 단계의 절차가 필요하다.

1단계: 구성원이 소중하게 생각하는 가치를 듣는다.

- 가치 단어 세트를 구성원에게 나눠준다.

> [Work Value 단어 세트]
> 일터에서 지향하는 가치들의 예시입니다. 이것을 기반으로 가치 단어를 추가해보세요.
>
> **책임감, 화합, 전문성, 신뢰, 열정, 효율성, 균형, 성실, 소통, 감사, 건강, 충성심, 긍정, 성장, 속도, 자율성, 정직, 즐거움, 창의성, 양심, 유연성, 친절, 겸손, 공정, 관용, 다양성, 도전, 믿음, 배려, 변화, 사랑, 예의, 완벽성, 용기, 인내, 존경, 존중, 진정성, 품질, 행복, 헌신**

- 각 구성원은 일터에서 자신이 중요하게 생각하는 가치가 무엇인지 위의 단어 세트에서 세 가지 단어를 선택하고, 그 이유를 다른 사람과 나눈다. (구성원이 많아서 불가피하게 시간 관리를 해야 한다면, 6명씩 조로 편성해서 조 안에서 나누도록 한다.)
- 다 나누고 나면 그 느낌을 자유롭게 공유한다.

- 서로 깊이 경청하고 감탄할 수 있도록 환경을 만든다.

2단계: 우리 조직에 필요한 가치를 정한다.

- 1단계에서처럼 각 구성원은 우리 조직의 미션을 이루는 데 꼭 필요한 가치 3가지를 선택하여 작은 포스트잇에 한 단어씩 적게 한다. 어떤 단어가 선택되었는지를 전체가 볼 수 있도록, 한 사람씩 나와서 포스트잇을 벽이나 보드에 붙인다. 새로운 단어를 이야기하는 사람에게는 다른 사람의 이해를 돕기 위해 그 가치가 왜 중요한지를 설명하도록 요청한다.
- 구성원에게 작은 스티커를 3개씩 나눠주어, 우리 조직에 가장 중요하다고 생각되는 단어에 투표하도록 한다. 스티커를 붙일 때는 가장 앞쪽에 있는 단어 위에 붙인다. 리더의 생각에 구성원이 눈치 보지 않도록 조직의 리더는 가장 마지막에 투표한다.
- 가장 많은 스티커가 붙여진 단어 3개가 우리 조직의 핵심가치가 된다.

(온라인으로 할 경우 미리 가치 단어 세트를 파일로 나눠준 후, 3가지씩 선택하여 담당자에게 보내도록 한다. 담당자는 엑셀 파일로 취합하여, 가장 많이 나온 단어들의 리스트를 솎아낸 후, 그 단어만 가지고 온라인으로 재투표하는 방식으로 3가지 가치만 추려낸다.)

3단계: 정해진 핵심가치의 정의를 합의한다.

- C팀장의 사례에서 보았듯이, 가치만 추출하면 동상이몽을 하게 된다. 앞서 《아름다운 가치 사전》처럼 우리가 생각하는 그 가치의 뜻(혹은 정의)을 함께 도출해내야 한다.
- 3명씩 조를 편성하여 3가지 단어의 뜻을 정의해보도록 한다. 이때 '무엇을 보면 책임감(혹은 구성원들이 선택한 가치 단어)이란 가치를 실천하고 있다고 볼 수 있는가?', '책임을 다하고 있다는 것은 어떤 것을 말하는가?'와 같은 질문을 주어야 한다.
- 각 조에서 고민한 정의를 듣고, 가장 좋은 단어와 문장으로 다듬는다.
- 이 3가지 가치가 잘 드러난 모습을 상상하며 스토리로 만들어본다.
- 의견을 내주고 열심히 합의해준 서로에게 감사와 사랑을 보내며 마무리한다.

조직에서 예측가능성을 높이는 것은 리더에게도 중요하고 구성원에게도 중요하다. 리더 입장에서 '개인에게 위임할 것'과 '규칙 세팅으로 함께 지키자고 제안할 것'과 '핵심가치를 가지고 행동할 것'을 합의해두면, 조직을 운영하기가 훨씬 쉬워진다. 쓸데없는 곳에 신경을 쓰지 않아도 되기에 커뮤니케이션 비용을 줄일 수 있고 리더의 시간 관리와 스트레스 관리에도 매우 유익하다. 또한 구성원 입장에서도 '이런 상황에서는 이렇게 해야 하는구나'라는 예측가능성이 높아지면 효율적으로 일할 수 있고, 자율성이 높아지며, 무엇보다도 서로의 신뢰도 높아진다.

'리더십 차원'에서 신뢰 구축하기

시스템 차원에서 신뢰 구축을 위한 가이드라인을 도출했다면 이제는 리더십 차원에서 신뢰 구축에 대해 살펴보자. 젠거와 포크만Zenger&Folkman 교수는 8만7천 명의 리더에 대한 분석을 통하여 신뢰의 기반이 되는 세 가지 구성 요소를 도출하였다. 좋은 판단 및 전문지식, 일관성, 관계가 그것이다. 이 세 가지를 구현하는 것이 말처럼 쉽지는 않고, '완성'이나 '끝' 없이 지속적으로 해나가야 하는 여정이다. 조직의 상황을 떠올려보며 내가 어떠한 상태인지, 무엇을 더 해야 신뢰도를 높일 수 있는지 찬찬히 살펴보자.

첫 번째 요소는 좋은 판단과 전문지식이다. 구성원 입장에서 리더가 전문성을 가지고 좋은 인사이트와 판단을 내려주면 신뢰가 높아질 수밖에 없다. 그러나 조직이 커질수록 모든 영역에 인사이트를 가지고 좋은 판단을 내리는 리더는 많지 않다. 대부분 리더들은 새로운 직책을 맡게 되면 자신이 담당했던 직무뿐만 아니라 잘 모르는 영역까지 관리하게 된다. 그렇다면 잘 모르는 영역에서는 신뢰를 쌓을 수 없다는 말인가? 이것은 리더의 태도에 달려있다고 본다. 크게 보면 세 가지 유형의 리더가 있을 것이다. 당신은 어떤 유형에 속하는가?

- A리더 : 구성원에게 자신이 잘 모르는 영역이라는 사실을 알린다. 그리고 빠르게 공부를 하겠으나 당신들의 전문성을 따라갈 수는 없으므로, 당신들의 의견을 잘 듣고 결정하고 지원하겠다고 선포하며 그대로 실행하고자 노력한다.
- B리더 : 그의 아래 있는 중간리더가 전문가이니 그 중간리더에게 위임하고, 자신이 관리할 영역에만 초점을 둔다. 그러나 구성원이 느끼기에는 위임이 아니라 방임으로 여겨진다. 이 경우 구성원들은 소외감을 느끼고 리더가 호불호로 대한다고 불신할 수 있다.
- C리더 : 잘 알지 못하는 영역에서도 자신의 전문성을 앞세워 방향을 결정하고, 일이 잘못되었을 때는 '실무자들이 강력하게 의견을 개진하지 않은 탓'이라며 구성원에게 잘못을 돌린다. 이런 경우라면 당연히 신뢰는 찾아볼 수 없고 구성원은 좀비처럼 행동하거나 조용히 퇴직을 준비하게 된다.

너무 당연한 선택이겠지만, 모르는 영역에서는 A리더처럼 도움을 요청하는 것이 필요하다. 신뢰의 첫걸음이 되기 때문이다. 그렇다면 그 뒤에는 무엇을 어떻게 해야 할까. 세 가지 요소에서 노력이 필요하다.

첫 번째는 자신이 정통해 있는 업무에서 일하는 방식이나 결정하는 방식을 회고하여 그 패턴을 재고해보는 것이다. 예전 코칭했던 정보통신회사의 한 전무가 남긴 말은 매우 의미심장하다.

"실무자 시절에 자신의 업무를 깊이 있게 파헤치며 바닥까지 파보려고 노력한 사람이 팀장이 되면, 다른 분야의 업무에 대해서도 업무의 패턴을 이해하고 실무자들이 놓칠 수 있는 깊은 질문을 할 수 있습니다. 그리고 구성원들이 노력한 깊이를 알아채는 능력도 있습니다. 반면 실무자 시절에 일의 깊이가 없었던 사람이 리더가 되면, 구성원을 제대로 이끌지를 못하고 구성원의 신임을 얻지 못합니다."

다시 말하면 구성원의 이야기를 이해하고 함께 의사결정할 수 있도록 공부는 계속해야 한다. 그러나 새로운 분야에 너무 겁먹지 말고 이전에 자신이 정통했던 분야에서 쌓아왔던 접근 방식을 돌이켜보며, 구성원에게 새로운 시선을 더하고 본질에 다가가도록 돕는 역할을 할 수 있다는 것이다. 예를 들면, 늘 고객이 누구이고 그 고객이 원하는 것은 무엇인지에 대해 끊임없이 고민했던 팀장은, 다른 직무를 수행 중인 구성원에게도 동일한 질문을 통해 더 본질적으로 일하도록 도울 수 있다.

두 번째는 학습 민첩성Learning Agility을 유지하는 것이다. 우리가 모두 아는 것처럼 4차 산업 시대에 리더의 가장 중요한 역량은 학습 민첩성이다. 세상은 실시간으로 바뀌고 있는데, 과거의 성공체험만으로 세상을 보고 있다면 좋은 판단을 내리기 어렵다. 담당한 조직의 직무와 관련하여 세상이 돌아가는 방향과 관련한 학습을 하기 위해 어떤 채널과 리소스를 얻을지, 또 어떤 방식으로 체화할 것인지에 대해 정리해 두어야 한다. 성향이 내향적이어서 네트워킹에 소극적인 리더라 하더라도, 학습 민첩성을 높이기 위한 모임에 적을 두고 적극적으로 참여해야 한다.

마지막으로 자신의 강점과 학습 스타일을 잘 파악하고 활용해야 한다. 같은 결과라도 접근하는 방식이 다르다. 예를 들어보자. 전략적 판단이 필요한 상황일 때, 어떤 리더는 자료수집부터 하고 어떤 리더는 사람들과 토론을 먼저 한다. 어떤 리더는 오히려 작은 시도를 해보면서 미래의 가능성을 타진해본다. 전략적 판단을 위한 명확한 소스와 프로세스를 아는 리더도 있지만, 배움 혹은 토론을 통해서 전략적 사고를 하고 판단하는 리더도 있다. 필자는 10월경이 되면, 내년도 전략을 위해 외부의 교육이나 특강을 듣는다. 마케팅, IT, HR, 세계 환경, 세계 시장 등에 관해 간접적으로 배우다 보면 다음 해의 흐름을 파악할 수 있고, 이것을 토대로 전략적인 판단을 하게 된다.

누구나 자기만의 방식이 있다. 어쩌면 당신은 당신의 잠재력을 50%도 쓰고 있지 않을 수 있다. 그러니 다른 사람의 학습 방법을 따라가지 말고, 자신의 학습 스타일과 강점을 파악해서 자신만의 학습 방식으로 민첩하게 그리고 프로답게 판단하고 설득하는 방법을 정리해보라.

두 번째 요소는 말하고 행동하는 것의 일관성이다. 말과 행동을 일치시킨다는 것은 말처럼 쉽지 않다. 이 언행일치를 위해 노력했던 D팀장이 기억난다. D팀장은 자신이 가장 중요하게 생각하는 가치는 '정직'이며, 자신뿐만 아니라 구성원들에게도 이를 강조한다는 것이다. 구성원들에게는 자율 권한을 상당히 허용하면서도 내게 거짓말은 안 된다고 선포했다. 아무리 어려운 일도 솔직하게 말해주면 팀장이 책임을 지고 해결하겠지만, 거짓말을 하는 것은 자신을 다시는 보지 않겠다는 뜻이기에 책임질 수 없다고 강조했다. 구성원이 갖는 D팀장에 대한 신뢰는 남다르다. 팀장 자신이 먼저 정직을 솔선수범했고, 잘못을 정직하게 고해하는 구성원이라면 팀장이 나서서 커버해주었기 때문이다. D팀장을 보면서, 신뢰를 얻기는 힘들지만 불가능하진 않다, 열심히 노력하면 구성원들이 알아준다는 생각을 하게 된다.

언행일치와 관련해서 필요한 것은 두 가지다. 첫째는 앞서 살펴본 것처럼, 자기 삶의 핵심가치를 정리해보고 이와 관련된 행동을 하는 것이다. 만약 내 삶의 핵심가치가 책임, 성숙, 사람들을 케어하는 것이라면, 행동이나 말을 할 때 이 가치들이 드러나야 한다. 또한 의사결정을 하기 전에 이 세 가지 기준을 가지고 심사숙고해야 한다. 즉 삶에서 자신의 가치가 드러나도록 노력할 때 일관된 행동을 하게 된다. 그런 모습을 지켜보는 사람들은 '이 리더는 이런 상황에서는 이렇게 행동할 것이다'라고 예측할 수 있으니, 신뢰감이 높아질 수밖에 없다.

두 번째는 자신의 가치와 다른 행동을 했을 때 양해를 구하거나 사과하는 것이다. 매 순간 일관되게 행동하기 어렵다. 사람은 누구나 실수할 수 있다. 자신도 의식하지 못하는 상황에서 혹은 알면서도 모순되게 행동할 수 있다. 언행일치가 되지 않았거나 실수했다고 생각될 때, 상대방에게 그 이유를 알려주고 필요하다면 양해를 구하거나 사과하는 것이다. 이 두 가지를 가지고 노력할 때 구성원들은 리더를 합리적인 사람, 신뢰가 가는 사람, 예측가능한 사람이라고 말하게 된다.

세 번째 요소는 관계를 구축하는 것이다. 은행에 계좌를 개설하고 저금을 많이 하면, 내가 필요할 때 목돈을 찾아 쓸 수 있다. 신용이 높으면 싼 이자에 대출도 해준다. 은행 계좌처럼 인간관계에는 '감정 계좌'라는 것이 있다. 관계에서 좋은 감정을 많이 입금하면, 필요할 때 인출할 수도 있고 기꺼이 마이너스가 되어도 견뎌주는 관계가 된다는 것이다. 즉 너무 속상해서 심지어 화를 내어 감정 계좌가 마이너스가 되어도, 차압이 들어오지 않고 기다려주게 되는 것이다.

왜 구성원들은 피드백에 대해 그렇게 예민한지 모르겠다며 피드백을 어떻게 해야 할지 고민이라고 했던 반도체 회사의 E팀장이 있었다. E팀장에게 과거 실무자였던 시절 자신이 피드백을 수용하게 되었던 경험을 떠올리며 그때 상사가 가진 변수가 무엇이냐고 물어봤다. 잠시 침묵하던 팀장은 세련된 기술이나 타당한 내용보다 오히려 상사와 어떤 관계였느냐가 제일 중요했다고 고백했다. 감정 계좌에 돈독한 감정이 많이 쌓이면 건설적 피드백이 수용된다는 결론이다.

젠거와 포크만 교수의 연구 결과가 흥미롭다. 그들은 자신들의 조사를 통해 도출한 신뢰의 세 가지 요소, 즉 판단력, 일관성, 관계라는 변수가 '신뢰'에 어느 정도의 영향을 미치는지 상관관계를 조사해봤다. 세 가지 변수(판단력, 일관성, 관계)를 모두 가지고 있는 리더의 경우 신뢰 점수가 80% 전후가 된다. 두 가지 요인씩 묶어서 봤을 때, 관계Relationships와 판단Judgment이 동시에 작용할 때 신뢰 점수는 60% 전후가 되었다.

그렇다면 이 세 가지 변수 중 가장 중요한 영향을 미치는 요소는 무엇이었을까? 바로 '관계'였다. 관계라는 단독 변수 하나만 있어도 50%를 상회하는 신뢰 점수를 보여주었다. 재미있는 사실은 관계가 좋으면 리더의 전문성이 다소 떨어진다해도 '우리 리더는 전문성이 있다'라고 느낄 가능성이 커진다. 반면 관계가 나쁘면 어떤 진정성 있는 시도를 해도 신뢰하지 못하고 오해할 가능성이 있다는 것이다. 신뢰의 상당부분은 구성원의 인식에 기반한다는 것을 알 수 있는 대목이다.

우리에게 무엇을 시사하는 것일까. 신뢰의 세 가지 요소 중 가장 많이 그리고 먼저 노력할 부분은 관계성이라는 것이다. 그룹코칭에 들어온 한 기업의 상무들도 같은 의견을 내놓았다. 상사와 신뢰 관계가 깊어지게 만드는 요인은, 커뮤니케이션이 쌓여야 한다는 것, 대화의 의도가 정직한 것(구성원을 위해 말해준다는 느낌이 드는 것), 풀기 어려운 문제를 함께 고민하는 것, '왜 이렇게밖에 못 하냐'가 아니라 '함께 넘어보자'라는 함께의 정신, 개인의 경조사에 관심 가져주고, 성장을 위해 진심으로 피드백하는 것들이었다.

코로나19 팬데믹을 겪으면서 사회적 거리 두기가 일상이 되었다. 사실 그 슬로건은 잘못되었다고 본다. '물리적으로 거리두기, 사회적으로는 가까이하기'를 슬로건으로 삼았어야 했는데, 어떤 사람이 옮길지 모르니 무조건 멀리하라는 메시지가 사람에 대한 혐오를 부추긴 것은 아닌가 싶어서다. 엔데믹이라고 소리쳐도 사람들은 스치기만 해도 여전히 불편해한다. 불신은 쉽게 퍼지고, 신뢰 쌓기는 오래 걸린다는 것을 방증하는 것이다. 신뢰가 망가지면 비용뿐만 아니라 사람들의 마음도 굳어서 제대로 역량을 발휘하기 어렵다. 그러니 바쁘고 어려워도 신뢰의 징검다리를 하나씩 놓아가야 한다.

셀프 코칭

다음의 질문에 답하면서 조직 내에 신뢰 구축을 위한 노력을 해 봅시다.

Q1. 나는 '신뢰'를 어떻게 정의하나요? 무엇을 보면 신뢰를 주고받는 관계라고 할 수 있을까요? 나의 입장에서 보고 싶은 신뢰의 모습은 무엇인가요? 구성원과 신뢰를 쌓기 위해 필요로 하는 모습은 무엇인가요?

* 《여우와 두루미》 이야기를 기억하세요. 내가 원하는 것을 요구하기 전에 구성원이 원하는 신뢰를 관찰하고, 합리적인 방식으로 노력해야 합니다.

신뢰가 간다고 생각하는 모습: ______________________

구성원이 나와 조직에 신뢰를 쌓기 위해 필요한 나의 모습: ______________________

____

Q2. 시스템 차원에서 신뢰를 구축하기 위한 설계를 해봅시다.

아래의 ①②③영역에 내가 해야 할 것을 정리해보세요.

개인의 동기	낮음	높음
자기 이익	자유 시장 원리 ①	④ 통제할 수 없음
집단 이익	② 계약상의 의무	③ 문화적 가치관

CUA 요소

① 자유 시장 원리: ______________________

② 계약상의 의무: ______________________

③ 문화적 가치: ______________________

Q3. ③에 해당하는 우리 조직의 가치를 정리해보세요.

- 스스로 생각하기에, 우리 조직의 미션을 달성하기 위해 가장 중요하다고 생각하는 가치를 세 가지 정리해보세요.

- 구성원들과 함께 조직의 미션을 달성하기 위해 가장 중요하다고 생각하는 가치 세 가지를 합의할 수 있는 워크숍을 계획해보세요.(조직 사이즈가 커서 구성원이 많다면 퍼실리테이션을 할 수 있는 외/내부 사람의 도움을 얻으십시오.)

Q4. 리더십 차원에서 3가지 신뢰 요소를 구축하기 위한 설계를 해봅시다.

(리더십의 3가지 신뢰 요소: 좋은 판단과 전문지식, 일관성, 관계)

- 전문성의 개발을 위해 어떤 노력을 하려고 하나요?

- 어떤 것에 일관성을 유지하고자 하나요?

- 관계를 쌓기 위해 구성원의 감정 계좌에 무엇을 입금하고자 하나요?

7

호불호好不好,
이 위험한 편견에서 벗어나기

현장 에피소드

안녕하세요, 코치님. 저의 부정적인 평판 중 하나가 호불호가 강하다는 것입니다. 어느 정도 맞는 말이지만 저는 조금 억울합니다. 저도 사람인지라 몇 번이나 기회를 줘도 결과를 내지 못하는 구성원에게 기회를 계속해서 주기는 쉽지 않습니다. 그런데 그 구성원의 성과는 생각하지 않고 왜 저의 리더십만 문제 삼는지 모르겠습니다.

이번에 경력직 직원 한 사람이 입사했습니다. 면접 때 내성적인 느낌은 있었지만 이 정도인지는 몰랐습니다. 우선 대화할 때 시선을 맞추지 않습니다. 몇 번이나 물어야 자기 생각을 겨우 대답하고요. 대면으로 보고하는 것도 싫어합니다. 답답했지만 그래도 어떻게 해서든 잘 지내려고 노력했습니다. 하지만 업무에 대한 이해도가 떨어지는데 질문도 하지 않고 마음대로 엉뚱하게 일을 합니다.

이런 사람들과는 어떻게 소통하고 신뢰 관계를 쌓아야 할까요? 저의 호불호나 편견이 문제일까요? 잘 맞지 않는 사람을 어떻게 독려하며 일할 수 있을까요?

우리는 각자 삶에서 즐겨 부르는 인생 테마곡이 있다. 노래에서 자기 테마곡이 있는 것처럼, 삶에서 자주 언급하는 멘트 말이다. 필자의 테마곡은 '괜찮아, 당신은 할 수 있어!'다. 필자의 직업인 코칭에서 이 테마는 매우 중요하기 때문에, 스스로 코칭에 매료되고 천직처럼 느껴지나 보다. 그러나 이 테마곡의 부정적인 측면도 있다. 쉽게 포기해버리거나 최선을 다하지 않는 것처럼 보이는 사람을 보면 불편해진다. 따뜻한 배려가 없어 보이는 사람에게 화가 나기도 한다. 필자가 가진 삶의 테마곡이 사람에 대한 호불호의 기준이 되어 버리는 것이다.

자신의 테마곡은 성공으로 발돋움하는 힘의 한 축인 동시에 불호不好의 잣대가 된다. 자신의 성공과 관련되어 있기에 없앨 필요도 없고 없애기도 힘들다. 다만 여러 가지 관점에서 이 호불호로 인한 파장을 생각해보고 올바른 시각으로 세상과 사람을 볼 수 있도록 스스로를 훈련해야 한다. 불호로 겪게 되는 불이익은 구성원뿐만 아니라 리더 자신에게도 치명적인 약점으로 작용하기 때문이다.

호불호의 기준은 어디에서 왔을까

[그림 6]에서 생쥐처럼 보이는 A를 먼저 본 후 B를 보면, B를 A와 유사한 생쥐로 인식할 가능성이 크다. 반면 사람의 옆 모습처럼

[그림 6] 관점에 따라 다르게 보이는 그림[13]

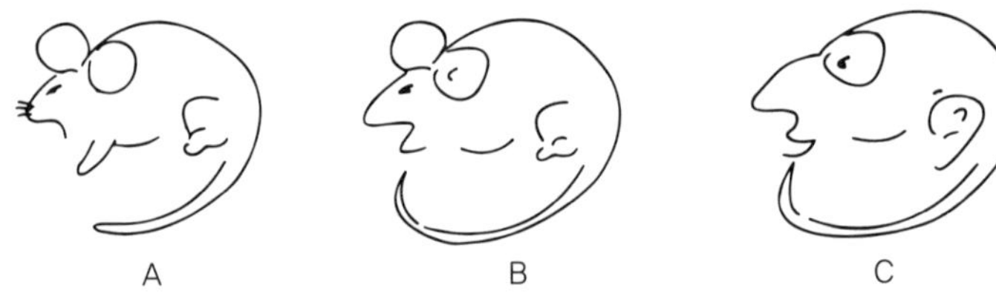

보이는 C를 먼저 본 후 B를 보면, 대부분이 B를 사람의 옆 모습으로 볼 확률이 높다. 즉 같은 B를 보더라도 내가 어떤 관점을 가지고 있느냐에 따라 B를 다르게 보이게 한다.

인간은 감각 기관을 통해 세상의 정보를 받아들이지만 있는 그대로 받아들이지 않는다. 인간은 자신의 기존 지식을 활용하여, 얻어진 감각 정보를 '해석'해 받아들인다. 그래서 같은 B를 보고도 어떤 사람은 생쥐라고 말하고, 어떤 사람은 사람이라고 말한다. 또 아무런 생각이 없던 사람에게 '생쥐 같지 않아요?'라고 해석해주면, 정말 생쥐처럼 보이기도 한다. 이런 지각의 오류가 리더들에게도 빈번히 일어난다. 우리는 어떻게 자신만의 테마곡을 갖게 되는 것일까. 이 테마곡이 사람에 대한 호불호의 잣대로 쓰이는 이유는 무엇일까.

삶의 테마곡에 영향을 주는 세 가지 요인들

삶의 노래가 된 테마곡은 크게 보면 세 가지에 의해 형성된다고 본다.

① 태어날 때부터 가지고 태어난 기질.

② 자라는 과정에서 칭찬받은 행동이나 사건들 속에서 단단해진 태도나 행동.

③ 그 과정에서 쌓인 신념과 가치.

이 세 가지가 어떻게 삶이 테마곡을 만들어내는지 D상무를 통해 살펴보자. D상무는 배터리와 관련된 일을 한다. 배터리 부품은 하청업체를 통해 조달받는데, 부품에 문제가 발생하면 외주 준 곳에서 오류가 난 이유를 말해줄 때까지 가설조차 세우지 않는 직원들이 못마땅하다. '아무리 부품 제작이 본인들의 업무가 아니라고 해도 부품의 제작이나 작동 원리를 알아야 관리를 할 수 있는데, 그 원리를 모르니 끌려다닐 수밖에 없지 않냐'고 푸념하는 D상무의 말은 맞는 말이다.

'원리를 알아야 한다'는 것이 삶의 테마인 것 같아서, 성향 진단 결과를 들여다보니 역시 D상무의 타고난 기질이었다. D상무는 어릴 적부터 시계든 장난감이든 뜯어보길 좋아했다. 어떻게 작동되는지 알고 싶어서다. 이런 기질은 외부에서 자극이 왔을 때, '이 일은 왜 생기는 것일까?,' '원리가 뭘까?,' '어떤 프로세스로 이 결과가 만들어지는 걸까?'라는 생각을 먼저 하게 만든다. 마치 산에 비가 내리면 일정한 줄기를 따라 비가 모여드는 것처럼, 다양한 자극을 받아도 기질에 따라 관심 있어 하는 분야로만 촉수와 민감도가 높아져 있는 것이다.

여기서 하나만 더 짚고 넘어가자. 필자가 코칭을 하면서 기질 이야기를 강조하는 것은, 그것이 부모로부터 대가 없이 물려받은 것임을 강조하기 위해서다. 선물로 받았으니 구성원들에게도 대가 없이 멘토링해 줘야 한다. 왜 원리도 모르고 외주를 주냐고 답답해하기보다는, 왜 원리를 파악하고 줘야 하는지, 어떻게 원리를 파악해야 하는지를 친절히 안내해줘야 하고, 잘해나가고 있을 때는 당연하다고 생각하지 말고 칭찬과 격려를 해줘야 한다.

이런 기질은 자라나는 환경에서 강화된다. 부모님이나 교사의 칭찬으로 그 행동을 더 많이 하고 더 다져 갔을 것이다. 문제 해결 과정에서 데이터와 원리를 중심으로 풀어갔을 때 성공했던 경험이 있다면 더욱 자주 몰입하여 이 기질을 사용했을 것이다. 기질과 환경이 상호작용을 하여, 그 사람의 능력과 태도를 형성해 가는 것이다.

이것은 청소년을 지나면서 신념과 가치처럼 자리 잡게 된다. '원리를 철저히 파악해야 모든 일이 잘 돌아갈 수 있다.', '원리를 제대로 파악하지 못하면 실패한다.', '원리를 모르면 하수다'라고 말이다.

정리하면, 타고난 기질이 성공체험을 하게 되고 성공체험은 행동을 더욱 강화시키고 신념과 가치에도 영향을 미친다는 것이다. 자신과 유사한 방식으로 일하는 구성원을 보면 좋아하게 되고, 그렇지 못하면 싫어하게 되는 것이다.

당신이 직원들에게 주로 하는 말은 무엇인가? 미팅 시간에 계속 당부하는 테마는 무엇인가? 이 테마는 당신을 유능하게 해주기도 하지만, 당신이 주장하는 길을 따라오지 못하는 사람을 불호로 대하는 잣대가 된다. 리더십에서 가장 큰 비극 중의 하나는 '왜 나처럼 하지 못할까? 나라면 저렇게 안 할 텐데'라는 시각이다. 당신은 리더이다. 자신과 구성원을 비교하여 비난하는 것이 아니라, 그들을 도와줘서 조직의 역량을 높여야 하는 리더임을 잊지 말아야 한다.

그들이 원래 저성과자였다는 것이 사실일까?

한 연구에 의하면 리더는 불과 90분 만에 구성원을 내집단inner circle과 외집단outer circle으로 구분한다.[14] 한 시간 반 만에 호불호가 갈린다니 너무 놀라운 결과다. 너무 짧은 시간에 내집단과 외집단으로 구분하는 것도 문제지만, 더 큰 문제는 그 구분이 합리적이지 않다는 것이다. '성향이 맞는 사람', '사물을 자신과 같은 식으로 보는 사람'과 같은 요소를 기준으로 삼는다는 것이다. 성과와 연결되지 않는 기준들로 '내 사람'과 '아닌 사람'을 구분 짓는 행동은 너무 위험하다.

게다가 일단 내집단으로 분류되면 보이지 않는 혜택들, 즉 고급 정보, 배경, 상급자의 의도, 필요한 리소스 등이 제공된다. 당연한 결과다. 리더들은 마음 맞는 사람과 훨씬 더 자주 교류한다. 자주 만나니까 스토리가 연결되고, 물어볼 것도 많고 알려줄 것도 많다. 구성원 입장에서도 상사가 자신을 신뢰하는 것 같아 대화에 적극 참여한다. 그것이 선순환이 되어 내집단을 더 공고히 하게 된다.

문제는 때때로 그 필터링 때문에 일어나는 문제들을 놓친다는 것이다. 즉, 내집단에 속한 구성원들이 설령 실적이 미비해도 그럴 만한 이유가 있었을 것이라고 생각한다. 그러니 실적을 덜 내도, 애쳤을 내집단 구성원에게 고과를 더 좋게 줄 확률이 높다. 반면 외집단으로 분류한 구성원에게는 상대적으로 적은 정보를 준다. 일의 배경, 조직의 전략, 이 일의 궁극적 목적 등에 대해 충분히 정보를 주지 않고 지시하니, 한정된 정보로 퀄리티 높은 결과물이 나오기 어렵다. 필요한 리소스도 적게 제공되니 아무리 목표 달성을 위해 열심히 노력하더라도 외집단에 속한 이상 높은 실적을 올릴 가능성은 적어진다.

그들이 정말 성과를 내지 못하는 사람들인가? 아니면 나의 호불호로 인해 그들을 외집단으로 분류한 후, 정보와 리소스를 주지 않고 부정적인 피드백으로 열정과 역량을 죽임으로써 성과를 내지 못하게 만든 것인가? 리더라면 좀 더 숙고가 필요한 부분이다.

호불호, 어떻게 해야 할까?

호불호의 기준을 리더가 가지고 있기 때문에 일차적으로 보면 리더 자신에게 힘이 있는 것처럼 보인다. 그러나 호불호가 짙어질수록 리더십에도 그림자가 드리워진다. 일을 잘하거나 케미가 맞는 사람은 조직 전체의 20% 남짓이다. 나머지 사람과 자원을 활용하지 못하기 때문에 늘 사람 부족과 자원 부족에 시달려 성과를 지속적으로 내기 어렵다.

외집단에 있는 사람들은 리더에 대한 원망을 뒷담화로 쏟아내며 부정적인 리더십 평판을 만든다. 부정적인 에너지가 가득한 구성원은 근무 시간에도 몰입하지 못하게 된다. 작은 일을 시켜놨는데도 그마저 제대로 못 하는, 역량이 자꾸 쪼그라드는 현상을 목격하게 된다.

중간 지대에 놓은 구성원들도 아무리 노력해도 자신이 '핵심 내 집단'에 들어가지 못한다는 것을 알기에 극도의 몰입과 노력은 하지 않는다. 그러니 조직 전체에 신뢰를 형성하기 어렵다. 뭔가 잘못되어 가고 있다고 판단될 즈음에는 손쓸 수 없게 된다. 그렇다면 어떻게 해야 할까? 두 가지 해법이 있다. 하나는 고질적으로 나쁜 관계가 되기 전에 해볼 수 있는 방법들이고, 다른 하나는 관계가 이미 손상되어서 서로 나쁜 관계가 된 상황에서 해 볼 수 있는 것들이다.

나쁜 관계가 되기 전에 해볼 수 있는 방법

세 가지 방향을 생각해볼 수 있다. 첫 번째는 다른 사람의 도움을 요청하는 것이다. 불호인 구성원을 직접 케어하는 중간리더에게 그 사람의 강점, 진보, 노력 등에 대해 들려 달라고 요청하는 거다. 필자도 가끔 어떤 구성원의 행동이나 성과가 이해되지 않을 때, 그 구성원의 직속 상사에게 그 친구가 요즘 어떤 일에 가장 마음을 쏟고 있는지, 어떤 장점들을 보이는지, 무엇을 도와주면 더 신나게 일하겠는지를 물어본다. 그 구성원의 직속 상사가 나와 똑같은 필터를 끼고 있는 사람이 아니라면, 내가 한쪽 면만 보고 있었음을 깨닫게 해준다.

두 번째는 능력과 성과라는 측면에서 그 구성원을 다시 보는 것이다. 즉, 우선 자신의 가치로 판단하는 것을 잠시 내려놓는다. 그런 뒤, 그 직무를 완수하는 데 필요한 능력이 무엇인지 세 가지만 꼽아보라. 그 세 가지를 기준으로 그 구성원의 능력을 다시 진단해 본다. 어쩌면 그 구성원의 능력을 제대로 보고 있지 않았다는 것을 깨달을 수 있다. 만약 그 구성원이 세 가지 역량에서도 떨어진다고 생각되면, 다음의 세 번째 방법을 써보라.

세 번째는 풍부한 리소스와 지원을 제공하는 것이다. 성과를 잘 낸다고 생각하는 구성원에게 제공하는 만큼, 불호의 구성원에게 일의 배경, 목적, 이유, 정보, 리소스를 주는 것이다. 그리고 그 구성원이 성공할 수밖에 없도록 지원해주는 것이다. 부족한 부분에 초점을 두기보다는 잘 건널 수 있도록 징검다리를 놓아준다. 보고 받는 과정에서 '오늘 보고한 내용이 이전보다 수월하게 이해되는데, 이번 보고에서 좀 다르게 접근한 것이 있나요?' 물으며 구성원이 노력한 것을 어필하도록 기회를 준다. 이렇게 두세 번만 시도해보자. 어쩌면 성과에 영향을 미친 것이 고급 정보를 주지 않았기 때문이었음을 깨달을 수도 있다. 설령 그 구성원이 역량 부분에서 차도를 보이지 않는다 해도, 늘 부정적이었던 상사와의 관계에서 이런 긍정적인 피드백과 긍정 체험이 이후에 구성원의 변화에 불씨를 제공할 수도 있다.

이 세 가지 방향의 공통점은 그동안 당연하다고 생각했던 부분에 대해 의문을 제기하고 다른 관점으로 접근해보려는 의지다. 두 가지를 기억하자. 하나는 이 세 가지 방향을 통합하여 실행할 때 훨씬 더 효과적이라는 것이다. 두 번째는 관계 개선의 목표를 너무 높게 잡지는 말라는 것이다. 한번 도와주고 나서 개과천선을 기대한다면, 역시 그 노력은 '역시 그 사람은 잘하지 못한다'는 자신의 확증 편향만 강화할 뿐이다. 관계를 10%만 개선하자든지 관계와 성과를 약간만 올려보자는 정도가 적합할 것이다. 성공하면 다음 단계로 나아갈 수 있으니, 처음부터 획기적인 관계와 성과 개선을 상상하지 말라. 성공체험은 구성원에게도 중요하지만, 더 큰 영향력을 발휘해야 하는 당신에게 더 중요하다는 것을 꼭 기억하자.

나쁜 관계가 돼버린 구성원과 해볼 수 있는 방법

G팀장은 매일 9시에 15분간 스탠딩 미팅을 진행한다. 서로 안부도 묻고 그날의 가장 중요한 이슈를 잠시 나누는 시간이다. 협의 요청도 이뤄진다. 그 시간 이후는 자율적으로 시간을 쓰기 때문에 G팀장은 모두 모일 수 있는 이 시간을 소중하게 생각한다.

G팀장은 출근하자마자 A매니저 자리로 시선이 간다. 9시가 가까워지자 화가 조금씩 치밀어오른다. '오늘도 설마 지각하지는 않겠지! 내가 어제도 밥까지 사주면서 9시 회의는 꼭 참석하자고 당부했는데!' 생각하며 기다렸지만 역시 오늘도 A매니저는 나타나지 않았다. G팀장은 속이 부글부글 끓어오르며 별의별 생각을 다 하느라 일에 집중하지 못한다. 이 일이 반복되자 급기야 시말서까지 쓰게 했는데, 그럼에도 불구하고 일주일에 3~4차례 지각을 하니, 둘의 관계는 회복하기 어려운 상태가 되었다. A매니저도 문제지만, G팀장의 상태가 심상치 않다. 무능감과 좌절감이 G팀장의 몰입을 방해하고 있었다.

이런 진퇴양난의 상황에서 무엇을 해야 할까? A매니저가 늦는 이유에 대해 코칭 세션에서 묻자, "잘 모르지만 집이 좀 먼 것 같다. 아무리 그래도 이건 있을 수 없는 일이다"라고 답한다. 가만히 들어보니 G팀장은 그 지각하는 상황에만 초점을 두었지, A매니저가 왜 늦는지에 대해서는 잘 몰랐다. 필자와의 코칭에서 G팀장은 두 가지 측면에서 직면과 성찰을 했다. 첫째는 G팀장이 소진된 상태에서 빨리 나와야 한다는 것이다. G팀장은 A매니저의 개선도 돕지 못하면서 자신과 팀원에 쓸 에너지마저 A매니저를 비난하는 데다 사용하고 있는 자신을 바라보게 되었다. 만약 A매니저를 변화시킬 자신이 없다면 잠시 A매니저를 향한 노력을 접어야 한다. 대신 자신의 리더십 정체성을 세우고 나머지 구성원들에게 몰입할 수 있는 환경을 만드는 것이 급선무다. 둘째는 다시 한 번 노력해보는 것이다. 그런데 초점은 A매니저가 아니다. A매니저와 같은 또 다른 사례가 발생했을 때 설득할 수 있는 역량을 개발하기 위해, 즉 내 리더십의 확장을 위해 다시 한번 노력해볼 필요가 있다는 것이다.

G팀장은 다음의 네 단계[15]에 걸쳐, A매니저와 깊은 대화를 시도했다.

- 사전 준비 단계: 구성원에 대한 생각과 면담 설계를 위해 생각을 정리해보는 단계이다.
  ① 가장 중요한 것은 그럴만한 이유가 있었을 수도 있고, 팀장 자신이 그 원인이었을 수도 있다는 가정을 하는 것이다. 최소한 자신이 가진 요소 때문에 조기에 문제가 해결되지 않았을 수도 있다는 가능성이라도 생각해봐야 한다.

이것이 있어야 대화를 할 수 있다.

② 언제부터 구성원과 관계가 나빠졌는지 확인한다. 갈등이 시작된 주요 요인을 찾아보는 것이다. 다시 그 시간으로 돌아간다면 무엇을 다르게 해볼 수 있는지 생각하고 정리한다.

③ 구성원의 장점에 대해 생각해본다. 늘 부족한 사람이라는 증거만 수집하느라 놓쳐왔던 구성원의 장점을 확인해본다. 어떤 팀장은 '내가 피드백은 그렇게 자주 하면서 칭찬을 한 적이 있던가?'하는 성찰을 한 뒤에 모든 구성원 각각에 대해 열 가지씩 장점을 적어보는 것에 도전했다. 열 번의 지적은 쉬웠지만, 열 가지의 장점을 적어보는 것은 쉽지 않았다. 성과가 좋지 못하다고 생각하는 구성원일수록 더 많은 시간이 걸렸지만, 결국 모든 구성원의 장점 열 가지를 써왔고 그룹 코칭에 참여한 팀장 모두에게 큰 도전이 되었다. 당신도 도전해보라.

④ 그 구성원의 직무와 관련해서 요구되는 역량이 무엇인지 세 가지로 정리해보자. 그리고 그 세 가지 역량을 기준 삼아 구성원이 보여주는 수준을 1~5점으로 평가해보자. 몇 점을 줄 수 있는지, 왜 그 점수를 주게 되는지 구체적인 데이터를 수집하라. 객관성을 유지하기 위해 5점과 1점의 행동과 태도의 차이를 정의해보자. 그리고 해당 구성원에게 준 점수가 이 기준에 부합한지 스스로 점검하라.

⑤ 구성원과의 면담 목표를 정리한다. 면담의 목표는 크게

네 가지가 될 것이다. 당면한 문제해결, 관계 및 성과를 개선할 수 있는 방안 도출, 그리고 대화의 열린 장을 마련하는 것들 말이다. 또한 몇 퍼센트의 개선을 목표로 하는지도 구체적으로 정해보자.

- 구성원을 준비시키는 단계: 구성원에게도 면담을 위한 준비를 시킨다.
  ① 면담을 요청한다. 면담을 요청할 때는 반드시 다음과 같은 안내가 필요하다. "아침 출근(성과)과 관련해서 어려운 점이 있고, 그것 때문에 관계도 점점 나빠지고 있는 것 같아. 그 부분에 나 역시 일조했다고 생각해. 시간을 내서 해결 방안에 대해 함께 생각해보면 어떨까?"
  ② 일정과 장소를 정한다. 일정은 면담을 알린 후 반나절이나 하루 후가 가장 적합하다. 구성원에게도 생각해볼 시간을 줘야 하지만 너무 긴 시간으로 에너지를 소모시킬 필요는 없기 때문이다. 장소도 중요하다. 늘 만나던 회의실은 안 좋은 기억으로 가득하다. 그러니 카페나 제3의 장소가 좋다.
  ③ 구성원에게 생각해올 사전 질문을 준다. 대화의 방향을 가늠하게 할 뿐만 아니라, 자신이 할 이야기를 준비해올 수 있게 하기 때문이다. 사전 질문의 예는 다음과 같다.
   - 업무에서 가장 쉽고 편한 것과 어려운 것은 무엇인가?
   - 내가 어느 정도 돕는다고 생각하는가?

- 우리의 커뮤니케이션은 어떠한가? 어떤 점이 개선되어야 하는가?
- 우리가 고민인 이 부분의 향상을 위해 우리가 할 수 있는 것은 무엇인가?

- 면담 진행 단계: 사전에 정했던 목표를 얻어내기 위해 자기성찰, 문제 인식, 해결 방안 등을 함께 나눈다.
  ① 면담 시작하기: 갑자기 면담을 하자고 해서 놀란 것은 아니냐는 따뜻한 인사말small talk을 건넨다. 면담을 시작할 때 어려움을 겪고 있는 문제에 대해 이야기하고 리더 자신이 그것에 기여한 부분이 분명히 있을 것이니 허심탄회하게 이야기하자고 제안한다.
  ② 문제의 본질 찾기: 이 과정에서는 리더 자신이 먼저 어려움을 겪었던 부분에 대해 이야기를 하면서 상대방의 이야기를 진심으로 청해 듣는다. 사전 질문과 관련해서 이야기를 주고받는다. 이때 리더 자신의 생각과 판단을 관철시키려 하면, 이 면담은 실패로 돌아간다. 차분하게 관찰해야 한다. 구성원의 생각이 어디에 머무르는지, 혹은 어떤 역량이 부족한지를 관찰해야 한다. 즉 자신이 외집단에 속해 있다고 생각해서 그런 것인지, 과제나 지시를 제대로 알아듣는 능력이 없어서인지, 과업을 수행할 역량 중 어떤 역량이 부족한 것인지, 아니면 동기부여가 안 되는 것인지 등을 관찰해야 한다. 관찰을 통해 문제의 원인

을 파악했다면, 그 부분을 해결하기 위한 방안으로 나가야 한다.

③ 실행 계획 수립하기: 리더와 구성원 양쪽이 3개월간 실천할 사항들을 나눈다. 꼭 기억해야 할 것은 이 실행을 통해 성공체험을 경험하는 것이다. 너무 도전적인 실행을 계획하기보다는 노력을 통해 실천할 수 있는 항목들을 정하자. 또한 그 항목들을 일정한 주기로 상호 검토할 것인지 정하라. 그리고 검토할 때 나눌 질문이나 항목도 미리 정한다. 3개월간 노력해보고 전체 리뷰를 하면서 그다음 행보를 나누자고 제안한다.

- 면담 후 관리: 많은 리더들이 면담에는 신경을 쓰지만, 그 후의 관리에는 소홀한 경우가 많다. 이렇게 충분한 대화를 나눴으니 이후에는 알아서 잘 할 것이라고 생각 때문이다. 알아서 하면 여기까지 오지 않았다. 그런 기대는 접어두고, 약속한 주기로 약속한 항목을 가지고 리뷰해야 한다. 하나 더. 이 정도로 상세하게 설명해주었으니 이만큼은 해올 것이라는 기대도 금물이다.

① 약속한 면담 주기로 미팅을 진행한다. 큰일이 아니면 약속한 면담 시간을 꼭 지키자. 그 구성원과의 만남을 소중히 여긴다는 표시가 된다. 일이 어디까지 진행되었는지, 어려운 점은 무엇인지, 무엇을 도와주면 좋겠는지 묻는다. 제대로 하지 못한 상황이라도 비난하지 말고 다시 관찰하

라. 역량의 부족인지, 과제에 대한 이해도가 부족한 건지, 두려워서 질문해야 하는 시점을 놓친 건지 관찰하고 대안을 마련하라.

② 진보progress가 조금이라도 있다면 칭찬해준다. 완성에 초점을 두지 말고, 진보된 것에 초점을 두라. 애쓰고 있는 것, 조금이라도 나아진 면에 대해 칭찬하고 용기를 준다.

③ 다음 리뷰 때 검토할 진도에 대해 합의한다.

④ 이 과정을 통해 얻어질 성과에 대해 스스로 정리해보고 격려한다. 크게 보면 성과는 세 가지이다. 가장 좋은 성과는 해당 구성원의 변화다. 그동안의 오해가 풀려서 관계가 좀 더 편해졌거나 성과를 내게 되었거나 문제를 해결하게 되었다면 귀중한 성과가 아닐 수 없다. 이 경우 다음 분기는 어떻게 도와줘야 할지 서로 논의하면 된다. 설령 문제해결이 완벽히 되지 않았거나 성과에서 크게 달라진 것이 없어도 실망하지 말고, 다소 개선된 관계 속에서 역량을 개발하도록 가능한 범위 내에서 지원하자. 작은 성공도 성공이다.

실망하지 말라는 이유는 또 있다. 다른 구성원들이 리더를 지켜보았다는 것이다. 문제 구성원 때문에 다른 구성원들이 일을 떠맡게 되어 짜증나고 비난하는 상태라고 하더라도, 아이러니하게 대부분의 구성원은 리더가 문제 구성원을 대하는 모습에 자신을 투사시킨다. '내가 잘못하면 내게도 저렇게 대하겠구나'라고 생각하는 것이다. 그런데 문제라고 생각하는 구성원을 위해 노력하는 모습을 보면서 '우리 리더는 기회를 주는 사람'이라는 신뢰를 갖게 된다. 얼마나 중요한 성과인가. 더 큰 성과는 당신이 어려움에 봉착한 구성원과 유창하게 면담할 수 있는 커뮤니케이션 스킬이 한 단계 업그레이드된 것이다. 그러니 헛된 노력은 없다.

그런 노력을 했는데도 변화가 없다면

가능성은 두 가지다. 그가 가망이 없는 사람이라는 애초의 내 가정이 맞았거나, 혹은 내 노력이 피상적이어서 호불호의 편견을 내려놓을 수 없는 상태이거나 둘 중의 하나일 것이다. 어떤 이유에서든 노력했는데도 전혀 나아지지 않는다면 그 사람에 대한 관리를 잠시 다른 리더에게 위임하고, 그에게 쏟는 에너지를 멈추는 게 좋다. 나의 에너지는 한정되어 있고, 수많은 성과와 사람에게 나눠 써야 할 귀중한 에너지이니까 말이다. 최선을 다해야 하지만, 리더로서 자신의 에너지를 적절히 사용하는 것도 매우 중요하다. 그리고 이미 그 사람에게 번아웃되어 더 이상 쓸 에너지가 없다고 생각되는 상황은 스트레스 상황이고, 스트레스 상황에서는 노력하면 할수록 상황을 더 악화시킬 가능성이 커지기 때문이다.

자, 마음속에 떠오르는 사람이 있는가? 한번 호불호를 벗어던지고 새로운 기회를 주고 싶은 사람인가? 그렇다면 '사람을 판단하는 정확한 기준을 세우기, 그 기준으로 객관적으로 평가해보기, 합리적인 목표로 10%의 개선에 투자하기, 개선을 위해 내집단에 있는 구성원에게 하듯 최선을 다해서 노력해보기'를 위해 한번 노력해보자.

셀프 코칭

다음의 질문에 답하면서 나의 호불호를 관리해봅시다.

Q1. 당신이 조직에서 주로 부르는 테마곡은 무엇인가요?

예. 원리를 파악하라, 기존에 하던 방식이 아니라 새로운 문제해결 방식을 찾아보라, 하모니를 이루자, 직접 가서 설득해라, 창의적 접근을 생각해라, 현장에 가봐라.(고객을 직접 만나봐라.) 일의 프로세스를 봐라.

____

Q2. 당신이 가진 테마곡들이 긍정적인 방식으로 전달될 때 구성원들에게 엄청난 정신적 유산이 됩니다. 그 테마곡들을 지적이 아니라 멘토링 형식으로 전수해줄 방안을 찾아보세요. 구성원들이 한 단계 나아지도록 각 상황별로 멘토링할 대본을 작성해보세요.

업무 지시 및 보고 시 ______________________________

토론 시 ______________________________

문제해결 시 ______________________________

Q3. 어려운 관계에 있는 구성원이 있나요? 그 구성원뿐만 아니라 당신의 리더십 확장을 위해서 면담을 기획해보세요.

사전 준비 단계에서 할 것 ______________________________

구성원을 준비시키는 단계에서 할 것 ______________________________

면담 진행 단계에서 할 것 ______________________________

면담 후 관리 단계에서 할 것 ______________________________

면담이 가져올 성과는 무엇인가요? 구성원 차원, 리더 차원, 조직 차원에서 정리해보세요. ______________________________

8

MZ세대와 시니어세대에 대한 근원적인 이해와 소통

현장 에피소드

안녕하세요, 코치님. 저는 젊은 사원, 소위 말하는 MZ세대 때문에 고민이 많습니다. 다 그런 것은 아니겠지만, 저희 팀의 젊은 사원들은 보고서와 자신을 동일시시키는 경향이 많습니다. 보고서에 대해 이것저것 수정할 것을 이야기하면 마음 상한 얼굴을 합니다. 물론 며칠 동안 노력한 결과물인데 지적을 받으면 기분이 좋지는 않겠지요. 그러나 충분한 경험이 쌓이기 전까지는 계속 피드백이 있을 수밖에 없습니다. 마음이 상하기보다 상사가 말하는 피드백에 귀를 기울이고 어떤 부분을 더 발전시켜야 하는지 생각해보려고 하는 자세가 필요하다고 생각합니다.
물론 젊은 사원들만 문제인 것은 아닙니다. 퇴직이 몇 년 남지 않은 시니어 팀원들의 경우에는, 경험이 많은 만큼 후배들에게 좋은 롤모델이 되어주었으면 좋겠는데 자신의 업무에만 신경 쓰는 태도가 많이 아쉽습니다. 세대 차이가 나는 팀원들을 어떤 방식으로 독려하고 동기부여를 해줄 수 있을까요?

"요즘 젊은이들은 버릇이 없어." 기성세대의 이런 푸념은 요즘 사람들만의 것은 아니다. BC 470년경인 고대 그리스의 철학자 소크라테스가 남긴 글에도, BC 2500년경 이집트 피라미드 내벽에도, 심지어 BC 3~4000년경 메소포타미아 수메르 점토판에도 쓰여 있다. 그러니까 세대 차이 때문에 뒤 목을 잡는 건 동서고금을 막론하고 매우 오래된 것이다.

신인류가 나타났다며 '밀레니얼 세대(M세대)'를 보며 힘들어하는 리더들이 많았다. 그토록 고생해서 입사한 회사인데, 1년 만에 사직서를 내는 이들을 보면서 깜짝 놀란 것이다. '평생직장'으로 생각한 기성세대들은 의미가 없다면 더 이상 이 일을 하고 싶지 않다고 당당하게 말하는 이들을 보면서 억울한 마음마저 든다. 이제 이 M세대가 'Z세대'라 불리는 후배들 때문에 황당해한다. "이 일을 제가 왜 서포트해야 하는지 궁금합니다. 제 R&RRole&Responsibility과는 다른 일이라 생각돼서요."라고 서슴없이 말하기 때문이다. Z세대는 그 다음에 오는 '알파 세대'로 인해 또 뒤 목을 잡게 될 수 있다. 모든 세대는 그다음 세대 때문에 늘 골머리를 앓는 것이다.

더욱 어려운 것은 한 조직 안에 여러 세대가 공존한다는 것이다. 세대에 대해 서로 이해하지 못한다면, 세대 간의 갈등이 조직성과의 발목을 잡을 수 있다. 그렇다면 이제 세대 차이로 당황하기보다는 좀 더 적극적으로 세대를 연구하고 대처하는 노력을 해야 한다. 각 세대의 특성은 무엇으로부터 왔을까? 그들의 시선을 이해하고 함께하기 위해서 무엇을 다르게 해야 할까? 이런 질문에 적극적으로 답을 찾아보고 공유하며 합合을 맞춰가는 성공체험을 늘려가야 한다.

MZ세대 이해하기

자동차 계열사의 A대표는 사내에서 '상사에게 인사하지 말라'는 독특한 규칙을 적용하고 있었다. 자율좌석제를 시행하고 있는데, 인사를 받기 시작하면 어느 누구도 리더들 옆에 앉지 않을 것이란 이유에서다. 또한 이런 파격이 수평적 조직을 위한 첫걸음이 될 거라고 생각했다. 그래서인지 A대표를 코칭하러 가는 날에 보면, 대표실 앞쪽에도 구성원들이 가득 앉아있을 뿐만 아니라 대표이사가 방에 있는데도 불구하고 거리낌 없이 대화를 나누고 있었다. 심지어 엘리베이터 안에서 대표이사를 만나도 인사하지 않는데, 이것에 동의하느냐 아니냐는 차후의 문제이다. 중요한 것은 다른 세대와 더불어 일하기 위해 리더가 끊임없이 노력한다는 것이다.

M세대니 Z세대니 하는 용어는 대부분 마케팅 분야에서 나온 것들이다. 고객을 분석해야 하는 입장에서는 그 세대가 무엇을 좋아하고 싫어하는지에 대한 데이터가 필요하기 때문이다. 기성세대 입장에서 MZ세대라고 묶어 통칭하지만, M세대와 Z세대는 공통점보다 오히려 차이점이 더 많다.

각 세대의 특성은 어떻게 생기는 것일까

각 세대가 보이는 특성은 그냥 생기지 않는다. [그림 7]처럼 한 세대의 특성에 가장 광범위한 영향을 미치는 요소를 결정적 분기점critical juncture이라고 한다. 전쟁, 경제 공황, IT 기술 및 통신의 발전과 같은 큰 사건이 그 세대에 공통적인 영향을 미친다. 2022년에

[그림 7] 세대 차이에 영향을 미치는 세 가지 차원과 구조

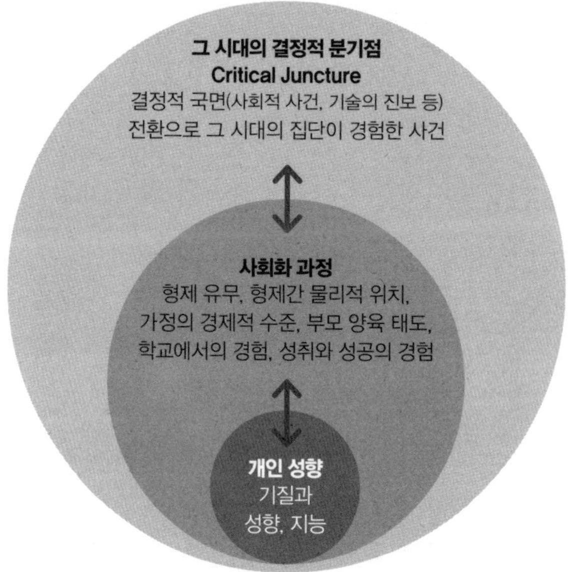

우크라이나 전쟁을 겪은 아이들은 다른 세대와는 매우 다른 가치관과 태도를 갖게 될 텐데, 그것은 전쟁이라는 결정적 분기점 때문이다.

미국과 한국의 세대 구분 연도가 다른 이유도 결정적 분기점의 시기 때문이다. 예를 들면 베이비부머 세대는 전쟁에서 돌아온 남편들로 인해 아이를 많이 낳게 된 시점이다. 한국의 전쟁과 번창이 미국과 다르기에 한국은 1955~1969년 사이에 출생한 사람을, 미국은 1946~1964년 사이에 출생한 사람을 베이비부머 세대라고 일컫게 된다. 시기는 달라도 동일한 결정적 분기점 요소에 영향을 받았다면, 그 시기에 성장한 세대는 공통적인 영향을 받게 된다. 예를 들어 사춘기에 IMF로 정리 해고된 아버지와 삼촌을 본 세대들은 '직장이 아버지와 삼촌을 배신하는 모습'을 목격하기에, '직장에 대한 로열티(충성심)'가 당연히 적어질 수밖에 없다. 이런 환경에서 형제자매의 유무, 형제자매들 사이에서 맏이인지 막내인지 등의 물리적인 순위, 가정의 사회경제적 위치, 부모의 양육 태도, 학교 문화, 성공체험 등이 개인의 사회화에 영향을 미친다. 다만 이 사회화에 영향을 미치는 요소들도 역시 결정적 분기점의 영향하에 놓이기에, 공통된 세대 특성을 띄게 된다.

그림의 가장 중심에 있는 '개인 성향'은 같은 세대임에도 불구하고 다른 특성을 보이게 만드는 요소이다. Z세대인데도 기성세대와 가치관이 유사한 구성원도 있는데, 이 경우 개인 성향과 부모의 양육 태도가 상호작용하면서 결정적 분기점의 영향을 덜 받은 것으로 볼 수 있다.

요약하자면 세대의 특성은 갑자기 나타난 것이 아니라, 어린 시절 지속적으로 받은 부모의 메시지, 학교에서의 서열 및 경쟁, 사회경제적으로 풍요로웠는지 혹은 빈곤했는지, 그리고 그 세대만 겪은 사건 등이 이들의 멘탈 모델에 차곡차곡 쌓여서 나타나는 행태이다. 자라온 양육 환경과 사회경제적 환경의 히스토리를 살펴보면 이들이 세상을 해석하는 관점인 멘탈 모델을 이해할 수 있다.

기성세대의 양육 태도가 오늘의 MZ세대 특성에 기여했다

2차 세계대전 종전 직후, 전 세계는 출생아의 현격한 증가를 경험한다. 이때 태어난 아이들을 베이비부머 세대라 부르는 이유가 여기에 있다. 베이비부머 세대는 반전反戰 의식, 개혁과 저항, 이상주의에 대한 꿈을 꾸게 된다. 이때 NGO들이 생겨나면서 가난 및 질병과 싸울 것을 선포한다. 세상을 바꿀 수 있다는 믿음을 가진 세대였다.

베이비부머 세대가 성장하여 자녀를 낳는데, 그 세대가 바로 M세대 즉 밀레니얼 세대다. 베이비부머 부모들은 자신의 M세대에게 어떤 메시지를 육아 기간 내내 전달했을까? 대표적 메시지가 바로 이것이다. '(우리가 기반을 마련했으니 너희는) 의미 있는 일을 해라. 독립적으로 행동해라!'

이 메시지를 듣고 자란 M세대는 '나는 세상에 의미 있는 일을 할 것이다'라는 가치를 갖게 되었을 것이다. 당연히 직장에 와서도 '이 일이 의미 있는 일인가?'라는 잣대로 회사와 자신을 평가한다. 의미 있는 일이라면 기꺼이 책임을 맡지만, 그렇지 않다면 과감하게 회사에 사표를 던진다. 이런 과감성은 이들이 자라왔던 사회경제적인 환경이 다른 세대에 비해 상대적으로 좋았던 때였기에 가능했다. 게다가 IT가 발달하고 자녀 양육에 관한 이론이 발달하면서, 부모들은 실시간으로 자녀 삶에 대해 방향과 실천을 멘토링해주는 멘토로서 역할을 하게 된다. 동시에 내가 이루지 못한 꿈을 내 자녀에게는 허락해주고 싶은 마음에 회사를 그만두고 더 의미 있는 일을 찾아 나서겠다는 이들의 결정에 일조하게 된다.

M세대를 처음 접했던 리더들이 가장 황당해했던 것은 일을 시키면 그 일을 어떻게 풀면 좋은지 도리어 물어본다는 것이었다. 스스로 찾아볼 생각을 하지 않고 방법까지 알려 달라는 것이다. 이것

은 M세대들이 자신이 부모와 맺었던 관계 방식을 그대로 회사에서도 투영시킨 것이다. 즉 부모가 방향, 목표, 과제를 주고 그 과정을 멘토링해 주었던 것처럼, 회사의 리더들도 자신을 그렇게 안내해줄 거라고 믿는 것이다. 리더에게 코칭 리더십은 원래도 중요한 덕목이었으나, 이때 더욱 강조되었던 이유가 바로 이 때문이었다.

베이비부머 세대의 다음 세대인 X세대는 1998년의 IMF, 2000년 버블 붕괴, 2008년 리먼 브라더스의 경제 위기를 경험한다. 스펙 좋고 잘나가는 부모와 삼촌, 심지어 형과 누나들이 구조조정 당하는 것을 지켜보게 된다. 이들의 멘탈 모델에 직장은 임직원을 지켜주지 못하는 곳이라는 생각을 심어준 충격적인 사건들로 기록된다. 게다가 어려운 시대를 살아가는 X세대 부모들은 경제 상황이 악화되면서 자녀들에게 다른 메시지를 전달한다. "누구나 마음만 먹는다고 성공하는 것은 아니다. 1등만이 살아남는다!"

이러한 부모의 메시지는 그 당시 사회경제적인 상황과 맞물려 MZ세대로 하여금 안정성, 현재를 즐기기, 그리고 지속가능성 등에 집중하게 만들었다. 어렵더라도 안정적인 직업을 찾기 위해 공무원 시험에 응시하기 시작했고, 노력한다고 경제적 빈곤이 사라지지 않기 때문에 현재를 즐기기 위한 소확행이 유행하였다. 현재를 즐기면서도 미래에 대한 불안이 높아지니, 자신의 경력 개발career path에 관심을 갖게 된다. 회사가 아니라 자기 직무 가치에 로열티를 갖는 것이다. 자기 직무가 미래가 없다고 판단되거나 현재 많은 돈을 벌게 해주는 게 아니라면, 뒤도 돌아보지 않고 사표를 던지는 세대 특성을 갖게 된다.

무효화 트라우마를 겪고 있는 Z세대들

기성세대에게 대학 입시를 언제부터 준비했는지 물으면, 대체로 고등학교 1학년이라고 답한다. 그런데 MZ세대에 물어보면 대부분 5~6세부터 시작했다고 답한다. 회사 입사 평균 연령이 31세라고 할 때, 25년간을 줄곧 부모의 거대한 대학 입시 프로젝트의 주인공이 되어 가방을 둘러메고 아침부터 저녁까지 공부에 치였던 것이다. 의욕에 넘쳐야 할 신입사원들이 의욕이 없어 보이는 이유도 25년 세월의 번아웃 때문일 가능성이 크다.

특히 Z세대들은 어린 시절부터 내신 및 줄 세우기로 치열한 학창 시절을 보냈다. 고등학교 때부터는 전국에서의 내 위치를 늘 인식하면서 살았다. 기업이 원하는 스펙을 대학 때부터 갖춰야 하기에, 인문학 및 철학을 통한 삶의 관점을 정립할 새도 없이 취업학원 다니듯 대학을 다녔다. 학점과 스펙으로 대표되는 대학 시절을 보내고 따기 어려운 여러 종의 자격증을 땄는데도, 취직은 하늘의 별 따기다. 평균 500:1의 경쟁률[16]로 취업의 쓴 물을 여러 번 마신 사람들이 대다수다. 뼈를 갈아 넣었는데, 다시 원점이 된다. 바로 '내가 노력한 모든 것이 무효화되는 경험'을 너무 어린 시절부터 감당해온 것이다.

노력한 것들이 한순간에 무효화되는 경험을 너무 자주, 너무 오랫동안 해온 탓에 무효화의 경험은 멘탈 모델에 깊이 자리 잡게 된다. 모든 MZ세대가 같지는 않겠지만 마음에 대체로 다음과 같은 메시지를 두고 살지 않을까 싶다.

첫째, 노력이 무효화되는 일이라면 하지 않겠다.

둘째, 경쟁에서 밀렸다면, 분명한 이유가 필요하다. 불공정은 참을 수 없다.

셋째, 회사는 미래를 보장해주지 않으므로 회사에 헌신하지 않는다. 받은 만큼만 일한다.

넷째, 미래가 어떻게 될지 모르기 때문에 현재를 소중하게 생각한다. 현재를 즐기자.

다섯째, 진실과 진정성으로 다가오는 사람과 현상을 추구한다.

위의 다섯 가지는 필자의 상상력이 더해진 것이지만, 리더들이 무엇을 해야 하는가에 대한 작은 해답이 되지 않을까 싶다.

MZ세대, 이렇게 대하자

세상을 낙관적으로 볼 수 없는 삶을 살아온 MZ세대. 과감한 것 같지만 수많은 경쟁 속에서 소속감과 자아실현의 결핍을 느끼는 그들에게 기성세대가 조직에서 해줄 수 있는 것은 무엇일까? 아마도 다음의 것들이 아닐까 생각해본다.

첫째, 친밀감보다 신뢰감을 먼저 쌓자. 이전엔 친밀감을 먼저 쌓기 위해 코가 삐뚤어질 때까지 술을 마시곤 했다. 젊은 세대는 다르다. 자신을 성공시켜주려는 기성세대를 보게 될 때 신뢰를 하게 된다. 신뢰감이 쌓이면 비로소 자신의 개인적인 이야기도 기꺼이 하게 된다.

둘째, 젊은 세대가 맡은 과업을 성공할 수 있도록 코칭해주자. 과제에 대한 기대를 명료하게 합의하고, 과제의 끝그림end-picture을 함께 그린다. 적절한 질문과 칭찬, 지원으로 과제를 성공적으로 끝내도록 지원한다.

셋째, 지금 이 직업과 과제가 자신의 미래 커리어와 어떻게 연관될 수 있는지, 구성원의 입장에서 커리어에 대한 큰 그림을 함께 그린다.

넷째, 과제가 끝나면 리뷰를 통해 성공 혹은 실패의 원인과 결과를 추론한다. (리뷰 방법은 11장의 룩백Look Back을 참조하라.)

다섯째, 분기에 한 번씩 많은 과제들을 통해 자신의 미래에 필요한 역량에 얼마나 다가가고 있는지 질문하고 피드백을 나눈다.

희망이 없다는 시니어 구성원 동기부여 하기

현장 에피소드의 H팀장처럼 나이는 있는데 승진이 막혀 있거나 퇴직이 얼마 남지 않은 시니어들은 조직의 고민거리가 된다. 나이 제한으로 더 이상 조직에서 승진이 어렵다는 것을 모두가 아는 사실인데도 언급하기 어려워한다. 퇴직 이후가 걱정이면서도 금기와 같은 이 이야기를 꺼내기가 어렵다. 우리는 이 이야기를 그들과 풀어내야 한다.

"저는 퇴직 후 할 게 많아요!"

필자는 경영자 코칭의 마지막 세션에서는 시간을 쪼개어 퇴직 후에 대해 이야기를 나눈다. 임원은 임시직이라고 농담하지만, 사실 깊은 내면에는 올해가 설마 마지막이겠냐는 낙관과 올해가 정말 마지막이면 어쩌냐는 불안이 공존하는 듯하다. 퇴직 후의 미래는 생각하지 않는 것이 마치 회사에 대한 의리를 지키는 것인 양 생각하는 임원도 있다. 불안한데 누구와 말할 수 없었던 이 사람들과 자신의 흥미, 경력을 통해 할 수 있는 일들, 재정 상태, 가족 설득 등에 대해 이야기를 나누면 결과는 대부분 긍정적이다. 좀 더 편안해지고, 더 큰 시야로 자신을 보게 되며, 다양한 압박과 스트레스에 더 효과적으로 대처하게 된다. 미래에 대한 막연한 불안은 회피와 좌절과 무모함을 가져오지만, 테이블에 꺼내어 실체를 나누면 미래가 그려져서 용기가 나기 때문이다.

의외의 사례도 있다. 퇴직 후의 삶에 대해 꿈에 부풀어 있는 사람들이다. 이런 사람의 경우, 언제쯤 회사를 그만두게 될지 짐작하며, 남은 시간동안 후배들을 위해 어떤 일을 해야 할지, 퇴직 이후의 삶을 어떻게 살아갈 것인지에 대한 청사진이 있다.

퇴직 후의 인생이 이미 설계되어 있는 사람들은 두 가지의 공통적인 특징이 있다. 첫째, 시간을 역산해보면 자신이 조직에 기여할 시간이 많지 않기 때문에 지금의 시간이 아깝고 귀하다고 생각한다. 후배들이 제대로 뛰어놀 수 있도록 환경도 만들고 후배들도 육성해야 하니 말이다. 그래서 최선을 다해 일한다. 둘째, 의사결정에 있어서 작은 이익에 흔들리지 않는다. 후배를 위한 좋은 길을 만들어낸다는 목표가 뚜렷하기에 그 목표를 약화시키는 의사결정을 하지 않으려 하고, 단기적인 이익을 보면서도 중장기적으로 이 결정이 어떤 영향을 미칠지 생각한다. 역설적인 사실은 이런 사람들이 오히려 더 큰 조직을 맡게 되고 더 오래 조직에 있게 된다는 것이다. 단정하여 말할 수는 없지만, 자신의 안위가 아닌 더 큰 그림에 시선을 두고 의사결정을 했기에 그런 결과를 맞이하게 된 게 아닌가 싶다.

당신도 제2모작 인생을 계획해야 한다. 조직을 배신할 기회를 엿보라는 것이 아니다. 위의 사례처럼 미래 계획이 있다면 훨씬 더 조직에 몰입하고 헌신할 수 있다. 또한 이런 현상은 시니어 팀원들을 어떻게 동기부여 해야 하는지에 대한 힌트를 준다.

존중과 존경의 욕구를 손상당한 시니어 팀원들

에이브러햄 매슬로Abraham Maslow의 심리학 이론중 욕구단계설 Masloe's hierarchy of needs이 있다. 인간의 욕구는 타고난 것이며, 욕구는 강도와 중요성에 따라 일련의 단계를 형성한다는 일종의 동기 이론이다. 흔히 우리가 알고 있는 개념이기도 하지만, 사람의 동기부여에 관해서 논할 때 빼놓을 수 없는 중요한 이론이다. 가장 하단은 먹고 자고 배설하는 등의 생리적 욕구로, 생존에 관한 것이다. 안전 욕구는 내가 있는 곳이 물리적으로나 심리적으로 위협당하지 않는다는 것을 보장받고자 하는 욕구다. 소속감과 애정 욕구는 어떤 집단에 일원으로 소속되어 있고 싶고, 그 집단이 자신을 한 일원으로 기꺼이 인정하고 있다는 것을 확인하고 싶어 하는 욕구다. 존중 및 존경 욕구는 어떤 일을 통해 쓸모 있는 사람으로 인정받고, 그 분야의 전문가로 존경받고자 하는 욕구다. 마지막으로 자아실현 욕구는 수동적 환경이 아니라 스스로 자발적인 목표를 추구하며 자신이 이 세상에 온 이유를 증명하고 자기의 역량을 실현하여 기여하고자 하는 욕구이다.

인간은 동시에 한 가지 이상의 욕구를 느낄 수 있다. 지난밤 잠을 잘 자지 못해 졸리다. 그런데 이번 보고서를 제대로 쓰지 못하면 실무자로서 존중받지 못할까 봐 두렵다. 생리적 욕구와 존중 욕구, 이 두 가지 욕구에 한꺼번에 신호가 오는 것이다. 이런 경우라면 카페인을 섭취하면서라도 보고서를 작성하려고 노력할 것이다. 그러나 한 가지 욕구가 너무 결핍되면 그다음의 욕구로 가기 어렵다. 예를 들면 학교에서 따돌림을 당하는 아이라면 소속감 욕구를 전혀 채우지 못하게 되고, 그 결핍이 심하면 공부 및 성적으로 존중받거나 자기 꿈을 실현하는 욕구로 나아가지 못하게 될 수 있다.

[그림 8] 매슬로의 욕구단계설

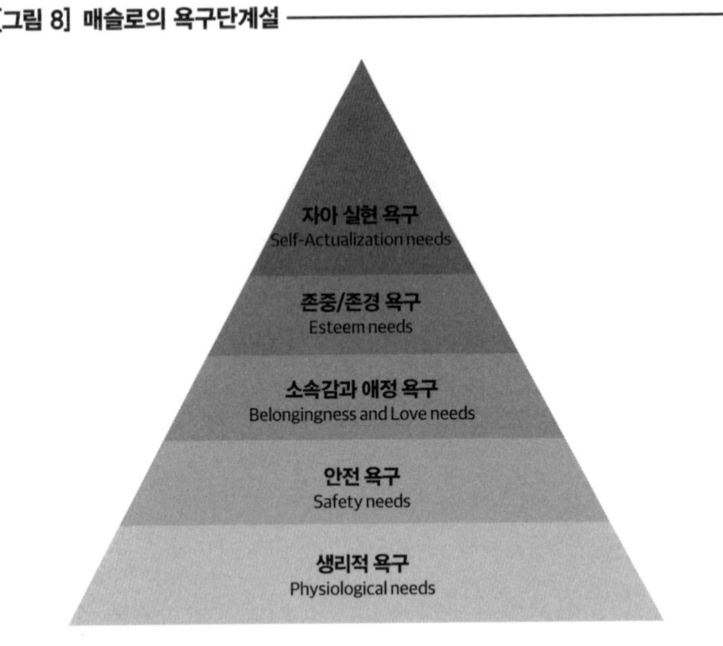

조직에서는 어떨까? 아마도 시니어 팀원들은 대부분 존중과 존경의 욕구가 좌절된 사람들일 것이다. 업력이나 연차로 보면 리더의 위치에 가야 하는데, 본인의 입장에서는 매우 불합리한 이유로 좌천당했다고 생각할 수 있다. 열심히 했는데 나를 버렸다고 생각하면, 누구나 부정적인 행동을 하게 된다. 설상가상으로 조직 내에서 사람들이 자신을 폭탄처럼 여기고 피하려 하고 가식적인 대화만 주고받는다면, 소속감 욕구마저 흔들리게 되고 진짜 폭탄이 될 수 있다.

시니어 팀원에게 소속감과 존경의 욕구를 채워주자. 폭탄과 같은 시니어 팀원과의 관계를 회복했던 I팀장의 사례가 우리에게 희망을 준다. I팀장도 시니어 팀원 때문에 고민이 많았다. 코칭에서 필자는 그 팀원이 잘하거나 흥미 있어 하는 게 뭐냐고 물었다. I팀장은 그 팀원이 회사에서 좋아하는 것은 없어 보이며 다만 탁구를 좋아해서 근무가 끝나면 매일 후배들을 데리고 탁구장에 간다는 것이다. I팀장과 의논 끝에 그 팀원에게 탁구를 배워보기로 했다. 한 달 뒤에 I팀장을 만났는데, I팀장은 그 팀원이 매우 달라졌다는 기쁜 소식을 전했다. 탁구를 잘 치지 못하는 팀장에게 탁구를 가르쳐주며 우월감도 느끼고 함께 식사도 하며 친밀해진 것이 계기가 되었다고 했다. 탁구를 같이 치기 시작하고 3주가 지나자 새로운 프로젝트를 자기가 맡아보겠다며 자원하기까지 했다는 것이다. 역량에서 다소 떨어지는 측면이 있지만 성공할 수 있도록 지금은 옆에서 가이드해주며 진도를 나가고 있다고 말이다.

참 기쁜 순간이었다. 상대가 좋아하는 일로 관심과 관계를 쌓아가니 그 사람의 소속감 욕구를 채웠고, 소속감의 욕구가 채워지니 인정받고 존중받고자 하는 욕구로 나아간 것이다. 자, 어려운 시니어 팀원이 있는가? 일을 제대로 하지 않는다는 시선을 일단 거둬들이고, 그를 관찰해보라. 그의 소속감과 인정 욕구를 어떻게 채워줄 수 있을지 고민해보라.

2모작 인생을 함께 고민하라

대부분의 사람들은 퇴직하면 여행하며 놀겠다고 한다. 경험자들의 이야기를 들어보면 1년 지나면 노는 것도 지겨워진단다. 자신이 세상에 쓸모없는 사람이 된 것 같아서 우울감이 커지기도 한단다.

앞서 임원들과 제2모작 인생을 논한 것처럼, 시니어 팀원 혹은 더 이상 임원 승진이 어려운 팀장들과 과감히 퇴직 후에 대해 이야기 나눠야 한다. 대부분 그런 대화를 하지 않는 이유는 그들이 좌절할까 걱정이 돼서다. 민감한 주제의 대화이기는 하나 미래에 대해 진심으로 염려하면서 그 가능성을 확장해보려는 진정성이 느껴진다면, 오히려 더 깊은 신뢰가 만들어질 것이다.

그렇다면 어떻게 이야기를 꺼내야 할까. 당연히 리더인 당신의 이야기부터 하라. 당신의 퇴직 후에 대한 염려와 생각을 먼저 꺼내는 것이다. 퇴직 후에도 우리가 너무 건강하고 세상이 필요한 경력을 가졌음을 나누어라.

그런 뒤 어떤 부분에 흥미를 가지고 있는지, 어떤 일을 하고 싶은지, 지금보다 작은 규모의 기업 리더로 갈 수 있는지를 나눠라. 어떤 팀장은 밭을 사서 주말 농사를 짓고 있는데, 퇴직하면 본격적으로 짓겠다는 포부를 밝히기도 한다. 어떤 임원은 가르치는 것을 좋아해서 산업체 교수로 지원하겠다고 한다. 어떤 임원은 자기 분야를 컨설팅해주는 1인 기업을 차리겠다고 한다. 어떤 것이든 좋다. 꿈을 꾸게 하고 준비하게 도와라.

이때 미래에 필요한 역량에 대해 꼭 짚고 넘어가야 한다. 나이 있는 시니어 팀원이 지금보다 작은 회사의 임원으로 가고 싶다고 하거나 사업체를 차리고 싶어 한다면, 그 위치에서 필요한 역량이 무엇인지 생각해보는 것이다. 몸담고 있는 기업보다 더 작은 기업으로 가면 구성원의 역량과 리소스가 다르다. 역량이 부족한 사람을 잘 육성하고 협업을 이끌어내는 리더십 역량이 반드시 필요하다. 자영업을 하더라도 고객의 패턴을 읽고 응대하는 능력이 필요하다. 그런 리더십 훈련을 해볼 수 있는 곳이 바로 지금 다니고 있는 조직이다. 지금 하고 있는 일 속에서 후배들에게 리더십 영향력을 시도해보도록 독려해야 한다.

동기부여 요소가 하나는 아니다

승진은 가장 큰 동기부여 요소인 것은 맞지만 유일한 것은 아니다. 어떤 사람은 인정recognition으로 동기부여가 된다. 어떤 사람은 자신에게 리소스와 권한을 주고 원하는 대로 실험할 기회를 주는 것으로 동기부여가 된다. 누구는 창의적인 아이디어를 적용할 수 있는 환경이, 누구는 사람들과 나누고 연결되어 함께 일할 수 있는 환경이, 누구는 금전적인 인센티브가, 또 다른 누군가는 즐거운 분위기로 서로 독려해주는 것이 동기부여 요소일 수 있다.

그런데 대부분의 리더는 자신이 동기부여되는 방식으로 구성원을 북돋으려 한다. 자신에게 승진이 중요하면 다른 사람도 승진의 기회를 만드는 것으로 동기부여하려고 한다. 또 리더가 인정받는 것을 중요하게 여기면 금전적 보상이나 훈련 기회를 제공하는 것에는 관심이 없을 수 있다. 즉 내가 동기부여되는 요인만 중요하게 볼 경우, 다른 동기를 가진 구성원을 돌볼 수 없다는 것이다.

사람들을 관찰하라. 일 중심적인 사람인지, 관계 지향적인 사람인지, 큰 과제를 주었을 때 활기가 도는지, 협업 과제에서 더 힘을 내는지 등을 관찰하라. 자신의 직속 리더들을 특별관리했던 중소기업 사장이 있었다. 야구를 좋아하는 리더에게는 한국 시리즈 티켓을 구해줬고, 부부애가 특별한 리더에게는 식사권을 주었고, 실수나 실패를 한 리더에게는 공식 채널에서는 야단을 쳤지만 그 후에는 술을 사주며 다독였다. 자원이 많은 사장이어서 가능했겠지만, 본질은 '관찰과 관심'이다. 잘 관찰하면 내 위치와 여건에서 해줄 수 있는 것이 분명 있을 것이다.

개별적인 차원도 중요하지만, 조직의 팀워크도 관리해야 한다. 본인이 일 중심이어서 팀의 분위기를 파악하고 북돋아 주기 어렵다면, 그 역할을 잘 해낼 사람을 택하여 위임하라. 때로 팀원들이 곁을 내주지 않는 것처럼 느껴지지만, 의외로 사람들은 쉽게 곁을 내주기도 한다. 일이 완결되었을 때 수고와 감사를 나누기, 실수와 실패가 있을 때 '누가 잘못했느냐'보다는 '어떻게 다르게 해야 할지'에 초점을 두어 복기look back하기, 상사 앞에서는 우리 멤버들이 얼마나 고생하고 있는지, 이 결과는 누구 덕택인지를 운운하면서 공을 후배에게 돌리기, 분위기가 가라앉아 있을 때 맛있는 간식을 주문해서 분위기 쇄신하기 등 작은 일에 미소 지었던 일들을 떠올려보라. 시간이 지나도 사람들의 온기는 늘 남아있다.

세대 차이로 어렵다고 하지만, 이미 당신은 사람들의 열망에 불을 지핀 때가 많았을 것이다. 팀워크가 좋았고 구성원의 열정이 커졌던 때를 떠올려보라. 그리고 따스한 눈빛으로 사람들을 관찰해보라. 그 눈빛과 경험에 수많은 동기부여 요소가 숨 쉬고 있을 것이다. 용기를 내보라. 내가 그때를 그리워하는 것처럼, 그들도 그 열정과 나눔의 때를 그리워하고 있을지도 모른다.

셀프 코칭

다음의 질문에 답하면서 세대별 대응 전략을 짜봅시다.

Q1. 우리 조직의 MZ세대가 가장 바라는 것은 무엇인가요?

일반적인 MZ세대의 특징이 아닌 우리 조직 내의 MZ세대가 진짜 원하는 것은 무엇일까요? 인터뷰도 좋고 설문도 좋습니다. 어떤 회사에서는 MZ세대 구성원들이 '효율성'을 매우 중요하게 여긴다는 설문 결과를 가지고 이들을 동기부여하고 몰입할 여건을 만들고자 노력하기도 합니다. 당신 조직의 MZ세대가 원하는 것이 무엇인지 도출해보세요.

- 방식 ______________________

- 문항 ______________________

Q2. MZ세대들의 무효화 감정을 축소시키고 역량을 끌어올리기 위한 방안은 무엇인가요?

- 사소한 노력 ______________________

- 큰 노력 ______________________

Q3. 시니어 팀원을 대상으로 제2의 인생을 위한 경력 개발 면담을 기획해보세요.

- 대상자 ______________________________

- 대화를 통해 얻고자 하는 것(방향을 설정해두면 다른 이야기로 벗어나는 것을 방지할 수 있습니다.) ______________________________

- 대화 진행 시나리오 ______________________________

- 대화 후 관리 단계에서 할 것 ______________________________

9

빠른 육성,
성공체험과 메타인지가 답이다

현장 에피소드

저희 팀은 팀장은 물론이고 시니어 팀원들도 스펙이 좋고 경험도 많은 사람들입니다. 그런데 회의할 때 충분히 대화를 나누었음에도 불구하고 나중에 가져온 자료를 보면 엉뚱한 내용들로 채워져 있는 경우가 많습니다. 이해가 안 됐다면 제게 의견을 물어보거나 방향에 대해 의논하면 좋겠는데 그러질 않습니다. 회의 전에 제가 원하는 바를 정확히 전달하려고 메모를 해가고, 혹시 제대로 전달이 안 되었을까 싶어 회의 마지막에는 키워드만 다시 요약해주기까지 합니다. 그래도 나아지질 않는군요. 이런 일이 계속 반복되니까 제가 문제인가 하는 생각도 듭니다. 팀장과 시니어 팀원들이 그러하니 회의 시간에 자꾸 저 혼자 이야기를 하게 됩니다. 팀원들도 의견을 내려 하지 않고요. 어떻게 하면 구성원들이 적극적으로 일하고 자유롭게 의견을 펼치게 할 수 있을까요?

모든 조직의 고민은 '일하면서 성장하기'이다. 일을 하면서 배우는 게 습성이 된 리더들은 일을 통해 배우지 않는 구성원들이 이해되지 않는다. 자신이 일해 온 방식, 그러니까 상사가 지적을 하면 왜 나는 그런 관점에서 보지 못했는가를 반성하고, 상사의 관점이나 기술을 자기 것으로 만들려 애쓰고, 이번만큼은 보란 듯이 상사를 기대 이상으로 만족시키겠다는 욕심을 갖고, 자신을 따르는 구성원에게 아낌없이 주었던 자신을 떠올리며, 구성원들의 안일함에 화가 난다.

그러나 이 생각부터 바꾸지 않으면 리더십을 발휘할 수 없다. 팀장 혹은 임원이 되는 비율이 상위 몇 퍼센트인가? 100대 기업을 조사한 결과[17] 전체 직원 수 대비 임원 비율은 0.83%였다. 1천 명 중에 약 8명만 임원이 되는 것이다. 이 수치는 전체 임원의 비율이고, 입사 동기로 따지면 훨씬 더 낮은 확률의 인원만이 임원이 된다. 그러니 '왜 나처럼 생각하고 일하지 않지?'라는 전제는 틀렸다. 그 직급에서 당신처럼 일하는 사람이 부지기수였다면, 당신은 승진하지 못했을 것이다. 그래서 '나처럼 일하는 사람은 없다. 나는 특출한 사람이다'라는 전제로 바꾸어야 한다. 이 전제가 수용되면 구성원들에게 좀 더 친절해질 수 있다. 그렇지 않으면 '역량의 부족'을 '태도의 부족'으로 보게 된다. 자세히 알려주었는데도 제대로 업무를 수행하지 않는, 태도까지 불량한 사람으로 보게 되는 것이다. 이 경우, 자칫 자질이 좋은 사람들을 잃을 수 있다.

평균 근무 시간이 줄고 야근이나 주말 근무 시간이 엄격하게 지켜지면서, 육성을 위한 시간을 따로 내기가 어려운 현실이다. 그러니 우리가 그토록 바라는 '일하는 과정에서 배우고 역량이 자라는' 일들이 일터에서 일어나야 한다. 이 장에서는 구성원들이 일하면서 역량을 기르기 위한 기본 원리에 대해서 살펴보자.

성공체험의 중요성

성공체험은 인생에서 매우 중요하다. 성공체험이 없는 사람들은 어려운 상황이 왔을 때 막다른 길에 다다랐다고 생각한다. 반면 성공체험이 많은 사람은 어려운 상황을 터널이라고 생각하고 터널을 빠져나갈 수 있는 방법에 대해 궁리한다. 조직에 이런 성공의 공식을 어떻게 뿌리 내릴 수 있을까.

작은 성공체험이 뇌를 바꾼다

승자 효과winner effect[18]는 한번 이겨본 개체는 그다음 시합에서도 이길 확률이 높다는 생물학적 개념이다. 작은 과제를 성공시켰을 때 여성 남성 가리지 않고 테스토스테론 분비량이 증가하면서 뇌가 승리의 쾌감을 기억한다. 테스토스테론은 두려움을 없애고 경쟁하고 이기고 싶게 만드는 남성 호르몬이다. 두세 번 같은 경험을 하고 나면 자신감이 생기니 더 어려운 과업에 도전하고자 하는 의욕이 생긴다.

자녀 양육에서도 승자 효과는 매우 중요하다. '전교 몇 등 안에 들자'보다, '이번 수학에서 10점만 올리기'로 성공체험을 맛보게 하는 것이 자녀의 자존감을 높이고 지속적인 도전을 하게 만드는 중요한 변수가 된다. 성공이 성공을 낳게 만드는 설계, 이것이 승자효과이다.

조직에서도 마찬가지다. 역량이 떨어진다고 생각되는 구성원일수록 작은 성공체험을 설계하고 경험하도록 도와야 한다.

그렇다면 어떻게 성공체험을 경험시킬 수 있을까? 두 가지 방법이 있다. 하나는 리더의 마인드셋이다. 자신의 조직 구성원들을 성공하도록 돕는 리더가 되겠다는 마인드셋을 갖추는 것이다. 두 번째는 그 구성원의 역량을 고려하여 과제를 주는 것이다. 구성원이 가진 역량에 따라 리더십의 형태를 바꾸는 것, 바로 상황 대응 리더십을 구사해야 한다. 이에 대해 살펴보자.

성공체험을 가능하게 만드는 전략, 상황 대응 리더십

경영 관리와 리더십 분야의 권위자인 켄 블랜차드Ken Blanchard는 사람들을 똑같이 대하는 것이 가장 큰 차별이라 주장한다. 그 사람의 능력과 태도에 따라 다르게 대응할 수 있는 리더십이 중요하다는 것이다. 그는 《플렉서블》이라는 저서에서 사람에 따라 어떻게 똑똑하게 차별할 수 있는지 좋은 예시를 들고 있다.

회의 중인데 바깥이 시끄러워서 회의에 방해가 되는 상황이다. 역량이 다른 네 명의 구성원에게 어떻게 지시해야 할까? 아직 이런 일을 처리해보지 못한 구성원, '1학년'이라고 부르자. 이 1학년에게 저 상황을 해결하고 오라고 하면, 대부분 원하는 결과를 얻지 못할 것이다. '저 상황'이 무엇인지 파악하지 못할 수도 있고, 해결은 더더욱 어려운 일일 수 있다. 이 1학년에게는 "밖에 나가면 비서가 있는데, 그 비서에게 바깥에서 대화 중인 사람들이 다른 곳으로 장소를 옮기도록 해달라고 전하세요. 그리고 일이 끝나면 다시 나에게 와서 보고해줘요."라고 말해야 한다. 1학년의 발달 수준 즉, D1development level 1의 수준에 있는 구성원에게는 구체적인 해결책을 주었고, 작은 과제가 끝나면 즉시 와서 피드백을 나누자고 제안하는 것이다. 2학년의 발달 수준, 즉 D2development level 2의 수준을 가진 구성원은 이 과제와 관련한 경험이 있는 구성원이다. 하여 구체적인 해결책을 제시하지만 동시에 당신의 아이디어는 어떤지 질문한다. D3development level 3의 구성원은 그 과업과 관련된 경험이 많은 사람이므로, 그야말로 질문 위주의 코칭을 진행한다. 어떻게 생각하는지 말해달라고 한다. 결정은 함께하겠지만, 이 경우는 실무자의 의견을 충분히 반영하도록 해주고, 큰 오류가 없다면 돌아가는 길이라 해도 시행착오를 해볼 기회를 주는 것도 좋다. D4 상태의 구성원에게는 전적으로 위임하면 된다. 목적과 목표와 기한을 말해주고 위임하면 과제를 완결해낼 것이다.

사실 대부분의 리더들은 D4의 수준에 있다. 그러다 보니 자신처

[그림 9] 구성원의 발달 수준

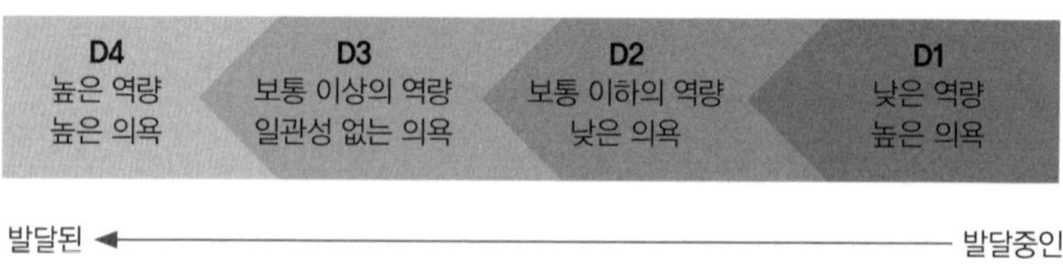

럼 다른 사람도 동일한 방식으로 해결할 것이라 기대하며 구성원들의 수준을 고려하지 않고 지시한다. D1에게 D4의 수준에서 수행할 수 있는 지시, 그러니까 목표와 기한을 말해주고 알아서 해오라고 한다. 구성원의 발달 수준에 맞지 않는 지시이므로 실패할 가능성이 크다. 그 반대도 마찬가지다. D4 수준의 구성원에게 D1에게 하듯 디테일한 지시는 맞지 않다. 생각할 수 있는 사람에게 생각한 것을 표현하고 실행해볼 자유를 주지 않으니, 그 조직에서는 사람이 크기 어렵다. 필드에서 골프를 치고 있다고 생각해보자. 싱글을 치는 사람에게 힘을 빼라는 식의 조언은 그를 돕는 게 아니다. 반면 처음 골프를 치러 나온 초보 골퍼에게 주변에서 한마디씩 다양한 솔루션을 제시하면, 하나도 실행하지 못하고 긴장만 하게 될 것이므로 이 역시 그를 돕는 게 아니다.

켄 블랜차드의 상황 대응 리더십은 크게 두 가지 개념으로 생각해볼 수 있다. 첫 번째는 그 사람이 '이 과제'와 관련해서 D1~D4 중 어디에 속하는지를 관찰하는 것이다. 여기서 중요한 것은 사람의 수준이 아니라 특정 과제를 해결할 수준을 말한다. 한 분야에 뛰어난 사람도 다른 분야에서는 미숙할 수 있기 때문이다. 예를 들어 팀장이 임원으로 승진하면, 자기 분야에서는 D4이지만, 기존에 하지 않았던 영역에서는 D2일 확률이 높기 때문에 그 분야의 베테랑 직원들에게 좀 더 솔루션을 말해주고 알려달라고 요청해야 한다.

또 하나는 구성원의 발달 수준을 관찰했다면 지시와 지지라는 두 가지 요인을 유연하게 조정하여 리더십을 펼쳐야 한다는 것이다. 리더가 '지시하는 비율'과 자신감과 용기와 의지를 북돋는 '지지하는 비율'을 어떻게 가져갈 것인지 생각하고 행동해야 한다는 것이다.

예를 들어 발달 수준이 다 다른 네 명의 구성원과 각각 30분씩 면담을 한다고 생각해보자. 표에 보는 것처럼 D1은 이미 아무것도 모르기에 의욕만 앞서는 신입사원과 같다. 의욕은 충만한데 역량이 낮다. 이 경우 30분을 어떻게 써야 할까? 지지의 시간은 5분 남짓으로 쓰고 나머지 25분은 역량을 강화하기 위한 시간으로 쓰는 게 바람직하다. 세세하게 지시한 후 이해했는지 확인하는 시간에 훨씬 더 비중을 실어야 한다. D2는 경험이 있지만 아직 역량이 부족해서 뜻대로 잘되지 않는 상태이다. 그러다 보니 자신감이 떨어져 있을 것이다. 이 경우라면 '지지'와 '지시'의 비율을 얼마로 가져가고 싶은가? D1의 상태보다는 지지해주는 데 더 많은 시간을 할애해야 할 것이다. D3는 잘 해낼 수 있는 역량이 있는데 아직 책임질 수 있는 수준은 아니거나 자신감이 다소 부족한 상태이다. 이 경우라면 시간의 반 이상은 성공했던 경험이나 그 사람의 강점에 대해 언급하며 '전체 책임은 상사인 내가 진다'라는 '지지'의 시간으로 써야 할 것이다. D4는 위임하면 되기에, 오히려 전체 관점을 볼 수 있도록 돕거나 미래에 대한 이야기를 통해 시야를 확장해주거나 친밀감을 돈독히 하는 데 시간을 쓸 수 있다.

같은 직급인데 다른 기회를 주는 건 불공평하다?

당신의 휘하에 두 명의 과장이 있다. A과장은 매우 뛰어난 역량을 가지고 있고 그에 준하는 난이도의 일을 하고 있다. B과장은 진급이 어려웠는데 세 번째 시도 만에 겨우 과장으로 승진한 케이스이다. 진급에서 두 번이나 누락되고 겨우 과장이 된 것이기에, 과장이 되면 열심히 일하지 않을까 생각했는데 바뀐 게 없다. 여기에 상황 대응 리더십을 적용하라니 너무 불공평한 것처럼 보인다.

B과장이 상황 대응 리더십을 통해 성공 경험을 늘려가는 방법 말고 다른 방법이 있다면 적용하라. 그러나 뾰족한 수가 없다면 직급에 매달리지 말고 B과장이 작은 과제에서 성공할 수 있도록 도와야 한다. 그렇지 않으면 B과장은 점점 조직 분위기를 병들게 하는 나쁜 요인이 될 것이다. 그러나 팀의 목표로 볼 때, 과장 직급이면 어느 정도 해내야 하는지를 눈으로 볼 수 있도록 목표수립은 투명해야 하며 고과평가도 이에 준해야 한다. 어려운 도전을 하는 사람에게 높은 고과가 갈 수밖에 없다는 것을 이해시키면서 가야한다. 분기마다 성과 리뷰를 하면서, 성공한 과제와 진보한 역량에 대해 긍정적인 피드백을 하면서 동시에 고과 A를 받기 위해서는 무엇을 더해야 하는지 논의해야 한다. 이런 절차의 공정성이 있을 때 사람들은 상대적으로 불공정성을 덜 느낀다.

개인 역량과 조직 역량을 강화해야 한다

굴지의 기업 전략실에 있는 E상무는 자기 조직의 전체 발달 수준은 D2의 상태 정도일 것이라 말한다. 대표이사 및 이해 당사자의 견해를 수용하면서 미래 전략을 설득력 있게 설계하고 정리해야 하는 일이 쉽지 않기 때문이다. 대단한 스펙의 구성원들이지만, 최종 보고서를 보면 구성원들은 좌절한다. 자신이 해온 수준과 최종 보고서의 수준 간에 너무 큰 차이가 있기 때문이다.

이런 좌절을 막기 위해 E상무는 일요일 오후 2시부터 동네 도서관에 간다. 구성원들이 소화할 수 있는 형태로 과제를 정리하고 쪼개어 주기 위함이다. 과제가 완료된 후에는 회고look back하면서 무엇을 깨닫게 되었는지 이야기 나눈다. 전략실에 있을 때는 힘들어하지만, 다른 조직에 갔을 때는 그들이 이 조직에서 얼마나 성장했는지를 고백하는 구성원들이 많다고 한다. E상무는 자기 조직을 민사고처럼 만들고 싶다고 했다. 자신의 밑에서 훈련받은 구성원들이 다른 부서에 가게 되었을 때 핵심 역할을 하는 역량 있는 사람으로 성장하는 것 말이다. 리더라면 E상무처럼 개인 역량과 조직 역량을 키우기 위한 꿈을 가져야 하고, 구성원들이 성공체험을 할 수 있도록 고민해야 한다.

리더가 아니라 구성원이 말하게 해야 한다

앞서 현장 에피소드에 나오는 임원의 고백은 유별한 것이 아니다. 친절하고 상세하게 지시했는데도 가져오는 결과물은 그에 미치지 못 한다는 불만은 리더들의 공통 사항이다. 시간이 흘러도 생각만큼 구성원들의 실력이 자라지 않는다고 한다. 왜 그럴까. 필자는 메타인지meta-cognition에서 그 답을 찾고자 한다.

전국 수능 성적 0.1%에 해당하는 고등학생들의 특징

〈학교란 무엇인가?〉라는 EBS 다큐멘터리[19]에서는 전국 수능에서 0.1%에 해당하는 학생들의 특징을 조사했다. 전국 수능에서 상위 0.1%에 들려면, 고등학교 2~3개를 합쳐서 1등을 해야 하는 성적이다. 이 학생들의 특징을 잘 뽑아낼 수 있다면 학교의 정상화를 위한 시사점을 얻을 수 있겠다는 취지였을 것이다.

학업 성적과 이에 영향을 미친다고 생각되는 요소들, 사는 지역·학교·부모의 학력 및 경제 수준·IQ 등의 상관관계를 살펴보았다. 예상과 달리 이런 요소들은 학업 성적과 일관된 상관관계를 보이지 않았다. 관련도가 높았던 단 하나의 변수는 메타인지뿐이었다.

메타인지는 1970년대 발달심리학자 존 플라벨Flavell, J. H.이 만든 용어로, '내가 무엇을 알고 모르는지에 대해 아는 것'에서부터, '자신이 모르는 부분을 보완하기 위한 계획과 그 계획의 실행 과정을 평가하는 것'에 이르는 전반을 의미한다.[20] 즉 메타인지는 '인지에 대한 인지'로서 자신의 인지적 활동에 대한 지식과 조절을 의미하는 매우 중요한 능력이다.

전국 수능 0.1%의 성적을 거두고 있는 메타인지가 높은 학생들은, 자신이 무엇을 알고 있고 무엇을 모르고 있는지를 잘 알고 있었다. 게다가 부족한 부분을 보완할 수 있는 방법들을 스스로 개발해내어 실행하였다. 이들이 메타인지를 높일 수 있는 세 가지 방법을 쓰고 있었는데, 메타인지를 높이고 싶다면 눈여겨봐야 할 대목이다. 첫째, 다른 사람 앞에서 자신이 알고 있는 것을 가르쳐보는 것이다. 어느 학생은 시험 기간이 되면 자기가 이해한 것이 맞는지 엄마를 앞에 두고 외운 교과목 내용을 강의하듯 풀어낸다. 설명하다 막히면 그 부분에 대한 지식이 부족한 것이므로 다시 확인한다. 둘째, 질문에 답해주는 것이다. 질문하는 친구에게 답하면서 그 과정에서 말문이 막힐 때 자신이 알고 있다고 착각한 영역이 무엇인지를 확인한다. 셋째는 오답노트를 활용하여 복기한다. 자신이 틀린 부분을 명확히 하여 다음에는 실수하는 일이 없도록 하는 것이다.

고등학생의 메타인지가 성인들에게도 필요한 것일까? 또 상위 0.1%가 보여준 세 가지 방식을 조직에서도 적용해볼 수 있는가?

실무자가 직접 말을 해야 똑똑해진다!

결론부터 말하자면, 이 메타인지는 모든 사람에게 필요한 능력이다. 필자의 경험만 되짚어 봐도 쉽게 이해할 수 있다. 잘 알고 있다고 착각하고 설명하다가 허점을 발견한 적이 한두 번이 아니었다. 이 정도 시간이면 충분히 해낼 수 있겠다고 생각했는데, 미처 예상하지 못한 일로 시간을 쓰며 납기에 어려움을 겪은 적도 있다. 시행착오를 거치면서 이런 횟수는 줄어들고 있지만, 메타인지가 높았다면 이런 오류는 더 빨리 줄일 수 있다.

0.1%의 고등학생들이 쓴 세 가지 방식은 어떠한가? ①자기가 알고 있는 것을 다른 사람에게 설명하는 것, ②질문에 답해주는 것, ③오답노트를 통해 복기해보는 것 말이다. 이것을 조직에 반영해본다면 다음과 같은 시사점을 얻을 수 있다.

- 말하는 사람의 메타인지가 높아진다. 말을 하는 과정에서 자신이 알고 있는 것과 모르는 것을 깨닫기 때문이다.
- 질문에 답해주는 멘토링 관계에서 멘티도 혜택을 보지만, 답을 해주는 과정에서 자신이 알고 있는 것을 정리하고 모르는 것을 보완하기 때문에 멘토에게도 큰 혜택이 된다.
- 복기를 통해 왜 성공하게 되었는지, 실패하게 된 원인은 무엇인지를 말해보게 할 때 메타인지가 올라간다.(복기에 관해서는 11장의 '경청, 어디까지 가봤는가?'를 참조하라.)

인지학자들은 세상에는 두 종류의 지식이 있다고 한다. 하나는 내가 알고 있다는 느낌은 있는데 설명할 수 없는 지식이다. 친숙할 뿐 가짜 지식이다. 앞의 에피소드처럼 상사가 같은 이야기를 여러 번 하면, 구성원은 알고 있다고 착각한다. 그러나 막상 일을 시작하면 명확한 지식이 없어서 엉뚱한 방향으로 작업하게 되는 것이다. 가짜 지식의 폐해다. 진짜 지식은 남들에게도 명확하게 설명할 수 있는 것이다. 이것이 두 번째 지식이고, 진짜 지식이다. 구성원들이 진짜 지식을 갖길 원한다면, 임원이 아니라 구성원이 말할 기회를 가져야 한다.

현장 에피소드의 임원은 구성원들이 이해할 수 있도록 상세하게 설명한다. 말하는 빈도가 높아질수록 그 임원의 메타인지는 더 높아질 것이다. 왜냐하면 어떻게 말해야 구성원들이 잘 이해할지 계속 고민하고 전략을 짜며 자신의 지식을 더 세련되게 재배열하기 때문이다. 그래서 지난번 회의 때보다 더 발전한 형태로 말하게 된다. 반면 '듣기만' 하는 구성원들은 지난번에도 비슷한 이야기를 들은 것 같으니까 '나도 충분히 알고 있다'고 착각하게 된다. 그러니 진짜 지식을 가지고 있는 임원과 가짜 지식을 가지고 있는 구성원들과의 격차는 커질 수밖에 없는 것이다.

이렇듯 조직에서 모든 구성원들이 메타인지를 향상시키기 위한 노력은 매우 중요하다. 성공체험을 주겠다는 리더의 마음, 성공체험을 주기 위해 상대방의 발달 수준을 확인해서 대화의 방향을 정하고 개입하는 능력, 그리고 상황이 될 때마다 구성원이 말할 수 있도록 돕는 메타인지 향상을 위한 노력이 빠른 육성을 위한 중요한 원칙이 되는 것이다.

구성원이 말하게 하는 방법, 코칭 리더십

메타인지를 높이는 쉬운 방법 중 하나가 '말하기'임을 다시 강조하고 싶다. 대표 앞에서 중요한 프리젠테이션을 한다고 생각해보라. 거의 모든 리더들이 '구두로 하는 리허설'을 시도할 것이다. 눈으로 보고서를 볼 때는 완벽한 것 같은데, 구두로 리허설을 하다 보면 어떤 부분에서 논리의 비약이 있는지, 어떤 부분의 연결고리가 엉성한지를 깨닫게 되기 때문이다. 그렇다. 말을 해봐야 안다. 자신이 얼마나 알고 있는지, 잘못 파악한 것은 무엇인지, 지금의 리소스로 그 일을 해내기 위해 무엇이 필요한지, 언제부터 시작해야 할지 등 말이다.

리더들에게 질문과 경청의 코칭 리더십이 필요하다고 강조하는 이유 중의 하나가, 바로 구성원의 메타인지 때문이라고 해도 과언이 아니다. 리더는 질문하고, 실무자는 자신의 생각을 자꾸 말하는 방식, 그것이 바로 코칭이다. 자기 생각을 말하면서 헤매다가 길을 찾기도 하고 메타인지를 통해 자신의 진짜 지식을 정리하게 되는 것이다.

물론 리더가 말을 해야 하는 경우가 있다. 지시를 해야 한다면 구성원은 들을 수밖에 없다. 다만 이 경우에도 상대방이 제대로 파악하고 있는지 자신의 지시를 다시 한번 요약해달라고 함으로써 실무자의 메타인지를 독려해야 한다. 이때 제대로 요약을 못 해도 화내지 말아야 한다. 구성원이 요약한 정보를 들으며 놓친 정보가 있다면 그 부분을 다시 리마인드해주는 방식이면 더 좋다.

지시하면 10분 만에 끝날 회의를, 실무자가 정리하도록 질문하면 두 배의 시간이 걸릴지도 모른다. 그러나 구성원이 똑똑해지고 조직 역량이 강화되길 원한다면, 실무자가 말할 기회에 투자해야 한다. 실무자가 말을 하면서 스스로 생각지 못한 부분을 발견하게 하고, 자신이 무엇을 알고 있고 무엇이 부족한지 스스로 깨닫게 도와줘야 한다. 들어서 아는 가짜 지식이 아니라, 남에게 전수가 가능한 진짜 지식이 되도록 도와줘야 하는 것이다.

간혹 말할 기회를 줬는데 실무자가 제대로 말하지 못해 답답하다고 하소연하는 임원들도 있다. 듣기만 하던 사람이 갑자기 말하려고 하니 제대로 하기 어려운 건 당연하다. 조금만 기다려주자. 그리고 조금 더 상냥하게 묻고, 작은 의견이라도 칭찬하자. 한 분기가 지나고, 반년이 지나고, 일 년이 지나면, 당신의 그 노력들이 헛되지 않았음을 깨닫게 될 것이다.

셀프 코칭

다음의 질문에 답하면서 구성원의 육성을 위한 행동 방침을 설계해봅시다.

Q1. 성공체험이 더 큰 도전을 하게 하는 원동력이라는 것에 동의하나요? 그렇다면 다소 아쉬운 성취를 보여주는 구성원 한 명을 선택하여, 어떻게 성공체험을 도울 것인지 계획해보세요.

리더 자신에게도 성공체험이 필요합니다. 너무 낮은 저성과자가 아닌, 중간 정도의 성과를 보여주는 구성원을 대상으로 성공체험을 계획해보세요.

- 구성원 이니셜 ____________________
- 성공체험 방안 ____________________

Q2. 과제별로 발달 단계가 다른 구성원을 생각해본 후, 지시 및 개입 방안을 계획해보세요. 각 구성원마다 30분간 면담을 진행한다면 지시와 지지의 시간을 얼마만큼 사용할지도 포함해보세요.

구성원 이니셜	과제명	발달 수준 D1~D4	역량에 따른 지시 방법	30분 면담 중	
				지시	지지

Q3. 구성원이 말할 기회가 많을수록 구성원의 메타인지는 높아집니다. 말할 기회를 어떻게 만들 수 있을까요? 그들이 계속 자신의 의견을 말할 수 있도록 만드는 환경을 만들어보세요.

1:1 회의, 그룹 회의, 발표, 멘토링, 복기 등을 통해 구성원이 말할 기회를 어떻게 만들지 계획해봅시다.

___

___

___

___

___

자신의 생각을 말하려면 '내가 말한 것에 의해 내 수준이 평가된다'라는 두려움으로부터 자유로워야 합니다. 구성원이 두려움을 극복하고 계속 말하도록 하려면 어떤 조치를 취해야 할까요?
예. 첫 발언 및 의견을 이야기해주는 사람에게 고마움을 표시한다. 말할 때 깊이 경청하고, 경청한 것을 입으로 요약해서 들려준다. 구성원이 말한 아이디어가 전체적으로 유용하지 않아도 '이런 부분은 의미가 있다'고 말해준다.

___

___

___

___

___

10

실리콘밸리의 팀장들이 1on1에 시간을 쏟는 이유

현장 에피소드

코치님, 회사에서 1on1을 하라고 하는데 참 난감합니다. 저희는 수시로 일대일 회의를 하는데 말만 바꿔서 1on1을 하라고 하는 상황이거든요. 1on1의 주제도 상사보다는 구성원이 정하라고 권하고 있어서 구성원들도 난감해하기는 마찬가지입니다. 이야기하고 싶은 주제를 말하라고 하면 없다고 합니다. 그렇다 보니 1on1에서도 업무에 관한 이야기만 나누게 되더라고요. 이것을 왜 해야 하는지 이유를 모르니 자꾸 회의감만 듭니다.

사실 최근 팀에서 2명이 퇴직을 하면서 팀의 사기가 저하된 탓도 있습니다. 갑자기 많은 인원이 빠져서 전체적으로 업무 부담이 커졌고, 퇴직한 두 사람이 경쟁 업체로 가는 바람에 구성원들의 마음이 싱숭생숭할 것 같아 걱정이 됩니다. 이들의 마음을 다독이는 시간이 필요하긴 한데, 어떻게 해야 할지 모르겠습니다.

몇몇 팀장들은 1on1을 하면서 구성원들과 훨씬 돈독해졌다고 하는데, 어떻게 했기에 그런 결과를 얻을 수 있었던 걸까요? 조언을 얻어 팀을 잘 이끌고 싶습니다.

우리는 일대일 미팅을 수없이 해오고 있다. 일대일 미팅을 영어로는 '1on1 meeting'이라고 한다. 우리가 쓰는 일대일 미팅과 1on1은 같은 표현이다. 그러나 새로운 방식의 미팅이라는 것을 강조하기 위해, '1on1(원온원)'이라고 부른다. 이 둘은 뭐가 다를까?

기존의 일대일 미팅은 상사의 주도로, 상사의 궁금증과 성과를 위해, 상사가 필요할 때 주로 일어난다. 그러나 소위 수평적 문화가 정착되어 있는 실리콘밸리 기업들은 '무엇이든 물어보세요'의 미팅을 정기적으로 갖는다. 상사가 아니라 구성원이 궁금한 것, 고민되는 것, 잘 모르는 것을 정기적인 시간을 정해 물어보는 시간이 바로 1on1이다.

앤드루 그로브는 《하이 아웃풋 매니지먼트》에서 "한 번의 1on1으로 직원 업무의 질을 2주 또는 80시간 이상 높일 수 있다"고 말했다. 사실일까? 가령 당신이 어떤 난제를 풀고 싶어 고민을 하고 있는데, 이 분야를 너무 잘 알고 있는 사람과 매주 60분간의 일대일 미팅을 갖는다고 생각해보자. 성과는 어떻게 되겠는가. 구체적인 숫자를 제시하기 어렵지만, 생산성은 몰라보게 달라질 것이다.

1on1이 성과의 지렛대가 되기 때문에 앤드루 그로브는 1on1 미팅은 모든 리더가 투자해야 하는 필수적인 하이 레버리지 활동이라고 주장한다. 앤드루 그로브의 이 방식은 마이크로소프트, 페이스북, 구글 등 글로벌 기업의 경영 관리 방식에 지대한 영향을 미쳤다.

실제로 1on1은 우리가 잘 알고 있는 구글의 '산소 프로젝트Project Oxygen'와 관련이 있다. 좋은 리더는 조직의 산소와 같다는 뜻에서 시작된 이름이다. 2008년에 구글은 이 프로젝트를 통해 높은 성과를 지속적으로 창출하는 리더들의 여덟 가지 특성을 도출해냈다.

그 여덟 가지를 관통하는 핵심은, 최고의 리더들은 그렇지 않은 리더들에 비해서 팀원들과 1on1 미팅을 자주 갖는다는 것이다. 1on1 미팅을 자주 하려면 리더들이 많은 시간을 투자해야 했지만, 문제를 조기에 발견하고 적절한 타이밍에 피드백과 가이드를 제공하면서 성과뿐만 아니라 구성원들의 신뢰와 몰입을 가져올 수 있었다. 정기적인 1on1을 통해 위의 여덟 가지 특성을 소화하고 있었던 것이다.

결국 1on1은 구성원의 관심과 고민에 초점을 둔 맞춤형의 정기 미팅이다. 그런 속성 때문에 1on1의 주제는 대체로 구성원이 원하는 것을 중점으로 한다. 가장 이상적인 비율은 구성원이 75%, 리더가 25% 정도로 미팅의 내용을 구성하는 게 좋다. 이제 1on1 미팅, 왜, 어떻게, 그리고 무엇을 해야 하는지 좀 더 자세히 살펴보자.

[표 3] '산소 프로젝트'에서 도출한 성공적인 리더들의 공통 8가지 특징

• 좋은 코치가 되어준다.
• 팀원들에게 힘을 실어주되, 사소한 부분까지 관리하지 않는다.
• 팀원들의 성공과 복지에 관심을 표현한다.
• 생산적이고 성과 지향적이다.
• 커뮤니케이션을 잘하고 팀원들의 말에 귀를 기울인다.
• 팀원들의 커리어 발전을 돕는다.
• 자신의 팀에 대한 비전과 전략이 뚜렷하다.
• 팀원들에게 조언하는 데 도움 되는 핵심적인 능력을 갖고 있다.

출처: Google's Powerful Secret to be a Good Manager'

1on1의 중요한 목적

1on1의 목적은 크게 세 가지이다. 구성원과의 신뢰 관계 구축, 생산성 향상, 그리고 리더의 '무지의 빙산 녹이기'가 그것이다.

1on1은 구성원과의 신뢰 관계를 구축하는 토대가 된다

기성세대는 친밀감을 중요하게 생각한다. 그래서 이성의 끈을 놓을 때까지 함께 술을 마시거나 사우나에 같이 몸을 담그며 서로의 민낯을 보여주는 것으로, 많은 세월의 담을 허물었다. 친밀감이 생기면 거기에 신뢰를 쌓아갔다. 신뢰는 일을 통해 생기는데, 혹시 구성원이 신뢰를 주기에는 모자란 부분이 있어도 친밀감으로 기다려주고 덮어주며 성장을 독려하며 공조했다.

MZ세대는 다르다. 신뢰가 먼저다. 신뢰가 쌓여야 자신의 사적 이야기를 하려는 마음의 기반이 다져진다. MZ세대는 '이 사람은 나를 성공시켜줄 마음이 있는가? 나의 커리어와 지속가능성을 도와주는 사람인가?'가 신뢰의 중요한 키워드이다. 따라서 1on1을 통해 리더가 나의 성공에 관심이 있고 내 인생의 커리어에 도움을 주는 사람이라고 느껴질 때 신뢰를 쌓을 수 있다.

게다가 사람들은 각자만의 고민이 있다. 직장이라는 공간과 근무 시간이라는 물리적 구획이 나뉘어 있지만, 실제로 마음은 그렇지 않다. 가정과 관계 등 개인적인 문제로 어려움을 느낄 때가 많다. 출근했다고 그런 문제들을 회사 정문에 놓고 들어오지는 않는다. 회사, 가정, 기타 일들이 얽혀서 회사 내의 어려움이 가중되고 업무에의 몰입을 방해한다. 이런 걱정을 나누고 털어버리며 본질에 집중하도록 돕는 사람이 있다면, 깊은 신뢰와 로열티가 생기지 않을 수 없다.

리더가 모든 것에 해답을 줄 수 없고 그럴 필요도 없다. 귀 기울여 듣고 사려 깊은 질문을 하며 그 여정에 함께 해주는 코칭 리더십이 훨씬 더 중요하다. 즉 모든 것에 해답을 주려는 성향을 내려놓고, 스스로 길을 찾아가도록 질문하고 경청하는 코칭 스킬을 배우는 것에 관심을 가져야 한다.

1on1은 구성원의 생산성과 팀의 성과를 높인다

J팀장 표정이 안 좋다. 뭔가 안 풀리나 싶어, 내게 이슈가 있는 척하며 잠깐 이야기하자고 했다. 아니나 다를까 자신도 여쭤볼 것이 있단다. J팀장이 이틀간 고민한 이슈는 5분도 지나지 않아서 해결되었다. 왜 진작 상의하려 하지 않았냐는 질문에 '대표님이 바쁜데 방해될까 봐' 걱정되어 묻지 않았단다. 이렇게 구성원들은 엉뚱한 곳에서 헤매고 있을 때가 많다. 상사를 배려하고자 하는 선의에 의해, 혹은 부정적인 두려움으로 많은 시간을 허비하는 것이다.

화학 계열의 F상무는 여러 채널을 통해, 공들여 육성한 파트장이 팀장과의 어려움 때문에 그만두려 한다는 것을 알게 되었다. 완벽주의인 팀장이 하나하나 확인하려 하고, 믿고 맡겨주지 않으니 일할 맛이 나지 않는다는 것이다. 마침 파트장과의 1on1이 예정되어 있던 R상무는 자연스럽게 요즘 가장 의미 있는 일, 어려운 일, 더 하고 싶은 일들에 대해 대화를 나눴다. 새로운 프로젝트를 다른 팀에서 하려고 하는데 그쪽 일을 해보면 어떻겠냐고 제안하면서 아끼는 파트장의 이직을 막았다. 또한 프로젝트로 불가피하게 이동할 수밖에 없음을 설득하면서, 팀장의 마음도 상처 입히지 않았다. 경력 개발에 대한 1on1을 해봤기에 매우 자연스럽고 진정성 있게 대화를 이끌 수 있었던 것이다. 또한 팀장과의 1on1을 통해 팀을 이끌면서 어떤 점이 어려운지 물어보며 체계적인 위임을 어떻게 해야 할지 함께 실험하며 나아가기로 하였다. 장점을 부각하면서 단점을 잘 보완하도록 도우려는 F상무의 철학이 빛을 발하게 된 것이다.

갤럽Gallup은 업무 수행 빈도가 높은 구성원들은 리더와의 대화가 평균보다 세 배 많고, 생산성 역시 상사가 팀에 무관심한 구성원보다 최대 22% 향상되었다고 밝히고 있다. 더불어 무단결근 81% 감소, 이직률 18~43% 감소, 안전사고 64% 감소, 불량률 41% 감소, 생산성 18% 향상, 그리고 이익률이 23% 증가했다는 조사 결과가 나왔다. 미국 HR솔루션 회사인 트리넷TriNet의 설문 결과를 보면 M세대의 85%가 상사와 자주 대화를 나눌수록 더 자신감을 느끼게 된다고 응답했다. 이렇듯 상사와의 1on1이 생산성에 효과를 가져온다는 사실은 여러 방면에서 입증되고 있다.

1on1은 리더들의 무지의 빙산을 녹일 수 있다

"조직에 지금 문제가 있는데, 상무님은 절대 위에 알리지 말고 우리끼리 해결해 덮자고 합니다.", "CEO는 창의적인 안을 내라고 했고, 팀장들에게는 창의적인 안이 있는데 상무님들이 보고를 승인해주지 않아요. 창의적인 안은 시행착오를 감수해야 하는 거잖아요. 그런 시행착오를 감수하고 싶어 하지 않는 거죠. 그러니 현장의 참신한 아이디어가 CEO에게 상달되기는 어려워요." 팀장들의 하소연이다. 위쪽 직급에서는 잘 알지 못하는 현장의 문제, 아이디어, 해결책이 너무 많다.

컨설턴트 요시다Yoshida가 이런 현상을 모델로 명확화했다. 요시다는 일본 자동차 제조업체를 컨설팅하면서 업무와 리더십 습관의 문제점을 밝혔다. 아래 그림에서 보면, 현장의 문제는 경영진으로 올라갈수록 연기처럼 사라진다. 즉 실무자가 현장의 문제를 100% 알고 있음에도 불구하고 리더에게는 74%, 중간 관리자에게는 9%, 그리고 최고 경영진에게는 4%만 알려진다는 것이다. 수치에 대한 논란은 있지만, 본질은 고위직에 올라갈수록 현장의 이슈를 알지 못한다는 것이다.

[그림 10] 리더가 겸손으로 무지의 빙산을 녹이는 방법

《하드씽》의 저자 벤 호로위츠Ben Horowitz는 "1on1은 구성원들의 정보 및 아이디어가 조직의 상층부로 흘러가게 하는 조직 커뮤니케이션의 일부다. 관리자가 지난 6개월간 부서원과 한번도 1on1을 하지 않았다면 해고 대상이다."라고 주장한다. 1on1을 통해 리더는 현장에 어떤 일이 있는지, 어떻게 해결해야 하는지를 묻고 들을 수 있다. 현장에서 무슨 일이 있는지 들여다보기 위해서 사무실을 벗어나 실무진들을 자주 만나는 리더는, 더 많은 지위와 영향력을 얻을 수 있다는 주장이 힘을 얻고 있는 것이다.

1on1에서 '나눌 수 있는/나눠야 하는' 이야기들

1on1의 세 가지 목적을 이루기 위해 어떤 이야기를 해야 할까. 과거, 미래, 현재로 나눠볼 수 있다. '과거'에 대한 1on1은 과거의 경험 속에서 구성원의 강점을 찾아보는 것이다. '미래'에 관한 1on1은 3년 뒤 혹은 5년 뒤의 커리어에 대한 고민을 함께 생각해보면서 지금의 직무와 연결해보는 경력 개발 코칭이다. '현재'는 지금 주어진 과제를 해결하고 이를 통해 역량을 강화하는 데 초점을 두는 것이다. 이것은 과거, 현재, 미래에 해당하는 가장 강력한 예시일 뿐, 구성원과 신뢰감이 형성된다면 여기에 다양한 이야기를 덧붙일 수 있다.

대부분의 1on1의 주제는 현재에 초점을 둔다. 그러나 일 년에 걸쳐 1/4분기에는 강점을 찾은 후 현재 직무에 그 강점을 연결해보고, 2/4분기에는 경력 개발을 위한 코칭을 곁들여 진행할 수 있다. 그러나 올해 가장 시도해보고 싶은 주제 하나만 골라서 시작해도 좋다. 1on1 면담의 실력이 좋아지면서 다른 주제도 더 나눠보고 싶은 마음이 될 테니 서두르지 않아도 된다.

과거 이야기 다루기 – 강점 찾기

연초 혹은 1on1의 시작을 알리는 테마는 과거에 자신이 해냈던 자랑스러운 사건을 떠올리면서 그 안에서 드러난 자신의 강점을 찾아보는 것이다. 늘 문제해결 회의에 찌들어왔던 대화에서 존재being에 대한 호기심으로 대화를 옮겨보는 것이다. 우리는 이미 2장에서 '최고의 경험 속에서 재능 혹은 강점 찾기'의 질문을 해봤다. 내 안의 나를 탐험하고 잘난 척해보면서, 내 안의 재능을 찾아보고 그 재능이 역량화되었는지 성찰해보는 것이다.

이런 대화를 술 한잔 걸치지 않고 이야기하는 시대가 온 것이다. 대부분 1on1의 주제를 구성원이 들고 오지만, 서로 준비가 되지 않았을 경우 리더가 제안하는 1on1의 주제로써 강점 탐구는 매우 의미 있는 시작을 알리는 포문이 된다. 강점에 대해 1on1을 할 때에는 2장의 강점 찾기 질문 세트를 제공해도 좋다. 사전에 질문을 미리 주면 구성원으로 하여금 1on1에서 어떤 대화가 이루어지는지 예측하여 더 좋은 대화가 이뤄지게 한다.

2장에서 언급한 것처럼 과거에 드러난 나의 재능이 '늘 성과로 드러나도록 하는 수준'인 강점(혹은 역량)이 되려면 갈고닦는 노력이 필요하다. 그러기 위해서는 지금 하고 있는 일에서 자신의 재능 중 어떤 것이 사용되는지, 강점화되기 위해 어떤 도움이 필요한지 이야기 나눈다. 정리해보면, 과거에 대한 이야기 중 강점과 관련된 1on1은 다음과 같은 세부적인 프로세스를 갖는다.

① 최고의 경험 속에서 재능 혹은 강점을 찾는 질문을 통해 세 가지 내외의 강점을 도출한다.
② 도출한 강점들이 현재 직무에서 어떻게 드러나고 있는지 함께 탐구한다.
③ 강점들을 역량화하기 위해 어떤 부분을 노력해야 하는지, 어떤 지원이 필요한지 이야기 나눈다.

미래 이야기 다루기 - 경력 개발을 위한 코칭

과거에서 밝혀진 자신의 강점을 가지고 이제는 미래의 경력 개발로 가보는 것이다. 코칭의 기본 프로세스인 GROW를 가지고 질문할 수 있다.

미래에 대해 이야기할 때 구성원은 자리에 대해서만 고민하는 경우가 있다. 예를 들면 전략쪽 마인드나 경험이 없는 구성원이 전략팀으로 가고 싶어 하는 식이다. 그런 경우, 뜯어말리기보다는 전략팀에 필요한 역량을 몇 가지 도출해보도록 하자. 전략 과제를 하기 위해 필요한 역량에 초점을 두도록 코칭하는 것이다. 이게 무슨 이야기일까.

예전에 필자 회사의 C과장이 면담을 요청해왔다. 회사를 그만두고 싶다는 것이다. 그만두고 갈 데가 있는 것은 아니며 똑같은 일

[표 4] GROW 프로세스로 커리어 코칭하기

1단계 Goal 경력 목표	달성하고 싶은 최정상의 경력 목표 구체화	• 5년(혹은 10년, 혹은 더 미래) 뒤에 내가 어떤 장소에서 무엇을 하고 있으면 내 커리어를 잘 살리고 있다고 생각이 들겠는가? (만약 부서 이동이 어려운 경우, '어떤 범위의 과제를 다루면 내가 능력을 잘 다져왔다고 흐뭇해 하겠는가?'라고 질문할 수 있다.) • 5년 뒤에는 어떤 사람이 내 고객이었으면 하는가?(예. 팀장인 나는 상무님과 전무님이 내 주요 고객이다. 너는 5년 뒤에 누가 너의 주요 고객이 되었으면 좋겠는가?) 혹은 어떤 시장까지 다루고 싶은가? • 그 꿈을 이뤘다고 생각할 때, 어떤 모습이 상상되는가? • 그 목표를 이루기 위해 필요한 역량은 무엇인가? (예. 협업 도출 능력, 커뮤니케이션 능력, 특정 직무 전문성 등)
2단계 Reality 현재	목표와 현재의 업무와의 연관성 발견 및 현재 업무의 의미 성찰하기	• 지금 업무에서 필요한 역량은 무엇인가? • 지난 1년 동안 강화된 나의 역량은 무엇인가? 그 역량이 미래의 경력이나 그 위치에 가는 데 필요한 역할인가? • 지금 업무에서 요구되는 역량이 미래의 경력 목표에 기여하는 바는 무엇인가?
3단계 Option 경력 목표로 나아가기 위한 방안 모색	경력상의 목표를 이루기 위해 현재 역할/업무에서 강화해야 할 역량 혹은 기술 정리	• 미래의 경력 목표에 다가가기 위해서 노력이 필요한 역량은 무엇인가? • 빠르게 역량을 개발하기 위한 다른 방법이 또 있겠는가? • 그 역량을 개발하기 위해서 필요한 지원은 무엇인가?
4단계 Will 역량 개발을 위한 실천 나누기	역량 개발을 위한 계획 구체화 및 실행의지 다지기	• 한 달 간 무엇을 해보겠나? • 장애물은 없겠는가? 어떻게 장애물을 극복할 수 있겠는가? • 어떤 지원이 필요한가?

을 반복하는 것이 어려워서 이직을 고민하고 있었다. 당시 필자는 그를 말리려고 하기보다 얼마나 어려우면 그만두고 싶은 마음까지 있었겠냐고 공감하면서, 10년 뒤의 모습에 대해 상상해보자고 제안했다. 그 당시 C과장이 33세였으니, 10년 뒤면 43세가 된다. 그때 어디서 무엇을 하고 있으면 인생을 잘 살았다고 생각하겠냐고 질문했다. C과장은 갑자기 생기가 돌면서, '글로벌 기업에서 사내 코

치internal coach를 하고 있으면 성공했다고 생각할 것 같다'고 대답했다. C과장의 꿈이 이루어졌을 미래를 상상하며 대화를 나눈 뒤 그 위치에 가기 위해 필요한 역량이 무엇인지 함께 정리해보았다. 다섯 가지 역량을 정리한 뒤 다시 물었다.

"그럼 지난 일 년 동안, 이 다섯 가지 역량 중에 발전했다고 느끼는 역량이 있을까?"

그러자 C과장은 잠시 생각하다가 웃으며 대답했다.

"대표님, 저 열심히 할게요. 반복적인 일만 한다고 생각했는데, 지난 일 년을 생각해보니 제 역량을 키우는 일이었다는 것을 깨닫게 됐어요."

미래의 꿈과 목표를 이야기한다고 회사를 금세 떠나고 싶어지지는 않는다. 어쩌면 지금 더 큰 몰입을 해야 원하는 꿈을 이룰 수 있다는 것을 깨닫게 된다. 물론 드물게는 새로운 꿈을 찾아가는 구성원도 있다. 아깝지만 마음이 콩밭에 가 있는 구성원을 붙잡아두는 것도 좋은 일은 아니기에 그럴 때는 보내주는 게 좋은 선택일 수 있다.

현재 이야기 다루기 – 과제해결을 통한 직무 역량 강화하기

1on1에서 가장 중요한 주제가 '현안'을 다루는 것이다. 즉 구성원들이 현재 과제를 성공적으로 해결하고, 일을 통해 성장할 수 있도록 돕는 것이다. 평상시 회의에서는 물어보지 못했던 일의 배경, 고급 정보, 일하는 방식 등에 대해 쪽집게 과외 교사처럼 친절히 안내해 줄 수도 있고, 관계에 어려움 호소할 때 좀 더 지혜로운 사

[표 5] GROW 단계별 목표와 질문

단계	포인트	핵심질문
목표 설정 Goal	• 편안한 분위기 조성 • 목표와 과제의 확인 • 과제가 해결된 바람직한 모습을 통해 열정 불러일으키기	• 해결하고 싶은 주제(혹은 문제)는 무엇인가? • 이 코칭 대화에서 어떠한 결과를 얻길 원하는가? • 이 코칭에서 어느 정도까지, 얼마나 구체적인 성과를 기대하는가? • 장기적으로 이 문제와 관련된 당신의 목표는 무엇인가? • 어느 정도면 만족스럽게 달성되었다고 볼 수 있을까? • 과제가 해결된 바람직한 모습은 무엇인가?
현실 파악 Reality	• 과제의 영역, 범위의 명료화 • 바람직한 상태와의 gap 확인 • 자신에게 미치는 영향 확인(변화 동기 찾기)	• 현재 상황은 어떤가? • 이러한 상황은 얼마나, 자주 발생하고 있는가? • 이 일이 해결되지 않으면(혹은 해결되면) 어떤 영향(혹은 어떤 유익)이 있는가? • 무엇 때문에 이 문제가 일어나는가? 더 근원적인 원인은 무엇인가? 문제의 본질은 무엇인가? • 이를 해결하기 위해 어떤 노력을 해왔는가? • 행동을 취하는 데 어떤 내부 장애 요소나 개인적 반대가 있는가?
대안 창출 Option	• 실천 가능한 대안의 열거 • 실행 프로세스, 방법에 대한 다양한 방법 점검 • 최적 안의 선택	• 이 문제를 해결할 수 있는 방법으로는 어떠한 것이 있는가? • 해결책 리스트를 만들어보라. 크든 작든, 완전하든 불완전하든 상관없다. • 그 외에 또 어떤 것을 해볼 수 있는가? • 시간과 예산이 더 많다면 무엇을 해보겠는가? • 당신이 사장이라면 무엇을 하겠는가? • 처음부터 새로운 팀과 다시 시작한다면 어떻게 하겠는가? • 나의 제안을 들어보겠는가? • 각 대안의 장단점은 무엇인가? • 어떤 대안이 최상의 결과를 가져다줄 것 같은가?
실행 의지 확인 Will	• 실행계획에 대한 실행의지 확인(1~10 척도화) • 실행 시 예상되는 장애요인 • 지원 받아야 할 사항 • 새로운 인식/느낀 점 정리	• 이 대안이 당신의 목표 달성에 어느 정도 기여하는가? • 당신의 성공 기준과 측정 방식은 무엇인가?(무엇을 보면 성공했다는 것을 알 수 있는가?) • 그 계획을 실행할 때 무엇을, 언제부터, 어떻게 시작할 수 있을까? 가장 먼저 해야 할 것은 무엇인가? • 예상되는 장애물이 있다면 무엇인가? 극복 방법은? • 내가 도와줄 부분이 있다면? 다른 지원을 얻기 위해 먼저 해야 할 것은? • 이 합의된 행동을 취하는 데 어느 정도의 실행 의지를 갖고 있는지 1~10까지의 수치로 나타내보라. 실행 의지를 10에 가깝게 올리기 위해 당신은 무엇을 하거나 바꿀 수 있는가? • 더 하고 싶은 이야기가 없는가? 상호 고마움 전달.

회성을 개발할 수 있도록 도와줄 수도 있으며, 과제 리뷰를 통해 새로운 것들을 볼 수 있도록 도울 수도 있고, 인생의 두려움을 함께 나누며 힘이 되어줄 수도 있다.

이런 주제들을 구성원이 먼저 꺼내줄 때 1on1의 대화는 훨씬 깊어진다. 만약 구성원이 1on1의 주제를 선정하지 못할 때는, 《나는 왜 도와달라는 말을 못할까》라는 책에서 권유한 다음의 질문 세트[21]를 주어, 1on1에 대한 니즈를 구체화하도록 도울 수 있다.

구성원이 주제를 가져왔다고 바로 답해주는 방식보다는 질문을 통해 구성원의 생각을 정리해보도록 돕는 것이 필요하다. 이때 활용할 수 있는 것이 바로 GROW의 코칭 프로세스와 질문이다. [표 5]에 프로세스별 기본 질문들을 정리해두었으니, 이것을 참조하여 질문하는 리더가 되어보자. 물론 필요할 때, 리더가 자신의 생각을 말해줄 수 있다. 그러나 구성원이 스스로 생각해볼 기회를 주지 않고 리더가 바로 답을 주면 생각한 것만큼 도움의 효용이 떨어질 수 있다.

[표 6] 구성원 질문 세트

내가 현재하는 일은 ________이며, 나는 ________에 대해 도움을 받고 싶다.
가장 시급한 업무는 ________이며, 이를 해결하려면 ________를 해야 한다.
내가 어려움을 겪고 있는 일은 ________이며, ________를 하면 그 일에 도움이 될 것 같다.
내 인생에서 가장 큰 난제는 ________이며, ________에 대해 조언을 얻고 싶다.
나의 가장 큰 바람은 ________이며, 그걸 이루려면 ________가 필요하다.

⇨ 그래서 이번 1on1에서 나누고 싶은 이야기는 ________이다.

1on1의 빈도와 프로세스

그렇다면 주기를 어떻게 해야 하는가? 어떻게 시작해야 하는가? 반복해야 할 패턴이 있는가?

1on1의 빈도

실리콘밸리의 팀장들은 5일 근무 중 '하루'를 1on1에 쏟는다. 팀원이 여덟 명이라고 할 때, 인당 50분씩 시간을 내어 구성원의 일을 돕는다. '하루'는 무조건 1on1에 쓰니, 열여섯 명이라면 매주 30분씩 1on1을 하거나 2주에 한 번씩 50분의 시간을 쓴다. 1on1의 가치가 얼마나 큰지 알기 때문에, 그리고 회사에서도 1on1을 공식적인 업무로 인정해주기에 가능한 배려다.

그러나 우리나라 기업들의 대부분은 이 정도의 빈도는 아직 어려운 것으로 보인다. 회사 정책, 우리 조직 상황, 나의 여건, 그리고 구성원들의 니즈 등을 고려해서 빈도를 정할 수 있다. 즉 회사 정책이 1on1을 리더의 핵심성과지표KPI, Key Performance Indicator로 삼는다면 빈도가 높아질 것이다. 조직이나 나의 여건이 최대한 낼 수 있는 시간도 고려되어야 한다. 직접 만나야 하는 구성원이 10인 이상이라면 매주 만나는 것은 현실적으로 어렵다. 구성원 중 1on1을 하고 싶어 하는 구성원도 있지만 부담스러워하는 구성원들도 있다. 처음에는 매우 낯설고 어려워서 반기지 않을 수도 있지만, 서로 익숙해지고 1on1이 의미 있는 시간이라고 인식되면 빈도수에 반영이 될 것이다.

아래의 실천 사항들은 여러 연구 결과를 검토한 필자의 제안일 뿐, 당신의 여건에 따라 응용하면 된다. 다만 빈도를 정해 구성원과 1on1이 정해진 경우, 쉽게 스케줄을 취소하는 일은 없어야 한다. 1on1이 후순위라는 생각이 들면 구성원도 이 만남에 대한 열정이 식기 때문이다. 불가피한 상황에서 취소해야 하는 상황이라면, 그 이유를 말해주고 약속한 그 주의 다른 시간으로 옮겨서라도 꼭 진행하도록 하자.

① 직접 만나야 할 구성원이 10명 이하인 경우

- 일주일 1회 30분씩 만난다. 상사도 구성원도 부담이 덜한 시간이 될 것이다.
  다만 강점을 도출하거나 경력 개발에 대한 깊은 이야기가 오갈 때는 1시간 이상 잡는 것이 좋다.
- 격주로 50분을 만난다. 집중해서 만나야 할 상황이 발생되면 합의하에 매주 1회 30분으로 조정할 수 있다.
  1on1이 한 달에 1회를 하게 되는 경우, 고충 상담에 치중하게 된다. 이 경우 관계는 좋아질 수 있으나 일의 생산성이나 성과를 도모하기 어렵다.

② 직접 만나야 할 구성원이 10명 이상인 경우

- 2주일 1회 30분씩 만난다.
- 한 달에 1회 1시간씩 만난다.
- 20명이 넘는 경우, 서브 리더를 둬서, 서브 리더 휘하의 사람

을 담당하도록 한다. 이 경우, 상사는 서브리더를 집중해서 만나되, 휘하의 구성원들은 분기에 1회 1시간 정도의 1on1 시간을 할애하면 좋다.

1on1은 경영진부터 캐스케이딩되어 전 조직이 1on1이 이뤄지도록 세팅하는 것이 좋다. CEO는 부사장과 전무를, 부사장은 전무와 상무를, 상무는 팀장과 파트장을, 팀장은 파트장과 팀원을, 파트장은 팀원과 1on1을 하는 것이다. 만약 직속 부하직원이 아닌 다른 계층과 '무엇이든 물어보세요'를 하고 싶다면 1onN(원온앤)도 가능하다. 실제로 실행해본 임원들은 이때 가장 적정한 인원이 세 명이라고 말한다. 그래야 편안하게 서로의 이야기를 듣고 나눌 수 있는 '의미 있는' 시간이 된다.

1on1의 시작을 어떻게 알릴까

리더라고 해도 모든 구성원과 일률적으로 친하기는 어렵다. 구성원 입장에서도 리더를 편하게 생각하는 사람도 있고 그렇지 못한 사람도 있다. 따라서 정기적으로 1on1을 하자고 했을 때 반기는 사람도 있지만 부담스러워하는 사람이 더 많을지도 모른다.

이때 1on1의 취지를 담당하고 있는 조직 전체에 잘 설명하는 것이 중요하다. 조직의 핵심가치나 미션과 연결되는 취지이면 더 좋다. 예를 들어 '고객 성공'이 조직의 핵심가치라면, 1on1의 취지를 이렇게 밝힐 수 있다.

"고객이 만족하는 성공을 위해서는 '내부 고객'이 먼저 성공해야 한다고 생각합니다. 우리는 서로에게 내부 고객입니다. 서로가 서로의 성공을 위해서 귀 기울이고 도와주고 피드백을 나누는 조직이 되었으면 합니다. 이 말은 좋은 말이지만 지켜나가기는 어렵습니다. 하여 정기적인 1on1을 통해서, 여러분의 성공을 돕기 위한 시간을 마련해서 제가 먼저 실천하려 합니다. 성공을 위한 여러분의 강점이 무엇인지, 지금 하는 프로젝트의 성공을 위해서 지혜와 경험을 나누고, 여러분의 지속가능성을 위해 미래 커리어에 대해서도 함께 나누는 시간이 되고자 합니다."

이런 취지가 성공하려면 실제 1on1의 목적이 '구성원 성공'이 되어야 한다. 초기 몇 명과의 첫 1on1이 잘 실행되면, '우리 리더가 한 말이 사실이구나'라는 소문이 돌 것이다. 구성원들은 점점 리더와 어떤 이야기까지 나눌까 생각해오기 때문에, 1on1의 대화는 더 깊어진다.

1on1의 메뉴판을 주고 선택하게 하라

어떤 회사의 CEO나 부사장을 코칭하러 가면 비서가 카페처럼 음료 메뉴판을 내미는 경우가 있다. 이것을 1on1에서도 적용해볼 수 있다. 앞의 세 가지 콘텐츠를 포함해 다섯 가지 메뉴가 적힌 1on1의 메뉴판을 준비해보았다. 이것을 기반으로 즐거운 단어 혹은 생생한 단어를 사용하여 응용해보라.

① 나의 강점을 파헤쳐보기

② 경력 개발과 역량

③ 과제 해결 '무엇이든지 물어보세요'

④ 조직 내 관계 및 협업의 어려움 해결

⑤ 기타 '주제는 무엇이든 가능, 해결은 보장 못함'

이 메뉴판은 1on1을 하겠다고 선포한 날, 취지와 함께 밝히는 것이 좋다. 또한 1on1이 약속되어 있을 때, 위 메뉴와 세부적인 주제를 정해서 미리 상사에게 알리도록 요청하는 것이 필요하다. 이 경우, 다음의 포맷을 활용할 수 있다.

[오늘의 1on1]

※ 오늘 나누고자 하는 주제: ④조직 내 관계 및 협업의 어려움(메뉴판에서 고른 것)

※ 한 줄 요청: A프로젝트와 관련해서 협조부서의 도움을 청하는 건

동시에 리더는 각 구성원의 프로파일 및 1on1 내용을 정리할 노트를 준비하라. 온라인이나 컴퓨터에 기록하는 것도 좋다. 1on1을 중요하게 생각하는 회사라면, 회사 인트라넷에 1on1의 주요 항목을 기록하고 팔로우업하는 시스템이 구축되어 있을 것이다. 나만의 노트를 준비할 경우 구성원별로 다음의 자료가 분류되어 있으면 관리하기가 편하다. 즉, ①구성원의 기본 인적 사항 및 경력, ②준비될 수 있다면 성격 및 성향 진단(MBTI, 버크만 메소드, DiSC 등), ③(앞서 언급한)강점 질문 시트, ④미래 희망 커리어를 적는 시트 ⑤매 세션을 정리한 시트(일시, 오늘의 주제, 나눈 내용, 이후 할 일과 도울 일, 다음 일정 등) 등이다.

1on1 과정에서 해야 할 것

1on1의 시간을 통해 우리는 세 가지의 목적을 달성할 수 있다고 했다. 신뢰 관계를 조성하고, 구성원의 생산성과 성과를 증대시키며, 조직에서 내가 모르는 무지의 영역을 해소할 수 있다는 것 말이다. 이 목적을 달성하려면 다음의 사항을 염두해두자.

첫째, 5분 전부터 준비한다. 가능하다면 대상자를 만나기 5분 전부터는 이 구성원에 대한 정보, 생각, 지난 1on1의 내용 및 실행과제 등을 보면서 준비하자. 구성원은 준비를 하고 들어오는데, 리더가 아무 준비 없이 들어온다면, 그 간극으로 쉽사리 자신의 이야기를 꺼내기 어렵다.

또한 어떤 스몰 토크로 말문을 열지도 생각해본다. 그 구성원의 관심사, 예를 들면 구성원이 관심을 갖고 있는 취미, 좋아하는 계절, 요즘 즐겨보는 프로그램 등과 같이 좋은 분위기로 시작할 수 있는 짧은 이야기를 준비한다.

둘째, 말할 분위기를 만들자. 상사를 만날 때 당신은 어떤 분위기에서 자신의 이야기를 더 하게 되는가? 그 생각을 해보면서 분위기를 조성하기 위한 항목들을 정리해보자. 제일 중요한 것은 '내 이야기에 집중하고 있는가?'일 것이다. 핸드폰의 알람을 끄고 심호흡을 하며 대상자를 맞이해야 한다. 어차피 한순간에 하나의 일밖에 하지 못한다.

셋째, 1on1에 대해 명확히 이해할 수 있는 멘트를 하라. "지금은 오롯이 ○○님의 고민을 함께 나누는 시간이예요. 내가 지시하거거나 가르치는 시간이 아닙니다. ○○님의 이야기를 잘 듣고 싶고, 내가 도울 수 있는 것이 있다면 돕고 싶어요."라고 말할 수 있다.

넷째, 깊게 경청하라. 리더가 경청한다는 것은 구성원이 말을 많이 하고 있다는 증거다. 1on1이 매우 잘 진행되고 있음을 알리는 좋은 신호다. 경청할 수 있는 방법은 구성원이 가져온 아젠다에 대해 질문하는 것이다. 질문은 앞서 언급한 GROW프로세스로 질문 리스트를 참조하라. 경청 방법은 11장 '경청, 어디까지 가봤는가'를 참조하라. 경청과 질문을 연결해서 사용하라.

다섯째, 평상시 관찰한 것을 아젠다로 활용하라. 좀 더 깊은 1on1이 되려면 평소에 구성원을 관찰하고 메모해 둘 필요가 있다. "어제부터 얼굴이 어두운 것 같아서 무슨 일 있나 걱정이 되었어. 듣고 싶은데 이야기해줄 수 있나?" 혹은 "지난 번 회의 때 과제 점검하면서 톤이 높아지던데, 뭔가 힘들고 억울한 일이 있나 싶어서 궁금했었어."라고 관찰한 내용으로 대화를 시작할 수 있다.

여섯째, 피드백하라. 피드백은 긍정적 피드백과 건설적 피드백이 있다. 긍정적 피드백은 13장 '제대로 된 칭찬은 일생에 한 번만 들어도 된다'를, 건설적 피드백은 19장을 참조하라. 가장 중요한 것은 '관점perspective'를 나눈다는 점이다. '내가 옳아'가 아니라 '나의 관점은 이러한데, 당신의 관점은 어떠한지' 묻는 식으로 대화하는 것이다. 그리고 피드백의 초점은 구성원과의 신뢰와 성공을 위해 나누는 것임을 꼭 기억해야 한다.

일곱째, 실행을 확인하고 추후 관리하라. 그저 좋은 대화로 끝나면 안 된다. 모든 대화는 실행 계획을 도출해야 한다. 강점을 나눈 1on1이라 해도, 그 강점을 한 주 동안 어떻게 현업에 적용해볼지 실행계획을 세우도록 도와야 한다. 약속한 시간에 마쳐야 하며 마치면서 감사 인사는 필수 코스다.

이후 1on1에서 도와주기로 한 사항에 대해서는 실무과정에서 도움을 확실하게 줘야 한다. 또한 다음 1on1에서는 실행하기로 한 내용을 점검하는 것으로 시작해야 한다.

휘발유가 다 떨어져 가는데 너무 바빠서 주유소에 들르기 어려운 때가 있다. 어제 저녁에 미리 채워두었어야 했는데 후회하며 말이다. 사실 우리 리더들은 너무 바쁘다. 구성원과 만나는 1on1을 위해 시간을 내기가 쉽지 않고, 빠르고 효율적인 문제해결만 찾던 리더들에게 1on1의 부드러운 대화는 낯설고 어렵다. 그런데 어제 휘발유를 넣어두었으면, 오늘 해야 할 일에 대해서만 집중할 수 있었는데, 어제 준비하지 못한 것 때문에 치명적인 시간 누수가 생긴다. 조직도 마찬가지다. 조직이 정말 중요한 탄력을 받아야 할 때, 집중할 수 있는 구성원들이 준비되어 있다면 얼마나 좋을까. 그래서 서툴지만 시도해봐야 한다. 기름을 빵빵하게 넣은 차라면, 기름 걱정 없이 목적지와 그 여정만 신경 쓰면 된다. 그 시간이 당신에게 올 것을 기대하라.

셀프 코칭

다음의 질문에 답하면서 구성원과의 1on1을 계획해봅시다.

Q1. 당신은 다음의 사항에 동의하나요?

"내게 멘토링해주는 실력 있는 멘토가 있었다면, 나의 몰입, 성과, 역량은 지금보다 훨씬 더 높았을 것이다. 구성원의 몰입, 성과, 역량을 키우는 것이 조직 역량을 키우는 것이며, 이를 위해 1on1에 시간을 할애하는 것을 우선순위로 가져야 한다."

[당신은 어떠한가?]

- 동의한다. 시간을 기꺼이 내겠다.
- 동의한다. 그러나 시간을 전폭적으로 내기는 힘들다. 작은 시도를 해보겠다.
- 동의하지 않는다. 아직은 시기상조이다.

Q2. 동의한다면 1on1에서 누구(대상)와, 얼마나 자주(빈도), 어떤 내용(콘텐츠)을 다루고자 하나요? 계획해보고 조직에 알리고 스케줄링에 반영하세요.

① 대상 ______________________________

② 빈도 ______________________________

③ 콘텐츠 ______________________________

[참고]

- '과거'에 대한 1on1: 과거의 경험 속에서 구성원의 강점을 찾아보는 것.
- '미래'에 관한 1on1: 3년 혹은 5년 뒤의 커리어에 대한 고민을 함께해보면서 지금의 직무와 연결해보는 경력 개발 코칭.
- '현재'는 지금 직무를 해결해 나가면서 과제를 해결하고 이를 통해 역량을 강화하는 것.

Q3. 1on1을 1년간 지속했을 때 나타날 수 있는 1년 뒤 조직의 모습은 어떠할까 상상해보세요.

11

경청, 어디까지 가봤는가?

현장 에피소드

저희 전무님께서 최근에 종료된 프로젝트의 리뷰review 과정에 관해 코치님과 상의해보라고 하시네요. 사실 저희는 그 프로젝트를 시작할 때부터 실패를 예상했었습니다. 너무도 도전적인 목표가 주어졌기에, 그에 걸맞은 과감한 리소스 투입이 필수적이었음에도 그러지 못했거든요. 저를 포함한 실무자들이 여러 방면으로 설득해 봤지만 결국 충분한 지원을 얻지 못한 채 프로젝트는 시작되어 버렸습니다.

그런 상황이다 보니, 어떻게든 해 보려는 저희 노력에도 불구하고 성과는 잘 나오지 않았고 결국 경영진은 그동안 '되지도 않을 일'을 '되는 척' 속여 왔다며 저희를 질책하기 시작했습니다. 그래서 끝내 프로젝트를 종료시키고 사후 분석을 하게 된 것이구요.

경영진의 잘못된 판단으로 발생한 일인데 왜 고생만 했던 저희들이 실패의 이유를 찾아야 하고 반성을 해야 하는지 모르겠습니다. 저희가 어떻게 하면 좋을까요?

대부분의 고위 임원들은 도전 의지가 강하다. 하지만 그 과정에서 상사의 요구만 경청하는지, 아니면 실무자들의 요구까지 충분히 경청하는지에 따라 그 결과는 크게 달라진다. 상사의 요구만 경청하는 임원은 실무자들의 이야기를 잘 듣지 않는다. 그들이 이야기하는 어려움이라는 것들이 안일한 변명이라 생각하기 때문이다. 그래서 좋은 말로 가르치거나, 화를 내는 방식으로 소통하며 일을 진행한다.

반면 실무자의 요구까지 경청하는 리더는, 비록 그 여정이 더딜지언정 지속가능한 도전을 가능하게 만든다. 그들에게는 두드러진 두 가지 차원의 역량이 있다. 첫째는 상사뿐 아니라 구성원들도 '고객'으로 생각한다. 회사의 성과에도 기여하면서, 구성원들도 만족할 수 있는 방법을 치열하게 고민한다. 둘째는 설득력이다. 상사에게 무조건 맞추기보다는 필요한 리소스를 추가로 요청하기도 하고, 진행 중에 무리하게 기한을 앞당기거나 방향을 틀지 않게 소통한다. 동시에 구성원들에게는 이렇게 힘든 일을 왜 해야 하는지, 그리고 그것을 해낸다면 구성원들에게는 어떤 이득이 있는지를 끊임없이 전달하고 공감을 얻어 낸다.

이 모든 여정에 필수적인 것이 경청이다. 표면적인 것뿐만 아니라 이면의 필요와 욕구까지 들을 수 있어야 한다. 그래서 경청은 평생에 걸쳐 이뤄 나가야 할 리더의 중요한 과업이다.

경청의 기본 원칙을 기억하라

일을 마치고 집에 들어가자 배우자가 이런 하소연을 한다고 가정해 보자.

"아까 주차하다가 옆 차를 약간 긁었어. 전화를 했더니, 차주가 와서 보고는 범퍼를 교체하겠대. 다른 곳에도 이미 흠집이 많아서 도색만 해도 될 것 같은데, 무조건 교체해 달라네. 같은 아파트 사는 이웃인데 어떻게 그럴 수 있지?" 당신은 이 이야기가 어떻게 들리는가?

첫 번째는 사건이 들리는 단계다. 문제는 사건만 듣게 되면 판단이 개입될 가능성이 높아진다는 것이다. "옆 차를 긁었다고? 내가 주차할 때 주변을 잘 살피라고 몇 번을 말했어! 조심 좀 하지!"

두 번째는 상대의 마음도 들리는 단계다. 마음에는 두 가지가 있다. 사건을 경험했을 당시의 마음과 그리고 이야기를 전하는 지금의 마음이다. 마음을 들었을 때는 표현해 주어야 한다. "옆 차를 긁었어? 많이 놀랐겠다. 게다가 그 사람이 그렇게 나오기까지 했으니 지금 엄청 속상하겠네."

세 번째는 긍정적 의도까지 들리는 단계다. "그 사람을 어떻게 설득하면 좋을지 고민이라는 거지?"라고 말할 수 있게 되는 것이다.

경청에는 '귀'와, '입'과 '마음'이 필요하다. 세 번째 단계에 이르고 싶다면 지금부터 이야기할 경청의 기본 원칙을 명심하기 바란다.

경청의 1원칙 '비언어적인 경청부터 챙겨라'

코치로서 만났던 분 중에 아주 진지한 팀장이 있었다. 내 말을 놓치지 않으려고, 최선을 다해 집중하고 있는 것이라는 걸 알면서도 그의 표정을 보면 자꾸만 확인하게 되었다. "지금 화나신 거 아니죠?"

시각은 매우 예민한 감각이다. 그래서 '무엇을 말하는가'만큼 '어떤 모습으로 말하는가'도 중요하다. 하지만 리더들은 내용에 너무 집중한 나머지 자신이 어떤 모습으로 듣고 있는지를 종종 인식하지 못한다. 상대방이 편안한 마음으로 말하게 하려면 우선 비언어적인 부분부터 '경청 모드'로 전환하는 것이 필요하다.

첫째는 편안한 얼굴을 만드는 것이다. 내면은 차갑고 날카롭더라도 눈빛만큼은 맑고 선해야 한다. 그게 어떻게 가능할까? 일단 눈에 힘을 풀어 부드럽게 떠야 한다. 약간 웃기 직전의 눈 모양이라고 생각하면 쉽다. 시선 처리도 중요하다. 상대와 1:1로 이야기를 나눌 때는 눈썹 사이를 보면 좋지만 한국 사람들은 너무 꿰뚫어 보면 힘들어하는 경향이 있으니 코를 잠시 보거나 아래로 시선을 잠시 두는 것도 방법이다.

둘째는 잘 듣고 있다는 것을 몸의 제스처로 표현하는 것이다. 고개를 끄덕이는 것이 대표적이다. 이때 고개를 너무 세게 혹은 빠르게 흔들면 '알아들었으니 그만 말하라'는 표현으로 들릴 수 있다. 말을 계속 청하는 상황이라면 고개도 천천히 끄덕여주는 게 도움이 된다.

좀 더 깊은 제스처는 그 사람이 하는 행동을 20~30% 정도 따라하는 것이다. 예를 들어 상대가 컵에 있는 물을 반복적으로 마신다면 나도 두세 번에 한 번 정도 물을 마신다거나, 상대가 턱을 괴고 있다면 나도 한 번쯤은 턱에 손을 대어 보는 것이다. 이런 상황에서 상대방은 무의식 중에 '공통점이 있다'는 이유로 편안함을 느끼게 된다.

경청의 2원칙 '들은 것을 입으로 들려준다'

경청은 귀뿐만 아니라 입으로 해야 한다. 상대가 말한 것을 되돌려 주라는 것이다. "팀장님 말씀은 고객 요청에 따라 설계가 변경되었으니 마케팅, 영업 그리고 재무팀에 통보해주라는 말씀이죠? 이것 외에 놓친 것이 있을까요?" 만약 당신의 부하직원이 이렇게 묻는다면 어떨 것 같은가. 일단 잘 알아들어서 기분이 좋다. 일을 확실히 하려는 주도적인 자세도 마음에 들고, 앞으로 문제가 생겨도 숨기지 않고 이야기할 것 같은 신뢰도 생긴다. 이 역할을 당신이 해보는 것이다.

상대가 말한 것을 요약해 다시 말해주는 것은 생각보다 쉽지 않다. 우리는 대개 상대의 말이 끝난 뒤에 내가 할 이야기를 준비하느라 제대로 듣지 못하기 때문이다. 하지만 우리가 겪게 되는 어려움은 상대방의 말만 잘 들으면 많은 부분 해결할 수 있다. 그래서 입으로 경청하기는 흔한 말 같지만 너무도 중요한 원칙이다.

경청의 3원칙 '말 속에 담긴 긍정적 의도를 찾아라'

리더십 평가 상위 1%인 G상무는 자신의 영향력의 비법이 경청과 관찰이라고 말한다. 그 사람의 말만 듣는 것이 아니라, 그 속에 있는 긍정적인 의도와 원하는 것을 들으려 한다는 것이다. 굉장히 고도의 경청 기술이다.

이 고도의 경청 기술을 빙산에 비유해보자. 상대방의 말은 빙산의 표면이다. 수면 아래에는 그 사람의 감정과 의도가 깃들여 있다. 팀장 중 하나가 "요즘 구성원들은 다른 사람들의 일에는 관심이 없어요."라고 말한다. 단순한 넋두리로 보고 맞장구칠 수도 있지만, 왜 저런 말을 하는지 빙산의 수면 아래를 들여다보면 팀장의 감정과 의도를 읽을 수 있다. "다른 사람 일에도 관심을 가졌으면 하는데 요즘 구성원은 그렇지 않다는 거죠?(내용 듣기) 그 모습 보면 답답하고 아쉽겠어요.(기분 듣기) 팀장님 말씀은 어떻게 하면 구성원이 다른 사람 일에도 관심 갖게 할까 그게 고민이란 말씀이신 거죠?(의도 듣기)" 이렇게 입으로 경청할 수 있다면 대화는 상상 이상으로 생산적으로 전환된다.

[그림 11] 경청 기술

출처: 하우코칭의 'AAA코칭 리더십' 중 경청 기술

이것을 공식처럼 만든 것이 'Rail(철도)'기법이다. 상대방과 나 사이에 철도를 놓으면, 단숨에 상대에게 도달할 수 있다는 의미를 가지고 있다. 'Rail'기법은 Recap(내용 듣기), Affect(기분 듣기), Intention Listening(의도 듣기)의 머리글자를 따서 만들었다. 매번 세 가지 요소를 모두 언급할 필요는 없다. 때로는 내용 듣기만, 때로는 기분 듣기만, 때로는 의도 듣기만 할 수 있다.

경청의 4원칙 '사실 지향적 경청과 관계 지향적 경청을 구분하라'

오래 전 필자는 출산을 앞두고 미용실로 향했다. 한동안 머리에 신경을 쓰지 못할 것이기에 웨이브를 굵게 해 달라고 했는데, 막상 집에 와 보니 생각보다 너무 이상해서 신경이 쓰였다. 남편을 보자마자 머리카락이 너무 꼬불꼬불하지 않냐고 물었다. 그 때 남편은 사실에 충실하게 '그렇다'고 답했고, 그 시간 이후로 그는 자신의 말이 그런 뜻이 아니었다고 변명하느라 진땀을 뺐다.

감수성 훈련의 대가이자 필자의 스승인 유동수 선생은 사실 지향적 내화와 관계 지향적 대화를 구분해야 한다고 주장한다. 즉 사람들의 이야기를 들을 때 정확한 사실을 주고받아야 하는 사안인지, 관계를 돈독하게 하기 위한 상황인지에 따라 다르게 접근해야 한다는 것이다.

앞선 일화에서 필자의 남편이 관계를 돈독하게 하기 위한 대화로 경청했다면 어떻게 반응했을까. '지금도 괜찮지만 며칠 지나면 자연스러워질 것'이라는 등의 반응을 보였을 것이다. 사실에서 벗어나는 답을 한들 어떠한가. 사실을 왜곡했다고 문제가 생기지 않는 상황인 것이다. 반면 사실 지향적인 정보를 주고받는 경청을 해야 할 때도 있다. 이 주식이 상승장이니 여기 투자해야겠다는 이야기를 들었다면, 내가 아는 사실을 재빠르게 말해줘야 한다.

그렇다면 언제 관계 지향적 경청을 해야 하고 언제 사실 지향적 경청을 해야 하는 것일까. 그것은 어떤 상황이나 혹은 어떤 사람과 대화를 하느냐에 따라 달라진다. 다만 이해를 돕기 위해 평균 잡아 이야기한다면, 직장에서는 '관계 지향적 경청 : 사실 지향적 경청'을 3:7 정도의 비율로 가져가는 것이 좋고, 가정에서는 반대로 7:3 정도가 좋을 것이다.

많은 신임 리더들이 이런 고민을 털어 놓는다. "지금까지 업무 관련 커뮤니케이션을 참 잘한다고 생각했는데, 리더가 된 이후로는 사람들과 대화하는 것이 왜 어렵고 힘든지 모르겠습니다." 그동안 그가 실무자로서 잘했던 커뮤니케이션은 사물이 중심인 대화였을 것이다. '무엇'을 해야 하는지를 분석하고 설명하는 것 말이다. 하지만 이제는 기존의 대화만큼이나 사람 중심의 대화도 많이 해야 한

[그림 12] 관계 지향적 대화와 사실 지향적 대화의 차이점

구분	관계 지향적 대화	사실 지향적 대화
목적	친밀감, 신뢰감의 조성	지식이나 정보의 전달
입장	상대방의 입장	자기 입장
수단	공감, 수용, 칭찬, 인정	설명, 설득, 대결, 지적
길이	비교적 길다.	간단명료하다.
진실성	반드시 진실해야 하는 것은 아니다.	진실해야 한다.
대화의 초점	분명하지 않을 때가 많다.	분명할수록 좋다.

출처: AAA코칭리더십, 하우코칭

다. '누가' 어떤 상황인지, 어떤 것을 도와주어야 하는지 파악하고 조치하는 일이다.

복기와 관찰은 매우 도움이 된다. 회의를 마친 후 대화를 복기해 보면서, 관계 지향적으로 경청했어야 하는 말이 있는지 찾아보는 것이다. 혹은 긴장이 고조되는 회의에서 분위기를 부드럽게 만드는 사람이 있다면, 그가 무엇을 경청했기에 그런 따뜻한 말을 하게 되었는지 관찰하는 것도 도움이 될 것이다.

경청의 확장 ① 성과를 위한 경청

경청이 고성과팀의 핵심이다

리더의 경청이 얼마나 중요한지 단적으로 볼 수 있는 연구가 있다. 로사다와 히피Losada&Heaphy는 연구(2004)를 통해 고성과팀과 저성과팀을 구별하는 요인을 도출하고자 했다. 우선 60개 조직을 선발하여 이익, 고객만족도, 360도 리더십 평가의 세 가지 요인에 따라 고성과, 중간성과, 저성과 그룹으로 나누었다. 그리고 전문가들에게 각 팀이 어떤 그룹에 속하는지 알려주지 않은 채 상호작용에서의 차이점을 판별하게 하였다.

연구 결과 고성과팀과 저성과팀은 네 가지 차원에서 큰 차이를 보였다. 사전에 고성과팀들으로 분류된 팀들은 ①긍정적인 발언 비율이 높았고, ②타인의 의견을 듣고자 했으며, ③조직 내부만이 아니라 외부의 상황에도 민감했고, ④주변과의 네트워크도 활발했다. 반면 저성과팀들은 부정적 발언이 압도적으로 많았으며, 다른 사람의 의견을 듣기보다는 자신의 주장을 관철하려는 빈도가 매우 높았고, 외부의 시선이나 상황에 대해서는 아랑곳하지 않고 내부에만 초점을 두었으며, 협업이나 네트워크 빈도도 상대적으로 적었다.

이 중 경청과 직접적인 관련이 있는 것은 두 번째 요인, '탐색하기 vs 주장하기'이다. 고성과팀의 리더는 탐색하기와 주장하기의 비율이 거의 반반(1.1 대 1)이었던 반면, 저성과팀의 리더는 이 비율이 0.05 대 1이었다. 자기주장을 100번 할 동안 상대 의견을 탐색하는 것은 5번밖에 하지 않는다는 것이다. 이런 리더는 자신의 관점만이 옳다고 생각하며 구성원의 목소리를 들으려 하지 않는 마인드셋을 가지고 있을 확률이 높다.

이런 결과는 '나는 옳고 너는 옳지 않다'는 패러다임에서 나온

[표 7] 고성과팀과 저성과팀의 상호작용 차이

항목	팀 수행(이익, 고객만족도, 360도 평가)		
	높은 수행(15팀)	중간 수행(26팀)	낮은 수행(19팀)
긍정적인 발언 비율 지지적, 지원적, 존중적 vs 비판적, 비난적, 모순적	5.6 대 1	1.8 대 1	0.36 대 1
탐색/주장하기 탐색하기 vs 주장하기	1.1대 1	0.67 대 1	0.05 대 1
타인/자신 비율 외부 초점 vs 내부 초점	0.94 대 1	0.62 대 1	0.03 대 1
연결도 평균 상호 영향, 지원 및 접촉	32	22	18

출처: 《긍정에너지 경영》, 킴 캐머런 지음, 김명언 옮김, 지식노마드, 2009.

다. 지각하는 경우를 예로 든다면, 자신은 성실하고 정직한 사람이기 때문에 자신이 지각할 때는 그럴 수밖에 없는 이유가 있다. 그러나 구성원이 지각했다는 것은 그의 불성실함의 결과라 생각한다. 그러다 보니, 사건을 해결하기 보다는 사람을 비난하게 되는 경우가 생긴다. 만약 '나도 옳지만, 너도 옳다'라는 패러다임을 가지고 있다면, 구성원이 실수를 하는 경우 화가 날 수는 있어도 궁극적으로 '너도 나름대로 열심히 했을 텐데, 실수가 있었다면 그만한 이유가 있겠지. 왜 그렇게 됐는지 살펴보자.'하는 마음으로 사건을 해결하려 노력하고 결국 전화위복의 계기로 만들 수 있을 것이다.

이런 패러다임의 차이는 긍정적인 발언의 비율에도 큰 차이를 만든다. 표에서 보듯 긍정적인 발언의 비율은 고성과팀과 저성과팀을 가르는 첫 번째 요인이다. 고성과팀의 리더는 부족함이 있어도 지지하고 지원하고 존중한다. 잘 하고자 노력했지만 잘 안 된 것이라고 전제하기 때문에 가능한 상호작용이다.

사실 긍정 발언의 비율은 워싱턴 주립대학교 교수인 존 가트만 Gottman이 행복한 부부에 대한 연구 결과로 제시하면서 알려졌다. 가트만 교수는 35년 가까이 3,000쌍 이상의 부부 대화를 연구해 본 결과, 부부의 긍정적 발언과 부정적 발언의 비율이 5대 1인 경우 안정된 결혼 생활을 할 수 있다는 결과를 내놓았다. 대상에 따라 혹은 문화에 따라 조금씩 다른 숫자를 제시하는 연구도 있지만, 독자들께서는 5대 1을 번영의 숫자로 기억하면 좋겠다. 부부관계, 부모 자녀 관계, 그리고 회사에서도 5대 1을 적용하자. 주의할 것은 무조건 긍정적 대화만 하라는 것이 아니다. 발전과 성장을 위해 건설적 피드백을 하되, 반드시 5대 1의 비율을 유지해야 한다는 것이다.

덧붙이자면, 고성과팀을 만드는 세 번째(외부 초점)와 네 번째(네트워크) 요인도 경청을 기반으로 한다. '내가 부족한 측면이 있을 수 있으니까', '우리가 놓치는 것이 있을 수 있으니까', '어떤 면에서는 상대가 더 전문가니까' 외부에도 관심을 두고 항상 경청하려 애쓴다. 지금처럼 변화에 애자일하게 대처해야 하는 VUCA 시대에서는 경청의 중요성이 더 커질 수밖에 없다.

말하는 것 너머까지 경청해야 한다

R&D 조직에서 시니어 구성원 때문에 고민이 많았던 팀장은 이런 고백을 했다.

"그 친구는 자기 연구 실적에만 관심을 쏟아요. 조직에 필요한 이런저런 일도 해야 한다고 말을 해도 좀처럼 듣지를 않거든요. 그래서 그가 너무 이기적인 사람이라고만 생각했는데, 코치님과 이야기를 하다 보니 제가 우리 팀의 정체성과 미션에 대해 좀 더 명확히 설명했어야 했다는 생각이 드네요. 매 분기 성과리뷰를 할 때, 우리 팀의 목표와 그 친구의 업적이 어떻게 연결되는 것 같냐고 물어 봐야겠어요."

그렇다. 구성원의 태도만 탓하거나 성과만 봐서는 안 된다. 그런 태도와 성과가 무엇으로부터 나온 것인가를 정확히 들을 수 있어야 한다. 리더들이 더 들어야 할 이야기에는 무엇이 있을까. 《리더십 파이프라인》에 나와있는 항목들을 참조하여 정리해보았다. 직접적으로 물어서 듣는 방법도 있고, 미팅 중에 관찰해볼 요소로 체크해볼 수도 있다.

① 회사 전략과 우리 조직의 정렬

- 구성원은 회사의 전략, 수익모델, 외부의 경쟁 정도와 상태를 알고 있는가?
- 구성원은 회사 전략과 관련한 우리 조직의 내부 전략, 일의 우선순위를 제대로 이해하고 있는가?

② 고객과 고객 니즈에 대한 이해

- 우리의 고객은 누구인가?
- 각 고객의 니즈는 무엇인가?
- 고객이 우리를 찾는 이유를 이들은 이해하고 있는가?

③ 우리 조직의 강점과 개발점에 대한 이해

- 우리 조직의 미션을 달성하기 위해 가지고 있는 역량과 강점은 무엇인가?
- 우리 조직의 미션을 달성하기 위해 개발이 필요한 역량은 무엇인가?
- 우리 조직은 효율적인가?
- 구성원들끼리는 협의·협조·협력하는가?

④ 양방향 소통 여부

- 나의 관심과 당부가 실무자들에게 제대로 전달되고 있는가?
- 구성원들의 생각과 아이디어가 리더들에게 제대로 전달되고 있는가?
- 혁신이 일어나고 있는가? 중간리더의 편협된 필터로 인해 아이디어가 누락되지는 않는가?

⑤ 구성원 과업

- 구성원의 과업이 원활하도록 의사결정이 적시에 이뤄지고 있는가?
- 그들이 직면한 문제점들은 무엇인가? 어떤 장애물들이 있는가?
- 말하지 않는 것들이 있는가?
- 이번 일을 통해 구성원이 노력한 부분은 무엇인가? 어떤 부분에서 진보가 일어났는가? 이 진보가 구성원에게 왜 중요한가?

이외에도 특정 상황에 대해 듣고자 한다면 질문을 준비해야 한다. 이런 질문을 할 때는 거시적 측면부터 미시적 측면까지 질문함으로써 다른 사람의 시각을 경청할 수 있다. 《90일 안에 장악하라》라는 책에서는 신임 임원이 구성원들과의 면담에서 꼭 물어야 할 다섯 가지를 제시하고 있는데, 좋은 예시다.[22]

- 우리 조직이 당면한 가장 큰 과제들은 무엇인가?
- 그러한 과제에 부딪히게 된 이유는 무엇인가?
- 조직의 성장을 위한 기회들 가운데 아직 활용되지 않은 기회는 무엇인가?
- 이러한 기회들을 이용하기 위해 조직은 어떻게 해야 하는가?
- 만약 당신이 나라면 어디에 관심을 집중하겠는가?

참 지혜로운 질문들이다. 외부적 관점과 전략으로 조직을 세팅하기 전에, 내부 구성원의 시각에서 조직의 상태를 점검해볼 수 있는 질문이다. 질문을 받는 구성원의 입장에서는 자신의 의견을 궁금해한다는 존중감을 느끼게 된다. 상황마다 리더는 내가 무엇을 경청해야 할지 이것을 듣기 위한 방법은 무엇인지 고민해야 한다.

경청의 확장 ② 구성원 성장을 위한 경청 '룩백에서 경청할 것들'

조직의 가장 큰 관건은 구성원의 성장이다. 구성원의 성장만큼 조직 역량이 달라지기 때문이다. 구성원을 성장시킬 수 있고 확인하는 중요한 개입이 과업이 끝난 이후의 리뷰 혹은 룩백이다. 룩백에서 리더는 무엇을 경청해야 할까? 좀 더 들어가 보자.

룩백에서 경청할 것 '실무자들은 룩백을 어떻게 인식하는가?'

소위 저성과자라 불리는 구성원의 특징 중 하나는 '인과성'을 추론하지 못한다는 것이다. 자신이 원하는 결과를 얻기 위해 어떤 노력들이 있어야 하는지를 정확히 알지 못한다. 그래서 '열심히 했는데 성과가 없는' 상태가 된다. 반면 고성과자라 불리는 구성원은 자신이 원하는 결과를 얻기 위해 어떤 원인이 있어야 하는지를 추론하는 능력이 뛰어나다. 실패를 했을 때도 마찬가지다. 실패가 어떤 원인에 의해 발생했는지 빠르게 파악하고, 다시는 같은 원인으로 실패하지 않기 위해서 필요한 조치를 취한다.

저성과자들의 인과성 추론 역량을 높이는 좋은 방법이 룩백이다. 우선 결과와 원인들의 인과성을 학습할 수 있다. 성공 또는 실패의 원인이 무엇인지 정확히 아는 것이다. 둘째는 실패를 반복하지 않기 위해서 무엇을 학습하고 보완해야 하는지를 깨닫고 실행할 수 있다. 세 번째로 우리는 모두 일을 하면서 계속 배워나가는 여정에 있다는 것을 인식시키는 것이다.

리더는 이런 목적을 잘 설명하고 그들의 목소리에 귀를 기울여야 한다. 현장 에피소드에 나온 것처럼, 실패한 일을 두고 리더가 룩백을 하자고 할 때, 실무자들이 느끼는 두려움과 저항이 크기 때문이다. 예를 들면 포스트잇에 룩백이라는 말을 듣고 떠오르는 단어들을 적어보게 하고 그 단어들에 대해 허심탄회하게 이야기를 나누는 것부터 시작하는 것도 좋은 방법이다. 책임자를 추궁하려는 것이라는 불안과 저항을 깨지 못한다면 룩백은 시간 낭비가 될 수 있다.

룩백에서 경청할 것 '목표가 명확해야 룩백도 명확하게 할 수 있다'

룩백을 하려면 원래 하려던 것이 무엇인지 명확해야 한다. 또한 하려던 것이 단일 목표 혹은 정량화된 것에만 국한되면 룩백은 책임 추궁처럼 흘러갈 가능성이 크다.

예를 들어 보자. 목표가 '상용화' 하나뿐이고, 결과적으로 상용화하지 못했다면 그 프로젝트는 실패한 것이 된다. 그동안 들인 돈과 시간이 많으면 많을수록 추궁에 대한 두려움은 커진다. 그리고 구성원들은 다음 스텝을 고민하기보다는, 내 탓이 아님을 증명하기 위해 애를 쓰게 된다.

그러나 상용화까지 가는 단계를 세분화하거나 다양한 측면에서 목표를 설정한다면, 다음 스텝을 기약할 수 있는 힘이 생긴다. 다양한 측면의 목표란, 예를 들면 관련 기술의 축적, 애자일한 협업, 의사결정의 효과 및 효율, 고객 니즈에 대한 집착 등과 같은 것을 하위 목표로 두는 것이다. 그렇게 되면 프로젝트를 진행하는 방식이 달라질 것이다. 그리고 결국 상용화에는 실패하더라도 축적된 기술과 효율적인 의사결정 방식을 자양분으로 삼을 것이고 다음을 기약할 수 있는 힘을 갖게 될 것이다.

룩백에서 경청할 것 '룩백의 프로세스를 따라가라'

룩백에 가장 좋은 모델은 AAR이다. AAR은 After Action Review의 약자로, 미 해군에서 주로 사용했던 프로세스인데, 조직에서도 많이 사용한다. 세부적인 질문은 4단계로 이뤄져 있다.

[그림 13] AAR의 4단계

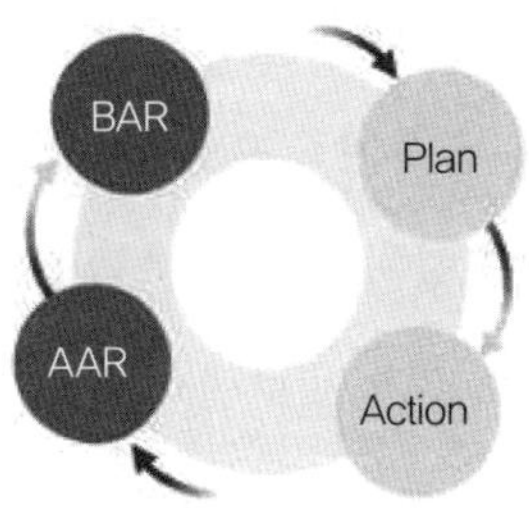

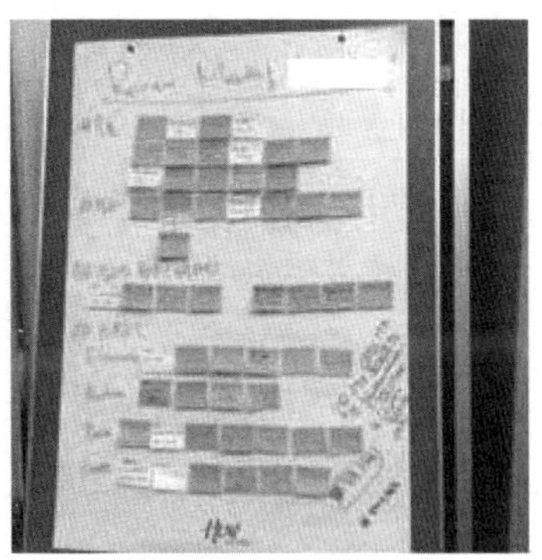

포스트잇을 통해 AAR단계별로 자신의 생각을 표현해보도록 합니다.

- 목표는 무엇인가?
- 실제 결과는 무엇인가?
- 결과의 원인은 무엇인가?
- ERRC*한다면?

[그림 13]은 필자의 회사에서 대형 프로젝트를 수주하려고 노력했지만 고배를 마시고 나서 AAR을 진행한 결과물이다. 실패한 프로젝트에 대해 논의하자 하니 구성원들은 말하기 어려울 것이기에 포스트잇을 붙여가며 의견을 나눴다. 역시 AAR의 4단계로 의견을 적어보도록 했다.

첫 번째는 우리 과제의 목표가 무엇인지 적어보는 단계이다. 목

* ERRC는 Eliminate(제거), Reduce(감소), Raise(증가), Create(창조)를 말한다.

표는 수주하는 것이었지만, 그것 외에도 중요한 목표들이 더 있었다. 필자는 구성원들에게 이렇게 말했다.

"이번 프로젝트를 수주하는 게 가장 중요한 목표였지만, 제게는 또 다른 목표도 있었습니다. 이번에 경력직으로 입사한 C매니저가 이 프로젝트를 하면서 우리 회사의 전체 솔루션을 이해하고 구조화하는 계기가 되는 것이 내게 중요한 목표였어요. 여러분도 이 프로젝트를 하면서 세 가지 측면, 즉 학습과 성장, 프로세스 개선, 고객 만족이라는 측면에서 목표를 생각해보고 포스트잇에 적어보세요."

왜 제대로 준비하지 못했냐고 야단칠 것 같았던 대표가 원래의 목표에 대해 다시 한번 생각해보자고 제안하니, 구성원들의 두려움은 사라지고 플립차트에는 15개의 포스트잇이 붙게 되었다. 각자 중요한 목표가 있었던 것이다.

두 번째는 그 목표에 대한 결과를 평가해보는 것이다. 수주에는 실패했지만 나머지 14개 목표에 대해서 어떤 결과를 얻었는지 생각해보는 것이다. 그러자 생각지도 못한 결과를 얻었다는 것을 모두 확인하게 되었다. 필자가 말했던 C매니저의 성장, 구성원들의 협업과 배려, 몇 가지 프로세스의 개선 등 말이다.

세 번째는 좋은 혹은 안 좋은 결과를 갖게 된 원인이 무엇인지 파악하는 것이다. 구성원들이 적어낸 포스트잇에는 수주를 못하게 된 원인 네 가지와 그 밖에 좋은 결과를 갖고 오게 된 네 가지 원인이 적혀 있었다. 구성원들의 인과성을 추론할 수 있는 매우 중요한 순간이다.

마지막이다. 그래서 이후에 ERRC를 한다면 무엇을 어떻게 할지 아이디어를 적어보는 것이다. 구성원들은 제거, 감소, 증가, 창조할 것에 대해 많은 아이디어를 냈고, 그 아이디어는 크게 세 가지로 분류되었다. 이 아이디어 중 즉시 지금부터 해야 할 것과 과제가 떨어졌을 때 해야 할 것으로 나뉘었고 담당할 사람과 기한도 정해졌다. 프로젝트는 실패했지만, 이 실패로 인해 전화위복을 만들 수 있는 계기가 마련된 것이다.

앞서 현장 에피소드도 동일한 방식으로 룩백을 할 수 있다. 룩백 절차보다 더 관심 가져야 할 것은 지금 현재 구성원들이 어떤 마음인지 헤아리고 경청하는 것이다. 노력해보자. 애쓰는 만큼 들릴 것이다.

셀프 코칭

다음의 질문에 답하면서 나의 경청 능력을 키워봅시다.

Q1. 거울을 책상 위에 두고, 전화 받거나 말할 때의 내 모습을 관찰해보세요. 내 표정이 상대의 말하기를 방해하고 있지 않은지 확인하세요. 상대방은 말을 하면서 내 표정과 몸짓 모두 메시지로 받아들이고 있음을 기억하세요.

Q2. 공감적 경청을 잘 할 수 있는 공식 'RAIL'을 연습해봅시다. 구성원이 자신의 상황을 하소연했던 적이 있었나요? 그때를 떠올려 보고 다시 한다면 어떻게 공감적 경청을 해볼지 적어봅시다.

구성원이 하소연한 상황

공감적 경청 'Rail'기법 적용하기

- 내용 듣기(Recap)
- 기분 듣기(Affect)
- 의도 듣기(Intention Listening)

* 습관은 한번에 만들기 어렵다. 단계적으로 계획을 세워보자. 예를 들면 한 달은 내용 듣기만, 그다음 한 달은 기분까지 듣기, 그다음 달은 의도 듣기까지 나눠서 연습해보자.

Q3. 나의 질문 vs 주장의 비율은 어떤가요? 1:1로 만들기 위한 노력은 무엇인가요?

- 현재 나의 질문하기 vs 주장하기의 비율 ____________________
- 1:1로 만들기 위한 노력 ____________________

____

____

Q4. 나는 여러 가지 미팅 과정에서 매크로한 영역부터 마이크로한 영역까지 경청하고 있나요? 무엇을 더 경청하고자 하나요? 본문의 내용을 참조하여 6개월간 더 경청하고자 하는 요소를 적어보세요.

(예. 우리 조직의 강점과 개발점에 대해 경청하기)

____

Q5. 룩백을 계획해봅시다.

- 룩백하고자 하는 과제 ____________________

____

- 방식(1on1 혹은 1onN) ____________________

____

- 이번 룩백을 통해 얻고자 하는 결과물 ____________________

____

- 룩백 방식(예. 대화로, 포스트잇 활용, 퍼실리테이터의 활용 등) ____________________

____

- AAR 4단계에서 신경 쓸 영역 ____________________

____

12

답하는 사회에서 질문하는 사회로

현장 에피소드

참 아이러니합니다. 구성원들의 다면 평가에서 제가 너무 지시만 하고 실무자의 의견은 묻지 않는다는 결과가 나왔습니다. 그래서 이번 분기부터는 질문을 좀 해야겠다 결심했죠. 그래서 회의 때 제 의견을 말하기보다는 실무자가 어떤 의견, 어떤 해법을 가지고 있는지 물었습니다. 그런데 답변을 하지 못하더라고요. 그래서 중간리더를 통해 구성원들이 회의 분위기를 어떻게 느끼는지 넌지시 물었습니다. 그랬더니 제가 '질문'이 아닌 '테스트'를 하는 것처럼 느껴진다고들 합니다. 저는 실무자들이 효율적으로 일할 수 있도록 빠르게 의사결정을 해준 것인데 경청을 안 한다 하고, 경청하기 위해 질문을 했는데 이제는 테스트받는 것 같다고 하니 어떻게 해야 할지 모르겠습니다. 어떻게 질문을 해야 구성원들이 잘 받아들이고 편하게 의견을 이야기할 수 있을까요?

조직문화의 대가 에드거 샤인Edgar Schein은 불확실성이 높은 이 시대의 조직경영을 이어달리기에 비유한다. 이어달리기에는 두 가지가 필요한데, 각 선수가 빨리 달려야 하는 개인 능력과, 배턴을 똑바로 건네는 협력의 조직문화가 그것이다.[23]

이 두 가지 능력을 향상시키기 위한 방안 중 가장 강력한 것이 질문이다. 각자가 빨리 달리려면 구성원의 주도성과 몰입이 살아나야 하는데, 이를 위해서는 구성원의 생각을 묻고 실행하도록 돕는 코칭리더십이 필요하다. 또한 협력을 위해서는 지금 가지고 있는 정보나 자원뿐만 아니라 심리적 차원의 열정 및 염려에 대해서도 질문해야 한다.

그러나 한국인에게 질문하기란 쉽지 않다. 많은 사람에게 회자되는 유명한 일화가 있다. 지난 2010년 G20이 한국에서 처음으로 열렸고, 발언자로 나선 오바마 대통령은 훌륭한 개최를 해준 한국 기자에게 질문 우선권을 줄 테니 질문하라고 한다. 아무도 손을 들지 않자, 통역을 해줄 수 있으니 한국말로 질문하라고 안심시켜준다. 무거운 침묵을 뚫고 한국 기자 대신 자신이 질문하겠다는 중국 기자가 나섰다. 오바마 대통령은 한국 기자에게 질문을 받고 싶다고 했지만, 끝내 질문권은 중국 기자에게 넘어갔다.

우리에게 질문은 왜 이렇게 어려운 것인가? 몇 년 후에 한 다큐멘터리 프로그램을 위해 모인 기자들에게 이 장면을 보여주며 당신이라면 어땠을까 물었다.[24] 기자들은 이구동성으로 말한다. "저라도 어려웠을 거예요." "우리나라에서는 질문도 답이어야 해요."

그렇다. 어려운 답을 맞히는 것처럼, 질문은 '상황에 맞는 높은 적합성'을 가져야 한다는 부담이 우리 머릿속에 깊숙이 자리 잡고 있다. '모든 사람이 궁금해하는 것일까?', '수준에 맞는 것일까?', '정말 답을 끌어낼 수 있을까?'라는 부담 말이다. 그야말로 내가 하려는 질문이 정답이어야 한다는 것이다. 이 깊은 집단무의식은 한국의 관계주의 문화에 기인한다. 집단 속에서 스스로의 자존감과 주체성을 평가하는 관계주의 문화가 한국 사회에서의 질문을 더욱 어렵게 만든다. 이는 편하게 질문을 나누는 조직이 되기 위해서 어느 사회보다 더 많은 노력이 필요하다는 것을 시사한다.

게다가 세대 차이에 대한 두려움이 더 큰 부담을 지운다. 요즘 MZ세대들은 말을 잘 안 한다든지, 그런 식으로 이야기하면 꼰대라는 소리를 듣는다든지 하면서 편을 가른다. 이것은 우리 마음속의 확증 편향을 가중시켜서, MZ세대들은 책임지기 싫어서 자기 아이디어를 말하지 않는다든지, 어차피 답은 정해져 있으면서 상사는 왜 질문하는지 모르겠다는 등의 고정된 간극을 만들고, 서로를 이해할 기회를 놓치게 한다.

조직 내 질문을 나누기 위한 전제와 질문 기술

그렇다면 조직에서 질문을 자유롭게 하려면 무엇이 필요할까? 리더에게 두 가지 접근이 필요하다. 첫째는 리더의 마인드셋 전환이다. 정말 구성원에게 질문하고 싶은지를 스스로에게 물어봐야 한다. 이를 위해 리더인 자신뿐만 아니라 조직 내 집단무의식에 있는

[표 8] 질문을 위한 마음의 전제와 필요한 질문 기술 요약

리더의 마인드셋(마음의 전제)	리더에게 필요한 질문의 기술
전제① 함께 하는 사람들의 아이디어가 필요하다.	• 의견을 진짜 듣고 싶어 하는지 스스로에게 질문하기 • 실무자가 그 질문의 주인이 되게 질문하기 • 답을 해준 사람들과 공을 나누기
전제② '내가 엉뚱한 얘기를 해도 나에 대한 평가나 관계에는 문제가 생기지 않는다'라는 심리적 안전감의 환경을 조성해야 한다.	• '문제'뿐만 아니라 '그 사람'에 대해 질문하기 • 대화를 연결하기 • 일의 과정상에서 역동과 분위기를 파악하고 질문하기
전제③ 질문을 하는 이유는 매우 다양하다. 다양한 장면에서 질문해야 한다.	• 마음의 문을 여는 질문하기 • 신뢰감을 형성하는 질문하기 • 일의 프로세스에 따라 질문하기

질문의 걸림돌이 무엇인지 살펴보고 이 패러다임을 전환할 수 있는 마음의 전제들을 정리해봐야 한다. 둘째는 이 전제를 구현할 수 있는 질문 기술을 살펴보고 적극적으로 활용해보는 것이다. 본문에서 살펴볼 마음의 전제 세 가지와 이 전제를 활성화할 수 있는 질문의 기술 목록을 정리하면 [표 8]과 같다. 하나씩 살펴보자.

전제① '함께 하는 사람들의 아이디어가 필요하다.'

전제①은 기성세대의 리더들이 받아들이기 쉽지 않은 전제다. 두 가지 이유 때문이다. 하나는 기성세대 리더에게 요구되었던 것이 '듣기'보다는 '말하기'였기 때문이다. 해답을 말해줄 수 있는 사람이 리더의 자리에 올랐고, 그래서 그들은 계속 말하기에 익숙해져 있다. 이것은 두 번째 이유, 즉 능력 있는 사람만이 답을 할 수 있고, 그런 사람이 말할 때 귀를 기울일 가치가 있다라는 필터를 내면에 끼우게 만들었다. 그래서 수많은 훈련에도 기성세대 리더들은 질문을 별로 하고 싶지 않고, 설령 질문을 해도 상대방의 말을 잘 경청하지 못한다. 그렇다면 어떻게 전제①을 조직 내부에 실현할 수 있을까?

한 기업의 사례를 살펴보자. 필자는 몇 년 전 카카오뱅크의 26주 적금을 들었다. 26주간 매주 1만 원씩 납입 금액이 증가되는 적금이었다. 7주가 되자 뜬금없는 피드백이 날아왔다. '7주차 납입에 성공했고, 그래서 우대금리 +0.2%가 적용된다'는 것이다. 이걸 굳이 알려줄 필요가 있을까? 뭔가 잘한 느낌이 드는 건 왜일까?

어떤 문화이기에 기존 일반 은행에서는 한 번도 받아볼 수 없었던 중간 피드백을 과감히 실천할 수 있었던 것일까? 그리고 어떻게 MZ세대들이 그토록 중요하게 생각하는 절차의 공정성을 상품에 고스란히 녹인 것일까?

실제로 카카오뱅크에는 '아이디어 회의인 경우 40세 이상은 발언하지 말라'는 그라운드룰이 있다고 한다. 카카오뱅크의 주요 고객이 MZ세대이기에 그들의 아이디어를 먼저 듣고자 하는 노력일 테다. 사실 카카오뱅크는 설립 초기부터 질문으로 시작한 것으로 유명하다. 은행이라는 레드오션 시장에서 어떤 포지셔닝으로 가야 할까를 고민할 때부터 업業에 대한 질문을 해온 것이다. "이 업의 본질은 뭐지?", 은행 영업점에 가려면 영업시간을 기다려야 하고, 모바일뱅킹에선 보안카드가 필요한데, 결국 사용자의 '시간'과 '사용성'도 돈이나 다름없으니 이를 극단적으로 높여보는 전략을 선택한 것이다.[25] 카카오뱅크는 3,000억 원[26]으로 시작해서 22년에는 시가총액 11조 3471억 원[27]의 기업으로 탈바꿈했다. 물론 다른 요인들도 있지만, 필자는 이 성장의 가장 중심에 수평적 관계에서 서로 질문하고 아이디어를 듣는 상호 작용에 있다고 생각한다.

변화에 대응하고 조직력을 키우고자 하는가? 그렇다면 전제① '함께하는 사람들의 아이디어가 필요하다.'라고 되뇌어야 한다. 이 마인드셋이 마음에 자동화되어 행동으로 나타나야 한다. 그렇다면 이 마인드셋을 구현하는 실제 질문의 기술은 무엇일까?

- **전제①을 구현하는 질문의 기술**

구성원으로 하여금 리더가 자신들의 의견을 궁금해한다고 느끼게 하려면 최소 세 가지의 질문 기술이 필요하다.

① 의견을 진짜 듣고 싶어 하는지 스스로에게 질문하기

질문이 어려운 것은 '이 친구에게는 질문할 만하지. 저 친구는 뭘 알겠어?'와 같은 내면의 필터링으로, 의견을 묻고 싶은 사람이 이미 정해져 있거나 혹은 아주 작은 부분에 대해서만 질문하고 싶기 때문이다. 그 필터 때문에 사람을 놓치고 좋은 의견을 놓친다. 다음과 같은 질문을 통해 의견을 진짜 듣고 싶어 하는지 스스로 셀프코칭해보자.

- 나는 이 자리에 있는 사람들과 '함께하고자 하는 진정성'이 있는가?
- 나는 누구의 이야기를 듣고 싶고 누구의 이야기를 무시하고 있는가?

- 나는 프로젝트 리더인가 아니면 조직의 리더인가? (조직의 리더라면 구성원들의 생각을 끌어내기 위해 질문하고 덜 숙성된 생각이라도 의견을 내도록 독려하는 데 헌신할 것이다.)

② 실무자가 그 과제의 주인이 되게 질문하기

인간의 동물적 본능은, 상대가 나를 부분적으로 활용하기 위해서 질문하는 것인지, 그 일에 대해 주인이 되도록 초청하는 질문인지 쉽게 알아차린다. 때에 따라 부분적인 질문 혹은 예/아니오의 폐쇄적 질문도 필요하지만, 실무자가 그 과제에 대해 주인이 되는 '근원적이면서도 생각을 자극하는 열린 질문'의 빈도를 높여야 한다. 상사의 말을 받아 적는 것보다 동등한 위치에서 자신의 아이디어를 말할 때 주도성과 열정이 증폭되기 때문이다. 카카오뱅크의 예로 생각해보자.

"고객이 적금 중간에 피드백을 주는 것을 좋아할까요?"라는 부분적 솔루션에 대한 질문보다는 "MZ세대가 적금을 하면서 재미도 느끼고 적금을 완납하며 우리 어플을 더 많이 사용하게 만드는 방법이 있을까요?"라는 근원적인 질문이 실무자로 하여금 그 주제에 관해 주인이 되게 하는 좋은 질문이다.

③ 답을 해준 사람들과 공을 나누기

여러 논의를 거쳤지만 결국 리더의 의견이 최종 결과물에 반영되었다 해도, 함께 논의하는 과정이 없었다면 리더의 날것이었던 아이디어가 완성도 있게 적용되지 못했을 것이다. 따라서 리더의 수차례 수정 요구를 견뎌주고 의견을 내며 함께 고민해온 실무자들과 반드시 공을 나누어야 한다. 예를 들면 이런 식의 언급이다.

"사실 처음 A안에서 B안으로 갑작스럽게 방향을 바꾼 계기가 된 게, 자네가 보고하는 과정에서 ○○에 대해 말하는 걸 들었을 때야. A안보다 B안이 고객의 ○○을 훨씬 더 만족시키겠다는 생각이 들더라고. 자네가 그 부분을 강조하지 않았다면 생각지 못했을 거야!"

전제② '내가 엉뚱한 얘기를 해도 나에 대한 평가나 관계에는 문제가 생기지 않는다.'라는 심리적 안전감의 환경을 조성해야 한다.

필자가 15명의 임원진들과 소통 워크숍을 진행하면서 이런 질문을 한 적이 있다.

"CEO께서 질문할 때 마음속에 고개를 드는 첫 생각은 무엇입니까?"

임원들은 '상사가 원하는 답'이 무엇일지 먼저 생각한다고 답했다. 그다음엔 이렇게 물었다.

"자신의 아이디어를 말하지 못하는 이유는 무엇입니까?"

상사가 원하는 답과 다를까 봐 두려워서란다. 마지막으로 질문했다.

"CEO께서 편하게 얘기해보라고 때 어떤 마음이 드시나요?"

임원들은 실소하며 하나둘씩 고개를 끄덕이기 시작했다. 구성원들이 느끼는 심리적 압박감을 역지사지해보기 위한 질문들이었는데, 그 압박감이 이해된 모양이다. 편하게 이야기하라는 말은 전혀 도움이 되지 않는다. 엉뚱한 말을 해도 부족한 사람으로 평가받지 않는다는, 소위 심리적 안전감을 느끼도록 해야 한다. 어떻게 전제 ②의 환경을 만들 수 있을까?

- **전제②를 구현하는 질문의 기술**

심리적 안전감 속에서 자신의 생각을 이야기하는 환경을 조성하려면 최소 세 가지의 기술이 필요하다.

① '문제'뿐만 아니라 '그 사람'에 대해 질문하기

친밀해지면 훨씬 더 쉽게 자신의 생각을 말할 수 있다. 심리학자 아더 아론Arther Aron은 친밀감에 대한 실험으로 유명하다. 이 실험은 두 낯선 사람이 만났을 때 서로에게 개인적인 질문, 특히 사람들이 갖고 있는 취약점Vulnerability들에 대해 묻고 나눌 때(예를 들어 '전화를 걸기 전에 무슨 말을 할지 미리 연습해본 적이 있나요? 그랬다면 이유가 뭔가요?'와 같은 질문) 친밀감을 빠르게 형성할 것이라는 가정을 가지고 시작했다. 36가지의 질문을 가지고 서로 질문하게 한 결과 이들의 친밀감이 매우 빠른 시간에 증가되었다. 기업에서도 마찬가지다. '나와 나의 상태에 대해 관심을 가지고 계시는구나'하는 생각이 들면, 질문에 답하는 것이 좀 더 자유로워지고, 문제에 대해 지적하는 순간이 와도 왜곡해서 듣지 않게 된다. 이것이 '이 이슈에 대해 걱정하는 게 있다면 어떤 건지 듣고 싶어'와 같이 문제뿐만 아니라 구성원에 대해서도 관심 가져야 하는 이유다.

② 대화를 연결하기

구성원이 질문에 답했을 때, 그것을 어떻게 연결하는가가 매우 중요하다. 사람들은 자기의 말이 어디로 흘러가는지 관찰한다. 특히 말하기 두려워하던 사람이 입을 뗀 경우는 더욱 예민하게 관찰할 것이다. 자신의 의견이 결론에 기여했는지, 다른 사람의 발상을 도왔는지, 반대 의견을 냄으로써 균형 있는 논의에 쓰였는지, 분위기를 쇄신하는 데 도움이 되었는지, 아니면 휘발되어 허공으로 날아갔는지 말이다. 즉 질문과 답을 촉진하려면, 상대방의 대답에 대해 반응함으로써 연결해 나가야 한다.

③ 역동과 분위기를 파악하고 질문하기

회의석상에서 리더는 문제해결뿐만 아니라 회의가 어떻게 진행되고 있는지, 불편하거나 어려워하는 사람은 없는지 관찰해야 한다. 또한 구성원의 보고를 들으면서 혹은 구성원과의 1on1 대화에서 구성원이 느끼는 감정에 대해서 질문하고 경청해야 한다.

(회의석상에서)

- 지금 우리 회의가 목적에 맞게 잘 흘러가고 있나요?
- 의견을 듣는다고 하면서 지금 제 주장만 밀어붙이고 있는 건 아닌가요?
- 이 일은 서로 돕지 않으면 안 되는 일이고, 그래서 각자의 입장과 의견이 충분히 수렴되어야 합니다. 지금 자신의 의견이 충분히 반영되고 있나요?

(일에 대해 고민하는 구성원에게)

- 지금 마음은 어때요? 지금 어떤 상태예요?
- 어려운 부분이 있나요? 이것이 도미노라면 어떤 부분부터 건드리면 나머지도 순차적으로 풀릴까요?

전제③ '질문을 하는 이유는 매우 다양하다. 다양한 장면에서 질문해야 한다.'

사실 리더가 마음만 먹으면 정말 많은 장면에서 질문할 수 있다. 마음의 문을 열기 위해서, 신뢰감을 형성하기 위해서, 일의 프로세스를 효율화하기 위해서, 그리고 일을 통해 무엇을 배우게 되었는지 돕기 위해서 등 수없이 많다.

- **전제 3을 구현하는 질문의 기술**

① 마음의 문을 여는 질문하기

상대의 마음에 들어가려면 몇 개의 문을 거쳐야 한다. 가장 첫 번째 마음의 문을 여는 공식은 뭘까? 일종의 스몰 토크로, 'How are you?'라는 질문을 기억하자. 'How are you?'를 직역하면 '너 어떤 상태로 있느냐?'이다. 'you'에 각종 주제어를 넣어 '너 어때?' 대신 '날씨 어때?', '계절 어때?' '취미 어때?', '스포츠 어때?', '주식 어때?' 등으로 질문하면 된다. 상대방의 말문을 열게 하고, 자신이 관심 있어 하는 부분에 대해 물어보니 친밀감도 쌓을 수 있다.

- 가장 좋아하는 계절은 어떤 계절이에요? (계절 어때?)
- 요즘 더운데 잠은 잘 잤어요? (날씨 어때? 수면의 질質은 어때?)
- 좋아하는 스포츠는 뭐예요? (스포츠 어때?)

처음에는 큰 카테고리로 묻게 되지만, 신뢰감이 생기면 더 깊은 개인사(자녀, 가족, 진로 등)에 대해서도 'How are you?'를 사용할 수 있다. 실제로 실리콘밸리의 리더십이 뛰어난 매니저들은 구성원들에 대해 하루에도 여러 번 이런 'How are you?'를 사용한다. 쉬운 질문 같지만, 관계의 질에 따라 친밀감을 높이고 심리적 안전감의 토대를 만들 수 있는 귀한 질문 공식이다.

② 신뢰감을 형성하는 질문하기

신뢰는 경험을 통해서 생기는 후차적인 감정이다. 일반 미팅이나 앞서 언급한 1on1 미팅에서 신뢰를 경험할 수 있는 질문들을 나눌 수 있다. 예를 들면 다음과 같다.

- 리더의 고민에 동참시키는 질문하기: '내가 요즘 이런 고민이 있는데~'하며 일에 대해 의논하며 생각을 묻는다.
- 성장 및 진보에 대해 질문하기: '이번 과제를 하면서 어떤 부분에서 성장을 한 것 같아?' 혹은 '어떤 부분에서 진보가 있었던 것 같아?'하며 성장에 관심을 갖고 질문한다.
- 도움이 필요한지 질문하기: '이 과제 하면서 어려운 점은 없어?'라고 물으며 적극적으로 지원할 의지를 밝힌다.

- 평상 시 관찰한 바를 질문하기: '매니저와 회의하는 분위기가 좋지 않아 보이던데, 어려운 점 있어?'하며 힘든 부분을 토로하도록 질문한다.

신뢰감이 생기면, 구성원도 쉽게 질문하거나 정반합 토론에 기꺼이 참여하게 된다.

③ 일의 프로세스에 따라 질문하기

성과를 위해 가장 중요한 질문 영역이다. 일의 시작부터 완결될 때까지의 프로세스에 대한 질문 세트를 정리해두어야 한다. 직무마다 다르겠지만, 필자는 6단계로 나눠진 일의 프로세스를 권한다.[28] 6단계는 Why, 끝그림, 시나리오, 실행, 복기, 개념 수정new conceptualize과 적용의 절차에 따른 질문을 말한다. 각 단계별 대표적인 질문을 보면 다음과 같다.(일의 프로세스에서는 3장 '성과를 내려면 예측가능성을 높여라'에서 자세히 설명할 것이다.)

- Why(이유, 목적, 의미): 이 일이 가지는 목적과 의미는 무엇일까요?
- End Picture(끝그림): 이 일을 마쳤을 때 어떤 장면을 보게 되면 일을 잘했다고 볼 수 있을까요? (끝그림을 그릴 때 몇 개의 카테고리로 나눠서 세부적으로 질문하면 실행 시나리오가 달라진다. 예를 들면 재무적 결과, 고객 만족(고객을 먼저 정의), 본인(및 조직)의 성장과 학습 차원, 영향력 측면 등이 있다. 이 카테고리로 '고객

만족 측면에서 끝그림은 무엇일까?'라는 식으로 세부적으로 질문하는 것이다.)

- 시나리오: 어떤 실행을 하면 끝그림을 이룰 수 있을까요? 이것을 통해 끝그림을 이룰 수 있나요? 혹시 빠졌거나 수정할 부분이 있나요? 무엇을 도와줄까요?
- 실행: 실행은 잘 되고 있나요? 혹시 수정이 필요한 부분이 있나요? 장애물이 있나요? 도와줄 일이 있나요?
- 복기: 끝그림이 무엇이었나요? 얻은 실제 결과는 무엇인가요? 다시 한다면 ERRC할 것은 무엇인가요?
- 개념 수정과 적용: 처음 시작할 때 가졌던 개념은 무엇이었나요? 일을 해보고 복기하면서 새롭게 알게 된 개념은 무엇인가요? 새롭게 알게 된 개념을 적용하면 어떤 변화가 생길까요?

불확실성의 시대에서 나와 조직이 번영하려면 내 생각이 정답이라는 생각을 내려놓고 겸손한 마음으로 질문하고 깊이 들어야 한다. 좋은 질문도, 좋은 답을 내는 역량도, 성장을 위한 양분이 필요하다. 리더의 거친 질문이나 대응도, 구성원의 수준 낮은 대답도, 연습 기회를 통해 성숙으로 나아가게 된다.

물론 리더의 노력에 부응하지 않는 소수의 사람이 있다. MZ세대라고 묶어두지 말자. 조직 내 소수의 사람은 삶 속에서 자기방어나 남 탓 혹은 자기 비하와 우울로, 세상이 보내는 좋은 기회의 초대장을 받으려 하지 않는 사람도 있다. 그러니 이들을 타깃으로 하기보다는, 리더 스스로 성공체험을 할 수 있는 사람에게 먼저 다가 가보자. 리더의 세련되지 못한 질문이나 반응에도 긍정적으로 반응해주는 구성원에게 먼저 질문의 초대장을 보내자.

질문한 후 반응이 어땠는지, 회의 분위기는 어땠는지, 그래서 질문의 결과는 어땠는지를 성찰reflection하자. 질문하고 성찰하는 '빈도'만큼 성숙해진다. 세련되지 않아도 좋으니, 오늘 만나는 50%의 사람에게 질문을 시도해보자. 시작이 반이다.

셀프 코칭

다음의 질문에 답하면서 나의 질문 능력을 키워봅시다.

Q1. 질문은 구성원의 역량을 키우고 자신의 과제에 주인이 되게 합니다. 이를 위해서는 최소한 3가지의 전제가 필요합니다. 질문에 대한 당신의 전제는 어떠한지 평가해보세요.(10점 만점 중에 몇 점 정도 줄 수 있는가? 무엇을 더 노력해보고자 하는가?)

전제 1. 함께 하는 사람들의 아이디어가 필요하다. _____ /10

전제 2. '말 한마디로 내 평가가 달라지지 않는다'는 구성원의 심리적 안전감의 환경을 조성한다. _____ /10

전체 3. 질문을 하는 이유는 매우 다양하므로 다양한 장면에서 질문을 한다. _____ /10

어떤 전제가 내게 더 필요한가요? 그것을 위해 무엇을 노력해보고자 하나요? ____

____

____

Q2. 역지사지 해봅시다. 구성원의 입장에서 질문에 답하는 여정에서 이들이 얻을 수 있는 것은 무엇인가요?(득과 실의 종류는 아래의 예를 참조)

- '지금까지' 리더인 내가 질문할 때 구성원이 가져가게 되는 이득과 실은?
- '이제부터' 리더인 내가 질문할 때 구성원이 가져가게 할 이득은?

예. [긍정적인 이득] 생각하는 힘, 메타인지, 자신감, 과제 주인으로서의 의욕, 아이디어가 자꾸 떠올라서 적용해보고 싶음, 리더 앞에서 말이 많아짐, 자신의 부사수에게도 질문을 함, 다른 사람의 의견을 듣기 위해 질문하고 경청함, 결과물에 기여했다는 인정.

[부정적인 불편함] 실무자의 실력에 대한 평가와 낙인, 이미 정해져 있는 리더의 답을 맞힐 수 있는가 하는 역량 평가, 두려움, 무지함을 인식하게 함, 리더의 우월감 증명, 리더의 분풀이, 정해진 답을 알려주기 전에 이뤄지는 통과 의식.

____

____

____

Q3. 위에서 성찰한 '질문을 통해 더 많은 혜택을 서로 나누기' 위해 질문과 관련해서 해야 할 것을 3가지만 계획해봅시다.

- 실행 1. ______________________________
- 실행 2. ______________________________
- 실행 3. ______________________________

13

제대로 된 칭찬은 일생에 한 번만 들어도 된다

현장 에피소드

코치님, 매년 진행하는 제 리더십 진단 결과에서 한 번도 안 빠지고 나오는 지적 사항이 '칭찬에 인색하다'는 거예요. 다른 건 노력을 하고 있는데, 칭찬은 좀처럼 나아지지 않아요. 눈에 보이는 변화가 있고 좋은 결과가 있어야 칭찬을 할 수 있다고 생각합니다. 변화를 가져왔거나 좋은 성과를 내지 못한 구성원에게도 칭찬을 해주는 게 맞나요?

작년에는 칭찬을 좀 해야겠다고 다짐하곤 칭찬을 했습니다. 그랬더니 연말 고과 면담에서 말이 나오더군요. 잘한다고 해놓고 왜 이런 고과를 줬냐고 말이지요.

구성원의 어떤 모습을 칭찬해줘야 이런 문제가 발생하지 않을까요? 제대로 된 칭찬이란 도대체 어떤 걸까요? 칭찬하는 법에 대해 조언 좀 해주십시오.

감수성 훈련의 대가인 유동수 선생은 "칭찬은 한 번만 해도 된다. 제대로 된 칭찬을 받은 사람은 평생을 통해 필요할 때마다 그 칭찬을 마음에 떠올리고 음미하게 되니 말이다. 제대로 된 칭찬은 그 사람을 키운다."라고 한다. 우리가 제대로 칭찬을 못하니까 어설픈 칭찬을 여러 번 하게 된다는 것이다. 어떤 대기업 대표도 '그 말씀이 맞다'며 본인의 경험을 들려주었다. 초등학교 시절, 교장선생님이 "너는 참 맑은 눈을 가지고 있구나!"라고 말씀하셨는데, 어떤 일을 결정할 때 이 칭찬이 다시 생각났고, 맑은 눈을 유지하려고 노력했다는 것이다.

여러분도 가만히 되짚어 보라. 자신에게 힘을 주고, 가끔씩 그 말 때문에 가슴이 먹먹해지는 그런 칭찬을 받은 적이 있을 것이다. 좋은 칭찬은 보약처럼 그 사람의 마음에 힘을 주고 좋은 근성을 더 발휘하고자 하며 다시 일어서게 하는 힘이 된다. 우리는 제대로 된 칭찬의 방법을 이해하고 활용해야 한다. MZ세대를 포함한 모든 인류가 제대로 칭찬받고 싶어 하기 때문이다.

행동doing과 근성being을 함께 칭찬하라

인정·칭찬의 목적은 뭘까. 상대방이 자신이 가진 긍정적인 행동을 강화해서 그가 더 유능해지도록 돕는 데 있다. 그러면 선행되어야 할 것은 상대가 가진 강점이 뭔지 관찰하고 발견하는 것이다. 둘째로는 자신감과 용기가 샘솟을 수 있도록 전달해야 한다. 어떻게 해야 할까.

인정·칭찬이란, 상대가 가지고 있는 강점을 발견하고 자신감과 용기를 주어 긍정적인 행동을 강화하도록 돕는 기술[29]

당신은 어떻게 칭찬하고 있는가

특강을 준비하는데 논리가 잘 풀리지 않아 끙끙대고 있었다. 한 직원이 간식과 차를 건네며 이렇게 말한다.

"잘 안 풀리시죠? 경영진이 들어오는 특강이니 머리 아프실 것 같아요. 이거 드시면서 하세요."

자, 당신이라면 이 경우 어떻게 칭찬하겠는가. 아래 ①~⑤까지 당신이 해본 칭찬의 유형이 어떤 것인지 찾아보라.

① 상대방의 의도와 행위는 전혀 못 보고 자신만 생각하는 리더의 대답

"나는 이런 거 안 좋아하는데?"

"살찌는데……."

② 겸연쩍어 엉뚱한 말을 하는 리더의 대답

"너는 안 마셔?"

"웬 아부?"

③ 행동에 대해 언급하는 리더의 대답

(모니터에 시선을 계속 두면서) "고마워."

(상대와 눈을 맞추며 행위에 대해 언급) "고마워."

④ 상대의 마음을 알아주는 리더의 대답

"고마워, 정말 감동이다. 안 그래도 단 게 필요했는데. 잘 먹을게."

⑤ 상대의 행위와 그 안에 있는 근성까지 언급해서 자부심을 갖게 하는 리더의 대답

"상대방의 상황과 마음을 참 잘 읽네. 지금 너무 안 풀려서 같은 장표를 계속 바라보고 있었거든. 빵과 차도 고마운데, 무엇보다 이 마음 덕분에 환기가 되는 것 같아. 잘 먹을게. 고마워."

서로 깊은 신뢰가 있고 평상시에 구성원을 돕는 리더라면, ①번과 ②번 같은 대답을 했더라도 상대방은 그 마음을 다 이해하고 수용할 것이다. 그러나 그렇게 친밀한 리더가 ④번 혹은 ⑤번과 같은 반응을 보인다면 더욱 효과가 좋았을 것이다. 반면 평상시에 상대방과 교감도 없는 리더가 ①번 혹은 ②번과 같은 반응을 보였다면 이후 어떤 상황이 벌어질까. 이런 말들이 쌓여 심리적으로 곁을 떠나게 만든다.

리더의 대부분 ③번 반응을 보일 것이다. 위의 예를 보면서 ④번까지는 몰라도 '⑤번처럼 답을 하는 사람이 있다고?'하며 손사래를

칠지도 모르겠다. ⑤번은 구성원의 근성, 즉 '상대방의 상황과 마음을 참 잘 읽는' 패턴을 관찰해서 언급한, 매우 좋은 인정·칭찬의 방법이다.

리더는 구성원의 행동 안에 어떤 태도와 마음가짐이 있는지, 그것이 근성이 되고 강점화되면 어떤 결과가 생기는지 관찰하고 알아보는 칭찬 역량이 필요하다. 고과 면담을 할 때도 마찬가지다. 그저 어떤 성과를 달성했는지 수치적으로만 대화할 것이 아니라, 그 성과 달성 안에 구성원의 어떤 근성을 관찰했는지 들려주고 용기를 주는 노력이 필요하다. ⑤번의 칭찬 방식에는 매우 중요한 공식이 들어가 있다. 이를 살펴보자.

당신은 '칭찬'하는가 아니면 '인정'하는가

인정과 칭찬이 다르다. 칭찬은 드러난 '행동의 결과doing'를 언급하는 것이다. 반면 그 행동을 하게 된 '그 사람 안의 근성being'까지 언급하는 것을 인정이라 할 수 있다. 따라서 상대를 동기부여하고 강점을 강화하기 위해서는 행위뿐만 아니라 행위가 나오게 된 그 사람의 근성까지 인정해주는 노력이 필요하다.

예를 들어보자. 저녁에 퇴근했는데 아이가 레고를 하고 있다. 레고를 잘한다고 칭찬하자, 아이는 부모가 퇴근할 시간만 되면 레고를 꺼낸다. '행동'만 칭찬할 때의 부작용이다. 반면 레고를 잘하려면 어떤 '근성'이 필요할까를 생각해볼 수 있다. '머릿속의 상상력', '신중함', '성실성' 등이 있어야 가능할 것이다. 행위뿐만 아니라 그 안에 있는 근성까지 칭찬하는 방법은 'ACE'라 부르는 기술을 따라

[그림 14] ACE 칭찬 방법

A과장은 팀 공통 업무의 신속한 마무리를 위해 휴일 근무를 자청/완수하였다.

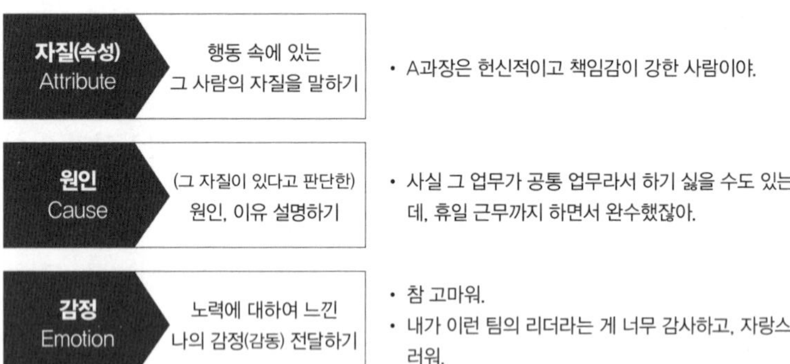

출처 'AAA코칭리더십' 하우코칭

가면 된다. 상대방을 에이스로 만들어주는 칭찬 방법이라 생각하면 된다.

'ACE'는 다음 단어들의 앞 자를 딴 것이다. 우선 'Attribute, 속성'는 그 사람이 가진 자질, 속성, 근성을 의미한다. 열정 있는, 따뜻한, 자립심이 강한, 완결성이 높은, 센스 있는, 순발력 있는, 솔선수범하는, 역지사지의 관점을 가진, 인내심 있는, 합리적인, 포용력 있는, 체계적인, 효율적인, 사려 깊은, 능동적인, 소탈한, 하모니를 이루는 등의 근성을 말한다. 'Cause, 이유·원인'는 내가 왜 그런 근성을 가지고 있다고 말하게 되었는지 '직접 관찰한 행동'을 언급하는 것이다. 마지막으로 'Emotion, 감정'은 그런 광경을 본 내 마음이 어떤지를 표현하는 것이다.

반드시 이 공식으로 칭찬하라는 것은 아니다. 초점은 근성과 행위를 동시에 언급하여 그 사람이 가진 강점을 강화하는 칭찬이 되게 하자는 것이다.

MZ세대도 한국인이다. 관계 속에서 자존감을 챙긴다.

한국 문화는 관계주의 문화이다. 한국인은 주체성과 관계성을 동시에 가진 민족이다. 그런데 이 주체성이라는 것이 서양에서 말하는 남이 나를 어떻게 생각하든 스스로 독립적인 주체로 인식하는 주체성과는 색깔이 다르다. 한국인의 주체성은 관계성에 포함되어 있다. 자신의 존재감과 영향력을 관계 안에서 확인받고 싶어 한다. 이 주체성 덕분에 우리는 일본의 집단주의 성향과는 매우 다른 양상을 드러낸다. 집단의 역할과 방향에 자신을 맡기지 않는다. 우리는 집단 안에서 주장하고 생각을 나누고 싶어 하고 자신이 누구인지 증명하고 드러내고자 한다.

MZ세대 역시 이 관계주의 문화권에 있고 관계 속에서 수용되고자 하는 집단무의식의 열망을 가지고 있다. 기성세대만큼 사회적 관계를 맺어본 적이 없고, 늘 서열과 경쟁으로 여유가 없는 삶을 살아왔고, 거절되는 것에 대한 두려움으로 사회적 기술이 발달되지 않았을 뿐 그 열망은 남아있다. 이들에게 '나는 네가 하는 행위도 보지만, 그 안에 있는 근성 또한 보고 있다. 네가 이 집단에 기여하고 있고, 너의 근성은 매우 소중하다. 너의 근성이 강점으로 확장되길 원한다'는 진정성 있는 인정·칭찬의 메시지는 너무나 필요하다.

칭찬할 게 없다? 절대 그럴 수 없다.

지금까지는 칭찬받을 일에 대해 어떻게 칭찬할 것인가를 다뤘다. 이제는 칭찬에 인색한 리더들을 위해 이 지면을 할애하고자 한다. 조직의 역량을 키우고 구성원의 사기를 진작시키려면, 설령 내 기준에 못 미친다하더라도 모든 사람이 칭찬받을 만한 요소를 가지고 있다는 것을 믿어야 한다. 어떻게?

동전의 양면을 생각하라

동전에는 앞면과 뒷면이 있다. 마찬가지로 인간의 행동을 동전의 양면[30]으로 해석해보는 것이다. 예를 들어보자. 회의 중에 자신의 주장을 매우 강하게 밀어붙이는 사람이 있다. 남 이야기는 듣지 않고 자기주장만 하니 매우 불편하다. 이 상황에서 이 사람의 긍정적인 측면을 볼 수 있을까? '자기주장만 내세우는'의 동전 뒷면은 '자신의 관점을 가진', '주도적인'이다. 당신이 동의하든 동의하지 않든 사실이다. 이 사람은 자신의 관점을 가지고 주도적으로 상대를 설득하려는 장점을 가지고 있다. 단점을 먼저 보기에 그 사람이 가진 다듬어지지 않은 장점을 보지 못하는 것이다.

긍정적인 면과 부정적인 면 모두를 함께 보는 힘을 기르면 사람을 동기부여할 수 있는 강력한 툴을 갖게 된다. 실제로 필자는 코칭을 통해 부정적인 행동을 한다고 평가되는 리더들을 만날 때가 많다. 어떤 상무는 호불호가 강하다는 피드백을 받는다. '호불호가 왜 강한 것일까?'를 곰곰이 생각해보면, 삶의 가치와 기준이 명확할 확률이 크다. 기준이 명확하니 그 기준에 따라 호불호를 나도 모르게 나누게 되는 것이다. 호불호의 관점은 변화해야 하지만, 삶의 가치와 기준이 명확한 것은 매우 중요한 특성이고 칭찬받아야 한다. 즉 칭찬할 것과 육성할 것이 구분되어야 한다.

행동에서 동전의 양면을 생각하는 것은 세 가지 측면에서 이롭다. 첫째, 칭찬할 것이 없다고 생각하기 쉬운 상황에서도 칭찬할 요소를 발견할 수 있다. 단순히 행동만 보는 것이 아니라, 그 행동 안에 있는 긍정적 측면을 발견하려 애쓰기 때문에 구성원도 리더를 신뢰하게 된다. 둘째, 건설적 피드백을 해야 할 것과 긍정적 피드백 해야 할 것을 구분 짓는다. 위의 사례에서 '주도성이 없으면 저렇게 열정적으로 자기주장만 내세우지 못했을 것이다.'라고 보기 시작하면, 상대방이 가진 장점도 말해주고 동시에 무엇을 개발해야 하는지 건설적 피드백도 부드럽게 조언할 수 있다. 마지막으로 가장 중요한 것은 다양한 사람들과 성과를 내야 하는 리더 자신에게, 상대방을 포용할 수 있는 좀 더 넓은 공간을 스스로에게 안겨준다는 것이다. 작은 행동에 일희일비하는 것에서 더 큰 시각에서 생각하고 포용하는 역량을 개발하게 될 것이다.

하나만 더 짚고 가자. 현장 에피소드에서 나왔던 '잘한다고 해놓고 왜 이런 고과를 줬냐'는 착각은 왜 일어나는 것일까. 칭찬이 잘못된 것이 아니라, 부분과 전체를 구분짓지 못했기 때문이다. 비유를 해보자. 서울에서 출발하여 부산까지 가야 하는 여정이다. 대전까지 온 구성원에게 '빨리 왔다'고만 말하면 구성원은 모든 임무를 '잘 완수'했다고 착각한다. 우리의 목적지가 부산이라는 것을 상기 시켜야 하고, 지금까지 잘 온 것처럼 더 가보자고 말해야 한다. 즉 그저 대전에 빠르게 왔다는 것만 말해주니 그런 오해가 생긴다. 이 과제에서 이런 면은 잘했고, 다음에 여기까지 가보자라고 말해줘야 한다. 연중에 성과에 대한 피드백을 나눈다면, KPI의 이 부분은 당신의 근성 때문에 잘 해낸 것이라고 말해주되, KPI를 달성했다는 것은 B등급을 성취했다는 뜻이고 더 높은 고과를 받으려면 어떤 노력들이 더 필요한지 말해주어야 한다.

결국 칭찬이 잘못된 것이 아니라, 목적지에 대한 합의가 없거나 건설적 피드백이 필요한 사람에게 그 내용은 회피하면서 칭찬만 했기 때문에 생기는 것이다. 칭찬은 아무 잘못이 없다.

진보에 대해 칭찬하라

어느 대기업에서 구성원의 행복에 영향을 미치는 가장 중요한 변수가 무엇일까 고민하며 설문을 진행했다. 저명한 교수들이 언급한 것처럼 '시간 빈곤'이 일터에서 불행을 느끼게 하는 주범으로 나왔다. 약속한 마감일이 있는데 시간이 부족할 때 불행을 느낀다는 것이다. 그런데 설문에서 이 불행을 상쇄시키는 요인 하나가 발견되었다. 그것은 '일을 통해 나는 진보되고 있다고 느낀다'라는 항목이다. 이 항목에 높은 점수를 준 구성원들의 행복 지수는 높았다. 이는 테레사 에머빌Teresa M. Amabile 교수의 주장과 일맥상통한다. 사람들은 자신이 진보가 있다고 느낄 때 행복하다는 것이다.[31]

아이러니한 것은 사람들은 자신의 진보를 잘 느끼지 못한다. 이유는 일에 파묻혀 있어서, 혹은 지금 해내고 있는 과업에서 아직 실력이 부족하다고 느끼기 때문이다. 그런데 어려움에 좌절하지 않고 계속해서 나아가게 하는 힘은 자신이 진보하고 있다는 것을 아는 것이다. 구성원들이 어려운 환경 속에서 지치지 않고 해나가길 원하는 리더라면, 분기마다 무엇이 달라지고 있는지, 지난 보고서와 이번 보고서가 어떻게 달라졌는지 말해줘야 한다.

이것이 되려면 리더가 어느 위치에서 바라보느냐가 매우 중요하다. 100미터 달리기에 비유해보자. 일의 진척도를 묻는 회의에서는 목적지인 도착점에서 피드백해야 하지만, 만약 사람에 초점을 둬서 진보를 언급하려면 리더는 도착점에 서 있으면 안 된다. 리더는 구성원이 뛰고 있는 지점에 같이 있어야 한다. 그러면 출발지가 저기였는데 여기까지 잘 달려왔다고, 이제 다음 진보를 향해서 가자고 말할 수 있게 된다. 완벽해서 칭찬받는 사람은 조직에서 10~20%다. 완벽에 초점을 둔 칭찬이라면, 나머지 80~90%는 어떤 힘으로 나아갈 수 있겠는가. 과제는 도착점에서 바라봐야 하지만, 구성원에게 힘을 주려면 출발선에서 바라봐야 한다. 리더는 사람 관리와 과제 관리의 줄타기를 해야 한다.

상사도 칭찬이 필요하다

어떤 대기업 CEO가 말한다. "월급쟁이 마인드로 경영자라는 직책을 해낼 수 없어요. 소명의식이 필요해요. 지금 우리 회사가 흑자를 낼 수 있었던 것은, 재직 시에는 마이너스일지 몰라도 미래에는 반드시 우량기업이 될 것을 믿고 우직하게 걸어온 CEO 몇몇과 그것을 승인해준 회장님이 있었기에 가능한 거예요. 그래서 리더에게는 세 가지가 필요해요. 리더십, 직무역량, 그리고 인간성이요. 어떻게 보면 경영자의 자리는 참 서러운 자리예요. 큰 책임과 두려움을 극복해야 하니까요."

쉽지 않은 고백이다. '서러운 자리'라는 멘트에서는 필자도 살짝 울컥했다. 홀로 책임지는 외로운 자리를 경험한 사람이라면 그 말이 무슨 말인지 알 것이다. 그렇다. 위로 올라가면 갈수록 외롭고 서럽고 두렵다. 막강한 힘을 가지고 있는 것처럼 보이지만, 그도 위로가 필요하고 제 역할을 잘하고 있다는 확신, 자신에게는 강점이 많다는 용기가 필요하다. 칭찬과 격려는 구성원뿐만 아니라 상사에게도 필요하다는 것이다. 아부를 하라는 의미가 아니다. 그건 상대에 대한 존중이 아니다. 상대도 아부를 바라는 것이 아니기 때문이다. 상사를 대단하게 생각하면서도 동시에 그가 짊어지고 가는 그 왕관의 무게에 측은지심을 가져야 한다.

"구성원들이랑 애를 쓴 결과물인데 칭찬해주셔서 감사합니다. 지난번 본부장님께서 말씀해주신 걸 제가 다 이해하지 못했었거든요. 그런데 말씀해주신 걸 계속 복기해보니 주신 말씀이 큰 힌트가 되더라고요. 그걸 반영한 겁니다." 이 정도의 언급만으로도 상사에 대한 존중과 기여를 표시하는 데는 충분할 것이다.

조직의 핵심가치로 칭찬하라

칭찬은 개인에게만 하는 것이 아니다. 조직 전체가 바람직한 행동을 하도록 도와야 하고, 바람직한 행동을 했을 때 칭찬해야 한다. 구성원들은 '아, 저런 행동을 조직에서 중요하게 생각하는구나.', '이런 상황에서 의사결정의 기준이 이거구나'를 배운다. 무엇이 기준이 되어야 할까? 바로 조직의 핵심가치이다.

이 책 6장에서 '시스템 차원'에서 신뢰를 구축하기 위한 한 방안으로 '일터에서의 가치work value', 즉 핵심가치를 도출하는 방법을 안내했다. 구성원 의견을 수용해서 결정한 핵심가치니까, 이제부터 구성원들이 그 핵심가치를 행동으로 옮길 것이라고 믿는 것은 매우 나태한 희망이다. 핵심가치를 일터의 여러 장면에서 강화하지 않으면 생명력을 잃게 된다. 조직의 핵심가치를 기준으로 구성원들이 행동하고 의사결정을 하도록 구축해나가는 과정이 필요하다. 가장 빠르게 구축할 수 있는 방법이 바로 핵심가치로 칭찬하는 것이다.

액자 속에만 있는 핵심가치가 아니라 행동의 기준이 되게 하라

핵심가치는 신호등과 같다. '지금은 초록불이니 건너세요', '지금은 빨간 불이니 멈추세요'와 같이 활용돼야 한다. 핵심가치가 내재화될 때, 그것은 조직문화에 녹아들어 가게 되고 후배들에게 구전된다. 제너럴일렉트릭의 회장 잭 웰치Jack Welch는 회사의 중요한 메시지는 700번 이상 반복해야 한다고 말했다. 단언컨대 핵심가치에 관한한, 칭찬 방법을 활용하면 700번 말하지 않아도 내재화할 수 있다.

H상무는 부문 전체 인원과 함께 네 시간이나 할애하여, '책임감, 화합, 용기'라는 부문의 세 가지 핵심가치를 도출했다. 그 가치의

행동 강령까지 정리한 터이기에, H상무는 이제 구성원들이 자신의 일에 책임감을 기꺼이 지고, 서로의 일을 돕고 화합하며, 의견을 내고 변화를 시도하는 용기를 보여줄 것이라고 생각했다. 그러나 아무 일도 일어나지 않았다. 구성원들은 그날 함께하면서 생긴 에피소드와 저녁 술자리에 대한 이야기만 할 뿐, 세 가지의 핵심가치조차 기억하지 못하는 것처럼 보였다.

H상무는 코칭을 통해, 칭찬과 격려를 통해 핵심가치를 행동으로 옮기도록 몇 가지 작전을 짰다. 첫 번째는 조직 전체를 대상으로 칭찬하는 것이다. 즉 타운홀 미팅이나 월보고 회의 때, 각 핵심가치와 관련된 행동을 공개적으로 칭찬하고 커피 기프티콘과 같은 소소한 상품으로 시상했다. 둘째는 팀 단위에서 팀 간에 일어나는 행동을 보고 칭찬하는 것이다. "○○팀도 매우 바쁜 상황이었는데, 이번 저희 일을 지원해주었습니다."라는 보고를 듣자마자, "우리 부문의 두 번째 가치가 화합인데, 화합이 뭔지를 보여주는 장면이군요. 도움을 준 것도 고마운데, 또 도움을 받았다고 고백해주니 말입니다."라는 식이다. 마지막은 일대일 혹은 소그룹에서 핵심가치와 관련된 행위를 기억했다가 언급해주는 것이다.

이쯤 되면 독자들도 눈치챘을 것이다. 핵심가치에 가장 몰두해야 하는 사람이 리더 자신이어야 한다는 것을 말이다. 그렇다. 리더는 개인, 팀, 조직 전체를 동기부여하고, 강점을 강화하며 자부심을 갖도록 도와야 한다. 하루아침에 되지는 않는다. 그러나 노력 없이 얻을 수 없는 결과물이다. 보석을 얻기 위해 광산을 캐는 탐험가의 정신으로 개인과 조직을 칭찬하자.

셀프 코칭

다음의 질문에 답하면서 개인과 조직의 강점을 강화하는 칭찬 역량을 높여봅시다.

Q1. 당신이 칭찬을 통해 보고 싶은 개인과 조직의 모습은 무엇인가요?

예. 자신감이 커져서 자기 목소리를 내고 주도적인 모습으로 변화해 가는 것이다.

____

____

____

Q2. 요즘 칭찬할 만한 일을 한 구성원을 떠올려 봅시다. 행위뿐만 아니라 근성까지 칭찬하는 'ACE' 칭찬 기법으로 칭찬해보세요. 먼저 글로 적어 다듬은 후, 문자로 전송해봅시다. 어떤 반응이 오는지 살펴보세요. 익숙해질 때까지 글로 적은 후 문자로 보내는 방식으로 진행하세요.

Attribute(자질 · 근성) ______________________________

____

Cause(원인) ______________________________

____

Emotion(감정) ______________________________

____

Q3. 성과를 잘 내지 못하거나 당신의 기준에 미치지 못해서 칭찬할 것이 없다고 생각하는 구성원을 떠올려 봅시다. 동전의 양면처럼, 그 부정적인 측면의 반대 측면인 긍정적 측면을 찾아봅시다. 찾은 후, 칭찬할 것과 조언해줄 것으로 나눠봅시다.

- 마음에 들지 않는 부정적인 측면
  (예. 남의 의견을 무시하고 자기주장만 하는 구성원)

  ____

- 부정적 측면을 뒤집어봤을 때 볼 수 있는 긍정적 측면
  (예. 남의 의견을 무시하는 부정적 측면을 뒤집어보면, 주도적인, 열정적인 등의 특성이 보인다.)

  ____

- 이 구성원에 대해 칭찬할 것과 육성 목표로 나눠 정리하기
  (예. 칭찬할 것: 자기 일에 주도적이고 열정적인 것 / 육성의 목표: 다른 사람의 이야기를 끝까지 듣기, 상대방의 의도를 이해하기, 상대방의 기여를 기꺼이 수용하기)

  칭찬할 것 ______________________________

  ____

  육성의 목표 ______________________________

  ____

Q4. 구성원의 진보를 관찰하고, 직접 언급해봅시다.

• 이름	• 작년 혹은 지난 분기에 비해 진보한 것들
• ____________	• ______________________________________
• ____________	• ______________________________________
• ____________	• ______________________________________

Q5. 조직의 핵심가치를 실천하는 구성원과 조직을 다양한 방법으로 칭찬해봅시다.

- 조직 전체 미팅에서 핵심가치를 실천한 사례를 어떻게 말할 것인가?

  ____

- 팀 간 미팅에서 핵심가치를 실천한 사례를 어떻게 말할 것인가?

  ____

- 서브 리더들끼리의 미팅에서 핵심가치를 실천한 사례를 어떻게 말할 것인가?

  ____

- 기타 상황:

  ____

14

변화가 필요하다면 그 여정을 관리하라

현장 에피소드

코치님, I상무입니다. 지난 코칭 세션에서 '조직 내 정반합의 토론 문화'를 만들면 좋겠다는 생각이 들어서 시작을 했습니다. 바로 '미래의 ○○을 고민하는 모임'이라고 이름을 지었고, 팀별로 한두 명씩 팀장들이 추천해주어서 총 여섯 명이 모였습니다. 제가 모임을 직접 주관한다고 하니까 팀장들이 고성과자 몇 명을 추린 것 같아요.

제가 꿈꾸는 것은 아이디어를 마음껏 나누고 미래를 예측해보는 모임이 되는 것입니다. 여섯 명과 첫 번째 모임에서 그 포부를 밝혔죠. '이 모임에서는 원하는 것이라면 무엇이든 해볼 수 있다. 뭐든 지원하겠다'라고요. '무엇을 하고 싶은지 제안을 해달라'고 했습니다. 그런데 아무도 이야기하질 않는 겁니다. 이 분야에서 일하는 사람이라면 꼭 해보고 싶을 일들이 많을 테고, 그래서 이 모임을 무척 반길 줄 알았는데 반응이 미지근한 겁니다. 왜 그런 걸까요? 겸연쩍은 저는 일단 제가 생각한 아이디어를 이야기하고 모임을 마무리했습니다. 저는 이 모임을 조직 전체로 확대해보려고 했는데 시작도 전에 제가 먼저 좌절하게 될 것 같습니다. 어떻게 하면 구성원들을 북돋아 회사가 변화하는 데 동참하게 만들 수 있을까요?

백화점 막판 세일이 뜨겁다. 다섯 살 아이와 함께 백화점을 찾은 엄마는 아이 손을 이끌고 재빠르고 분주하게 여기저기 다닌다. 마침 타임 세일 중인 한 코너에서 물건을 놓칠세라 조급한 마음으로 고르고 있는데, 아이가 울기 시작한다. 거의 끝나가니까 조금만 참으라고 달랬지만 아이의 울음은 더 거세진다. 시계를 보니 백화점 들어온 지 벌써 두 시간이나 지났다. 힘들었겠다 싶어 아이를 달래려고 무릎을 꿇고 눈높이를 맞추었다. 그 순간 엄마는 큰 충격에 휩싸였다. 엄마의 눈높이에서는 '기회'였던 상품들이 즐비했는데, 아이의 눈높이에서 보니 어른들의 엉덩이와 거친 발자국 소리만 난무한 게 아닌가. 엄마에게는 물건을 싸게 살 수 있는 기회이자 흥분의 두 시간이었겠지만 아이에게는 매우 의아하고 무서우며 왜 뛰어다녀야 하는지 알 수 없었던 혼란스러운 시간이었던 것이다.

서로의 시선이 맞지 않을 때 한쪽은 고통을 겪게 되고, 때로는 그 고통 때문에 양쪽 모두 불행한 결과를 맞게 되는 사례다. 이런 현상이 조직에서도 쉽게 발견된다. 변화하자고 목청을 높이지만, 변화의 핵심이 되어야 할 사람들의 마음을 역지사지하지 않고 시작하는 것이다. 이 경우 리더가 외친 변화의 함성은 공허한 메아리와 반목과 학습된 무기력을 가져오게 된다. 그렇다면 어떻게 변화에 동참하게 할 수 있을까? 어떻게 변화에 한 팀이 될 수 있을까?

리더 자신의 위기의식에 불을 지폈던 시간만큼 담당자도 준비할 여력이 필요하다

진정한 변화는 위기의식의 극대화, 비전의 극대화, 그리고 계획의 극대화가 함께 이루어질 때 가능하다. 이를 공식화한 것이 'C=DVP'[32]다. 여기서 'C'는 'Change'로 변화 혹은 변화 정도를 말한다. 'DVP'는 불만족Dissatisfaction(이 상태로는 안 된다는 위기의식과 연결된다), 비전Vision, 그리고 계획Plan을 나타낸다. 변화 가능성을 점수로 보려면 각 요인을 10점 만점 기준으로 평가하면 된다. 10점씩 점수를 주면 전체 1,000%가 되므로, 세 개 요인을 곱한 후 다시 10으로 나누면 퍼센트가 나온다. 실제로 이 점수에서 변화 요인이 80% 이상 나올 때 변화가 가능하다.

Change (변화 정도)	=	Dissatisfaction (불만족 혹은 위기의식)	×	Vision (비전)	×	Plan (계획)
%	=	(10×10×10) / 10				

앞서 현장 에피소드의 I상무는 '조직 내 정반합의 토론 문화'를 만들기 위해 모임을 만들었다. 변화 정도를 퍼센트로 전환하려면 10점 만점으로 각 요인을 평가해봐야 한다. 다음의 세 가지 질문으로 구성원의 입장에서 각 요인의 점수를 평가해보니, 다음과 같았다.

- 함께 모인 구성원 6인이 '미래의 ○○에 대해 고민하지 않으면 안 된다'라고 느끼는 심각성, 불편함, 변하지 않으면 위기라

고 생각되는 점수는 10점 만점 중 몇 점일까요?

- 이 6인은 이에 대한 비전이 명확한가요? 10점 만점 중 몇 점일까요?
- 이 6인은 이에 대한 계획은 어떠한가요? 10점 만점 중 몇 점일까요?

Change	=	Dissatisfaction	×	Vision	×	Plan
상무가 제시한 구성원의 점수	=	3점	×	2점	×	2점
		(3×2×2)/10 = 1.2%				

변화 정도가 12%밖에 되지 않는데, 어떻게 변화가 시작될 수 있겠는가. I상무는 이 공식을 통해 구성원의 상태를 살펴보게 되었다. 12%의 변화 지수를 어떻게 높일 수 있을까? 세 가지 포인트가 있다.

첫째, 한 팀이 되는 게 먼저다

새로운 계열사 대표로 가게 된 B대표는, 전반적인 사업 리뷰를 하면서 핵심역량은 높이면서 효율화를 꾀하는 전략을 수립하고자 했다. 전통적인 제품을 다루고 있던 이 회사는, 다른 계열사에 재고 및 공급망 시스템이 있음에도 불구하고 사람 손에 의지하는 매뉴얼 방식으로 일하고 있었다. 당장 두세 가지 영역에서 자동화 시스템을 구축해야 했는데, 문제는 이 과제를 누구에게 줄까 하는 것이었다. 자동화 시스템을 만들면, 어차피 해당 임원이 관리해야 하므로 이들을 설득하고 지도하면서 가야 할까? 아니면 잘 모르는 일에 임원을 의사결정자로 두면 일의 진척도가 느리니 대표 직속의 TF 조직으로 만들어야 할까?

지혜의 책이라고 불리는 성경의 잠언에는 '부지런한 자의 경영은 풍부함에 이를 것이나 조급한 자는 궁핍함에 이를 따름이니라'(잠언 21:5)라는 구절이 있다. 이 구절을 가만히 보면, 두 개의 태도를 대조시키고 있다. '부지런한 자'와 '조급한 자'이다. 부지런함의 반대말이 게으름이 아니라 조급함이라는 것이다.

이 구절을 소개하며 질문한다. "대표님은 지금 부지런하신 건가요? 조급하신 건가요?" B대표는 자신이 '조급한 자'의 상태에 있다고 시인한다. 이때 질문 하나를 더 한다. "대표님은 임원들과 한 팀이라고 생각하시나요?" 잠시 침묵했던 B대표는 "그러네요. 이들과 당연히 함께 갈 것이라고 생각했는데, 해야 할 미션이 구체화되니까 조급해지기 시작했어요. 어떻게 하면 팀이 될까를 생각하기보다는 어떻게 효율적으로 일할지만 생각했네요. 이 일이 왜 중요하고 어떤 의미가 있는지를 논의할 수 있는 팀이 먼저 되어야겠어요."라고 한다.

앞서 현장 에피소드의 I상무는 다시 처음으로 돌아가 하나씩 쌓아 올리기로 하였다. 여섯 명이 열정을 보일 수 없는 이유가, 이미 너무 많은 업무에 시달리고 있기 때문임을 이해하게 되었다. 여섯 명 각각과 1on1 미팅을 가졌다. 회사에서 어떤 일들이 가장 흥미롭게 느껴지는지, 일을 하면서 드러난 강점은 무엇인지, 어려운 점은 무엇인지, 자원과 시간이 무한하다면 무엇을 하고 싶은지, 그 일을 한다면 어떤 제약조건이 있는지 등에 대해 허심탄회하게 이야기를 나눴다. 1on1 미팅 후에 전체가 모여 나눈 이야기를 공유하고,

현재 업무에 지장을 갖지 않는 선에서 아주 가벼운 한 가지 주제를 가지고 스터디를 하는 것으로 합의하였다. I상무는 변화는 알아서 하게 둘 수 없는 것임을 그리고 하나의 팀을 이루는 노력이 선행되어야 함을 깨달았다. 그렇다. 특히 '변화'는 상사가 '일을 던지고 지켜보는 것'에서, '일을 함께 만들어가는 개입'으로 전환되어야 가능하다. 일을 함께 만들기 위해서는 하나의 팀이 되는 노력이 선행됨은 물론이다.

둘째, 담당자의 위기의식을 서서히 높여라

대부분의 리더는 자신이 이 일에 위기의식을 느끼기까지 많은 시간과 노력을 투자한 것처럼, 변화의 주축이 되는 담당자에게도 그만큼의 시간과 정보가 필요하다는 것을 간과한다. 본인은 특정 세미나, 네트워킹을 통한 인사이트, 뉴스, 고급 정보, 책, 검색 등을 통해 서서히 위기의식을 높여갔을 것이다. 그 위기의식으로 사람들을 독촉하기 시작한다. '변하지 않으면 우리는 죽는다'고 말이다. 그러니 빨리 그림을 그려보자Vision고 기획Plan을 독촉한다.

위기의식이 없는 구성원들은 '하라니까 한다.' 리더는 자신만큼 뜨거움이 없는 담당자들을 보면서 마음이 점점 조급해지고 비난하기 시작한다. 심리적 팀워크는 점점 와해되고 리더가 원하는 답, 그러니까 실제가 아닌 기대치를 보고하며 시간을 끈다. 동의하지 않은 일에 어떻게 헌신할 수 있겠는가. 계획했던 일이 생각대로 되지 않고 실패로 끝나면, 이제 리더가 어떤 말을 해도 마음의 문을 닫은 사람들은 이전보다 더욱더 움직이지 않게 될 것이다. 리더는 작

[표 9] 위기의식을 높이기 위한 계획

아젠다 '물류 자동화'		소집단	중간집단	대집단
대상		(예) 임원들	실장 및 팀장들	실무 구성원들
불만/위기의식	단기 (시간/내용)	(예) • 시간: 총 3시간. 주간 회의 후 30분씩 6회 • 내용: 같은 업종의 글로벌 회사 사례 발표와 나눔 3회. 이 분야를 연구하는 교수진의 특강 2회. 고객 니즈 분석 1회.		
	장기 (시간/내용)			

출처: MBCI Business Coaching, 모듈 3의 표를 참조하여 항목을 수정함.

은 시도 하나로 조직문화에 부정적인 심지 하나를 심게 된다.

그렇다면 어떻게 리더의 위기의식만큼 담당자의 위기의식을 끌어올릴 수 있을까? 계획해야 한다. [표 9]는 그 계획의 예시이다. 위기의식을 높이기 위해서 필요한 분야에 대해 스터디를 시작할 수 있다. 아티클이나 최신 정보들을 읽고 요약해서 발표하고 의견을 나누는 것이다. 그 분야의 대가나 전문가를 초청해서 특강을 듣거나 토론할 수 있다. 변화 아젠다가 얼마나 깊고 큰 것이냐에 따라 위기의식을 끌어올리는 시간과 정보의 양은 달라질 것이다.

셋째, 다양한 방법으로 변화를 강화하라

물리적 중력이 우리를 끌어당기고 있듯이, 우리 마음에는 기존의 방식대로 하고자 하는 심리적 중력도 작용한다. 대부분의 사람에게 변화를 꾀한다는 것은 중력의 법칙에 반하는 노력을 요구하는 것과 같다.

키스 페라지Keith Ferrazzi[33]는 알콜중독자들의 모임에서 조직변화를 위한 팁을 얻을 수 있다고 보았다. 알콜중독자의 모임에서는 다양한 방식으로 알콜중독에서 벗어나도록 돕고 있다. 우선 금주 노력을 지속하도록 동료들이 지원하고 압력을 행사한다. 작더라도 행동변화가 있다면 축하한다. 술을 먹고 싶은 욕구를 어떻게 제어했는지, 제어에 실패한 날은 이유가 무엇인지 말하게 하고 듣고 공감하며 격려한다. 금주에 성공한 동료가 지금 막 금주를 선언한 사람을 멘토링하고 코칭해주는 동료 코칭을 지원한다. 아주 작은 새로운 습관을 권장해주고 좋은 롤모델을 선정하고 그 사람의 성공담을 듣기도 한다. 금주한 날 받았던 토큰을 '술 마신 하루'로 인해 모두 회수하는 부정적 강화도 실행했다. 그러나 다시 금주를 시작하면 다시 토큰을 모을 수 있도록 독려하고 지원했다. 매일 먹던 술을 먹지 않는 것은 지독한 중력에 저항하는 막강한 변화이다.

이 강력한 변화에 사용하는 기법들을 조직변화를 위해서 사용할 수 있다. 즉 작은 성공을 알아보고 축하해주어야 한다. 새로운 것을 시도할 때 격려해주고, 실패한 것에 대해 공유와 성찰이 일어나도록 도와야 한다. 변화의 진척도를 상호 볼 수 있도록 해서 동료 압력을 통해 시너지가 일어나도록 해야 변화의 지속성을 강화할 수 있다. 리더의 목표는 '완벽'이 아니라 '진전'에 있어야 한다. 지속적인 성찰, 편안하게 성공과 실패와 고민을 나누는 환경을 만들어

내는 것이 성공의 열쇠이다.

변화를 시작할 때 맞닥뜨리는 여섯 가지 고민을 해결하라

미국의 소설가 마크 트웨인Mark Twain은 "변화를 좋아할 유일한 사람은 젖은 기저귀를 차고 있는 갓난아기밖에 없다."라고 말한다. 축축하고 무거운 기저귀 때문에 걷기 힘든 상황이 돼야 변화에 고개를 들 수 있다는 뜻인 것 같다. 변화에 대해 말하기는 좋지만 결과물이 나올 때까지 인내와 성실을 유지하고, 실패에도 불구하고 과제에 집착하며, 결국 해내리라는 긍정성의 유지가 얼마나 고되고 더딘 것인지를 반증하는 비유가 아닐까 싶다. 리더십의 대가인 켄 블랜차드는 "조직이 변화하려면 목적지를 알려주는 것으로 끝내서는 안 된다. 변화를 위한 여정을 관리해야 한다"고 말한 이유도 여기에 있으리라.

켄 블랜차드는 변화에 실패하는 이유는 크게 세 가지라고 보았다. 첫째는 리더들(변화를 주도하는 사람들)이 변화를 선언하는 것과 변화를 실행하는 일을 동일시하는 것이다. 변화하자고 선언만 하면 그것이 이뤄질 것이라고 착각하는 것을 말한다. 둘째, 직원들의 변화에 대한 고민들을 표면화시키지 않고 내버려 두기 때문이다. 셋째, 변화를 요구받는 사람들이 변화 계획에 참여하지 않는 것이다.

켄 블랜차드는 이 세 가지 실패 요인을 해소할 수 있는 방안으로 변화에 직면한 사람들이 갖게 되는 예측 가능한 고민 여섯 가지(진홀Gene Hall과 동료들의 연구를 인용)를 제시하였다. 이 고민은 변화가 시작되면서 순차적으로 일어나는 것이기 때문에 리더는 이 순서에 따라 그 여정을 관리해야 한다. 그 고민은 바로 다음과 같다.[34]

① 정보에 대한 고민
② 자신에 대한 고민
③ 실행에 대한 고민
④ 효과에 대한 고민
⑤ 협력에 대한 고민
⑥ 개선에 대한 고민

이 고민을 세 가지로 묶어서 살펴보자.

첫째, '정보'와 '자신'에 대한 고민을 해결하라

정보에 대한 고민은 앞서 이야기한 위기의식과 관련되어 있다. 변화 초창기에 구성원들은 무엇을 변화해야 하는지, 변화를 위해 무엇이 필요한지, 지금 상태를 유지하는 것은 왜 안 되는지, 얼마만큼 그리고 얼마나 빨리 변해야 하는지에 대한 질문을 가지고 있다. 이때 리더가 명확한 커뮤니케이션을 하지 않거나 소수의 몇 사람에게 이야기하면서 그 사람들이 알아서 소통해줄 것이라고 기대하면, 말도 안 되는 소문이 팀의 단결을 와해시키게 된다.

리더가 소통해야 할 '정보'는 크게 두 가지다. 첫째는 변화 이유와 목적Why에 관한 정보다. 이 정보는 리더가 일방적으로 말해주기보다는 앞서 언급한 위기의식을 고조시키는 방법을 사용하는 것이 좋다. 위기의식을 고조시키면서 과제 도출이 명료하게 되었다면 이제 두 번째 정보를 줘야 한다.

두 번째 정보는 기대와 열망을 유지하도록 돕는 정보다. 변화가 시작될 때, 사람들은 두려움도 있지만 호기심과 높은 기대도 있다. 이 기대를 유지하기 위해서는 과업의 끝그림에 반드시 포함시켜야 할 항목들이 있다. 즉 과제의 가시적 성과뿐만 아니라, 구성원의 학습과 성장, 효율성 개선, 협업 프로세스, 고객 만족 등과 같은 항목을 포함시켜야 한다는 것이다. 예를 들어 '물류 자동화 시스템 구축을 통한 재무적 이익'이 가시적 성과라면, 그 성과 외에 그 일을 통해 구성원의 학습과 성장이라는 측면에서 협업 및 의사결정 프로세스의 효율화라는 측면에서 고객이 누구인지 그리고 고객 만족이라는 측면 등에서 성과를 재정의하는 것이다.

이런 정보들을 공유할 때 실무자들은 심리적으로 동의하면서 또 다른 고민을 갖는다. '자신'에 관한 것이다. 실무자들은 '이 변화가 나에게 어떤 영향을 미칠까? 그 변화를 수행하는 데 있어 나에게 해당되는 부분은 어떤 것일까? 나에게 득이 될까 실이 될까? 내 모습이 어떻게 보일까? 이런 변화를 실행할 시간을 확보할 수 있을까? 새로운 기술을 배워야 하나? 내가 할 수 있을까? 하는 고민들이다. 이 고민을 해결해주지 않으면 실무자들은 '필요한 변화'라고 생각하면서도 저항하고 움직이지 않을 것이다.

따라서 어떤 두려움이 있는지, 어렵지만 이것을 해냈을 때 어떤 부분에서 성장이 있기를 원하는지 이야기 나눠야 한다. 이러한 대화와 논의 중에 좋은 가이드라인을 도출해 낼 수 있다면 금상첨화다. 예를 들어, '아니면 말고'라는 마음으로 의견을 마구 던지기, 정반합을 통해 최적 안을 이끌어내는 성공체험하기, 상대방의 이야기를 들을 때 존중하고 칭찬하기 등과 같은 것이다. 이런 경험 속에서 작은 성공체험을 경험한다면, 이 행동은 지속될 확률이 커지고 조직문화에 흡수될 가능성이 커지기 때문에 매우 중요한 성과이다. 다양한 차원에서 끝그림이 그려지면 사람들은 막연한 것을 시각화하면서 좀 더 안심하게 된다. 그러나 고민이 여기서 끝나는 것은 아니다.

둘째, '실행'과 '효과'에 대한 고민을 해결하라

실행하는 단계에 들어서면 실무자들은 무엇부터 해야 할지, 순서가 맞는지, 변화 도중에 생겨나는 문제들을 해결하기 위한 기술적 지원이나 해결책을 어디서 얻을 수 있는지, 현재 가진 정보와 자원들을 어떻게 하면 최대한으로 이용할 수 있을지 알고 싶어 한다. 따라서 언제까지 무엇을 해야 하는지에 대한 마일스톤milestone만 설정할 것이 아니라, 실행에서 일어나는 어려움을 토로하고 해결할 대화의 장을 만듦으로써 자신감을 갖도록 도와야 한다. 또한 이 과정에서 계획을 좀 더 정교하고 구체화할 수 있도록 구성원에게 요청해야 한다.

여기까지 순조로웠다면 사람들의 마음에는 효과에 대한 고민이 서서히 떠오르게 된다. '내 노력이 결과물에 영향을 미치고 있는가? 이런 노력을 기울일 가치가 있는가? 진전이 있는가? 상황이 좋아지고 있는가? 어떻게 좋아지고 있는가?'가 그것이다. 이때 가장 좋은 것은 작은 성공체험을 하는 것이다. 초반에 매우 작은 성공체험을 하도록 설계함으로써 함께 모여서 노력하면 이룰 수 있다는 경험을 갖는 것이 중요하다. 만약 그게 어렵다면, 리더는 진전과 진보에 대해 리뷰하고 격려해야 한다. 처음 시작했을 때보다 우리가 어떤 역량이 강화되고 있는지, 시행착오 속에서 무엇을 알아냈는지 리뷰하는 것이다. 도착점을 바라볼 때는 답답하지만, 출발선에서 회고해보면 용기가 생긴다.

두 가지를 기억해야 한다. 하나는 '결과에 대해 챌린지를 하는 것'과 동시에 '진보에 대해 격려하는 노력' 간에 균형이 있어야 한다는 것이다. 다른 하나는, 사람들은 실행을 하면서도 여전히 두려움과 방어를 나타낼 수 있다는 것이다. 언제까지 용기를 주어야 하나 싶어 힘이 빠질 수 있겠지만, 지치지 않고 도전하도록 격려하는 것이 바로 리더십이다. 목표가 없다면 두려움이 생기지 않는다. 실무자들이 두려움을 나타낸다면 그것은 목표가 그만큼 묵직하게 느껴지기 때문이다.

셋째, '협력'과 '개선'에 대한 고민을 해결하라

변화가 어느 정도 가시화되면서 실무자들은 한껏 고무될 것이다. 자신의 노력이 실제 성과로 반영되고 있으니 말이다. 이때 실무자들은 이 긍정적 효과를 다른 사람에게 확장하고 싶어 한다. '누가 참여하면 이 일이 더 의미 있게 될까? 어떻게 하면 변화의 의미를 퍼뜨릴 수 있을까? 누구와 파트너가 되고 화합해야 할까?'를 고민하는 것이다.

이때 리더가 할 일은 두 가지다. 하나는 성과뿐만 아니라 참여한 사람들이 어떤 부분에서 성장하고 학습했는지, 새롭게 개발한 재능은 무엇인지 리뷰하는 것이다. 또한 이 재능과 성공을 어디에 재투자할 것인지를 함께 토론하며 격려하는 것이다. 둘째는 아직 형세를 관망 중인 사람들에게 이 조기 수용자들이 다양한 채널을 통해 초대장을 뿌리도록 돕는 것이다. 과정적 혹은 결과적 성과에 대해 발표하는 세션을 만들어서 사람들이 자유롭게 참여하도록 하거나, 관련 사항을 뉴스레터로 발행하거나, 영상을 촬영하여 타운홀 미팅에 쓸 수도 있다.

프로젝트를 마무리하는 시점이 되면 개선에 대한 고민을 하게 된다. 원래의 아이디어를 어떻게 하면 더 발전시킬 수 있을지, 어떻게 하면 변화가 더 큰 힘을 가질 수 있을지에 관한 것들이다. 변화에 헌신하면서 얻은 결과가 무엇인지, 그것이 개인과 조직의 지속가능성을 어떻게 확장시켰는지 리뷰하면서, 조직 내 발전과 혁신이 계속 이뤄질 수 있도록 뒷받침해야 한다.

유의해야 할 것은, 이 고민들이 순차적으로 일어나는 것은 맞지만 사람들마다 다른 고민의 단계에 놓여있다는 것이다. 어떤 실무자는 1단계인 정보에 대한 고민을 하는 중인데, 어떤 실무자는 2단계나 3단계에 와 있을 수 있다. 따라서 관찰을 통해 계층별로 혹은 핵심부서별로 어떤 단계에 와 있는지 확인하고 대처해야 한다.

또한 조직의 기회와 변화가 어디에 있는지 다양한 채널을 통해 들어야 한다. 상급자일수록 정보에서 편식이 일어나지 않도록, 잘 다듬어진 정보만 받지 않도록 소통의 채널을 열어 두어야 한다. 정보를 얻었을 때 그 정보를 건강하게 활용한다는 것을 보여주어야 한다. 그 모습을 신뢰하게 되면 더 좋은 정보가 리더에게 흘러들어 온다.

변화관리 분야의 세계적 석학인 존 코터John Kotter는 "사람들은 각오가 서기 1분 전까지도 변화하지 않는다."라고 말한다. 각오가 서게 만드는 것이 바로 리더십이다. 어렵지만 성실성을 가지고 하나씩 해보자.

셀프 코칭

다음의 질문에 답하면서 변화를 위한 계획을 해봅시다.

Q1. 우리 조직이 가진 변화 과제에 대해 어떤 상태에 있는지, DVP로 평가해보세요.

- 진정한 변화는 위기의식의 극대화, 비전의 극대화, 그리고 계획의 극대화가 함께 이루어질 때 가능하다.
- 이를 수식으로 쉽게 표현하면, DVP/10=X(%)이다. 변화는 최소한 80%의 수치가 나올 때 '실제의 변화'가 이루어지는 것으로 본다.
- 팀이 함께 변화해야 한다면, 이 3가지 요소의 극대화가 공유되어야 한다.
- 변화를 위해, 3가지 요소 중 가장 낮은 것이 무엇인지 파악하고, 이를 극대화 할 수 있는 방안을 계획해야만 한다.
- 변화해야 할 목표/내용: ________________________________
- 함께 변화해야 할 사람들: ____________(인원: 명)
- 이들의 변화 정도 체크: 위기의식( )×비전( )×계획( )= ______%

• 수치가 80%가 안 된다면, 가장 낮은 요소는 무엇인가요? 이를 높일 수 있는 시간과 방안이 무엇인지 아래의 표를 참조하여 계획하세요.

아젠다		소집단	중간집단	대집단
대상				
불만/위기의식	단기 (시간/내용)			
	장기 (시간/내용)			
비전 (Vision)	단기 (시간/내용)			
	장기 (시간/내용)			
계획 (Plan)	단기 (시간/내용)			
	장기 (시간/내용)			

Q2. 우리 조직의 변화 과제에서 실무자들은 어떤 상태에 있나요? 실무자의 고민을 해결하기 위해 무엇을 해보고자 하는지 계획해봅시다.

고민의 단계	어떤 단계에 분포하고 있는가?	리더로서 대응 방안
정보에 대한 고민		
자신에 대한 고민		
실행에 대한 고민		
효과에 대한 고민		
협력에 대한 고민		
개선에 대한 고민		

15

조직 내의 암묵적 가정을 관리하라

현장 에피소드

코치님, 제가 있던 외국계 회사에서는 디베이트debate가 중요한 조직문화였습니다. 정반합을 통해 최적의 의사결정을 만들어내는 문화가 있었기에 이 분야의 최고가 된 겁니다.

그런데 지금 회사는 제가 다른 논점을 제시하면 '딴지를 건다'고 생각합니다. 최적의 안을 만드는 데 관심이 있는 게 아니라, 방어하거나 위축되어 토론이 안 됩니다. '의견을 내는 것'과 '그 사람에 대한 평가'는 다른 것인데, 의견을 자신과 동일시하는 게 아닌가 싶습니다. 최적의 안을 도출하기 위해 머리를 맞대보자고 설득해도 바뀌지 않습니다.

게다가 근거가 확실하지 않은 일을 들고 와서 '의사결정해달라,' '협력해달라' 합니다. 불확실성을 해소하지 않고 일을 할 수 없기에 저는 좀 더 근거를 보완해달라고 요청을 하죠. 이런 일이 반복되다 보니 저도 점점 예민해지고 올라오는 자료를 믿을 수 없다는 생각에 보완점을 체크하면서 가려니 힘이 듭니다.
본인들의 부족함은 생각지 않고, 저를 매우 호전적이고 까칠하며 협조를 잘 하지 않는 사람, 자료나 지식을 공유해주지 않는 사람으로 매도하고 있습니다. 입사할 때는 제게 메기 역할을 기대한다고 했던 상사도 회사의 'way'에 맞게 행동해달라고 합니다.
더 좋은 의견이 있는데도 그걸 숨기고 이대로도 훌륭하다고 말해주어야 하나요? 아니면 친절한 모습으로 부족한 콘텐츠를 메꾸기 위해 계속 제 시간을 써야 하는 걸까요? 조직문화를 더 발전적인 방향으로 바꾸고 싶은데 어떻게 해야 할까요?

대기업 계열사 C대표께서 코칭 세션에서 이렇게 묻는다.

"코치님. 제가 지난달에 3년차 구성원들과의 타운홀 미팅에서 '협업'에 대한 이야기를 나눴습니다. 나름대로 좋은 메시지로 전달했다고 생각하는데, 메시지에서 빠진 건 없는지 이후에 무엇을 더 해야 할지 고민입니다."

"어떤 메시지를 들려주셨는지 듣고 싶어요."

"'협업collaboration과 분업은 다르다. 일을 분담을 하는 것은 분업 혹은 협력corporation이다. 그러나 어려운 일이거나 부가가치가 높은 일은 분업에서 결국 협업으로 가게 된다. 분업이 아니라 협업을 할 수 있다는 것은 그만큼 가치가 높은 일을 하고 있는 것이다. 실제로 협업을 하면, 자신의 수준도 알게 되고, 어떤 역량을 키워야 하는지도 배우게 된다. 협업에 대해 좀 더 마음을 열어보자.' 이 정도로 이야기한 것 같네요."

평상시 C대표의 합리적이고 상식적인 행동이 곁들여지면서, 구성원들에게는 상당히 설득력 있게 들렸을 것이다. 메시지는 훌륭했는데, 그렇다면 그다음에는 무엇을 해야 할까?

해답을 찾으려면 알아야 할 것이 있다. 조직풍토Organizational Climate와 조직문화Organizational Culture라는 개념이다. 조직풍토의 영어 표현을 보면 쉽게 이해가 된다. 풍토Climate는 구성원들이 지각하는 날씨이다. '대표님이 협업에 대해 이런 생각을 하고 계시고, 협업을 가치 있게 생각하시는구나. 그런 관점에서 생각할 수 있겠네.'라고 인지하는 것이다. 그러나 조직풍토와 달리 조직문화는 '대물림되는 족보'와 같다. 선배들로부터 전수돼온 암묵적인 가정, 신념, 가치다.

만약 선배들이 "협업? 우리 팀장이 진정한 협업에 대해서 아나? 팀 내에서 일 좀 잘한다 싶으면 이 일 저 일에 계속 불려 다녀. 그렇다고 내가 해야 할 업무가 줄어드는 게 아니야."라든가 혹은 "다른 팀과 협업하라고? 팀 KPI와 연동되지 않으면 불이익을 받을 게 뻔한데 협업을 하겠어? 팀장도 하는 시늉만 하지 실제로는 몰입하지 않는다고."라는 족보가 떠돈다면, 대표이사의 타운홀 미팅으로 잠깐의 날씨는 바뀔지 모르지만 결국 사람들은 족보대로 행동하게 된다. 이 관점에서 본다면 C대표의 행동 방향은 분명하다. 구성원들 입에서 다음과 같은 말들이 구전되어야 한다.

"협업을 하니까 더 큰 가치를 만드는 데 내가 기여했다는 마음이 들어서 뿌듯하고, 그 과정에서 진짜 많이 배웠어. 협업 과제를 진짜 밀어주더라고. 필요한 리소스도 배분받았고, 문제가 생길 때 누구 탓으로 돌리기보다 집단지성으로 해결해나갔지. 그 과정에서 갈등을 해결하는 방법을 배운 것도 큰 소득이었어. 그리고 노력한 것이 정량·정성 평가에도 반영되니 또 하고 싶었어. 너도 기회가 될 때 자원해라! 고생한 것만큼 보람찰 거야!"

이러한 말이 나오려면 어떻게 해야 할까. 임원을 포함한 리더들이 실제 행동으로 협업을 지원하고 격려하며 보상해야 한다. 말은 쉽지만 실천은 쉽지 않다.

조직문화, 무엇이 핵심인가?

코칭을 의뢰한 스타트 기업에 제안 프레젠테이션을 하러 갔다. 사업 특성상 코로나 팬데믹으로 인해 오히려 사업이 가파르게 성장하고 있었다. 구성원의 수가 급격히 불어나다보니 아직 리더십이 준비되지 않은 스타트업 초기 멤버들이 임원으로 승진했고, 30~40대 초반의 임원진들은 사업 확장과 리더십의 이중고를 겪고 있었다. 회의실로 올라가는 복도에는 '상대를 존중하자,' '끝까지 경청하자'라는 문구가 걸려있었다. 이것이 이 회사의 소중한 핵심가치인지, 아니면 잘 안되기 때문에 각성 차원에서 걸려있는 것인지 궁금해하며 회의실로 들어섰다.

약속 시간이 좀 지나서야 CEO가 들어서고, 우리에겐 눈길조차 주지 않은 상태에서 다짜고짜 "자, 말씀해보세요."한다. "예, 안녕하세요? 초대해주셔서 감사합니다."라고 인사를 건네며 대표가 바쁘게 움직이는 핸드폰 문자를 마무리하고 나를 쳐다봐주길 기다리고 있었다. 그걸 눈치챘는지, 대표는 여전히 핸드폰을 보면서 "다

듣고 있으니까 신경 쓰지 마시고, 하시고 싶은 말씀하세요."라고 말한다. 복도에 있는 '존중'과 '경청' 문구가 왜 나왔는지 알 것만 같았다. 이 CEO는 모르고 있다. 자신이 겉으로 드러내는 가치와 실제 행동이 매우 다르다는 것을. 그리고 구성원들은 드러내는 가치보다 리더들의 실제 행동을 통해 자신의 처세를 결정한다는 것을 말이다.

조직문화의 세 가지 수준

《두려움 없는 조직》에서 에이미 에드먼드슨Amy Edmondson은 조직문화를 간단한 용어로 정리한다. '문화'는 살아가는 방식을 말하고, '조직'은 공동의 목표를 달성하기 위해 함께 일하는 곳이니, 조직문화란 '일하는 방식'이라고 정의할 수 있다는 것이다. 그래서 조직문화를 혁신하고 싶다는 말은 일하는 방식을 혁신하고 싶다는 이야기와 일맥상통하다.

따라서 일하는 방식을 혁신하고 싶다면, 일하는 방식이 무엇에 의해 움직여지는지 알아야 한다. 조직문화의 대가인 에드거 샤인은 그 원리를 조직문화의 세 개 구조로 설명한다.[35]

가장 위에 보이는 인공물artifacts & behavior은 눈으로 확연히 볼 수 있는 것들이다. 회사 건물, 주차장, 로비, 그리고 사장실에 걸려 있는 선대 회장 사진들로부터 구성원의 복장, 조직 구조, 제도, 용어, 환경 등이 그것이다. 인공물은 경영진의 의지에 의해 바꿀 수 있는 것이 많다.

인공물 아래에는 그 회사가 표방하고 있는 표출된 가치espoused

[그림 15] 에드거 샤인의 조직문화 모델

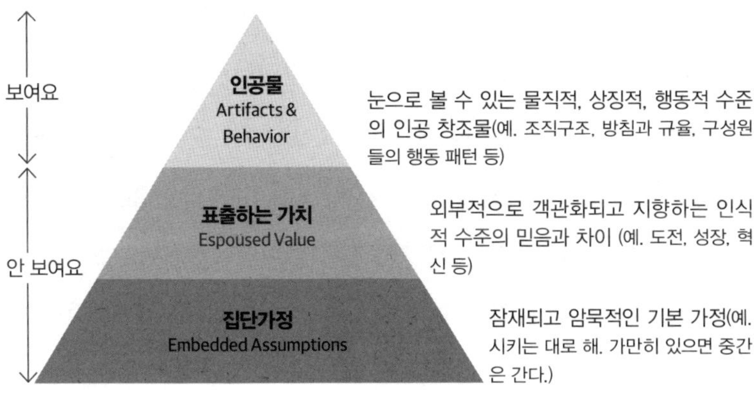

value가 있다. 홈페이지에 수록된 핵심가치 혹은 회사를 방문하면 출입문과 구내식당 등에서 쉽게 눈에 띄는 캐치프레이즈catchphrase 등을 말한다. 1등 주의, 도전, 성장, 혁신, 한 세대 앞서가기 등과 같은 가치가 표방가치에 해당된다. 앞서 언급했던 스타트업의 '상대를 존중하자,' '끝까지 경청하자'와 같은 캐치프레이즈도 이에 해당한다. 이 또한 경영진의 노력과 인사조직의 노력으로 표방하는 가치를 교체 수정할 수 있다

조직문화의 가장 아래 깊은 곳에 자리 잡고 있는 것이, 기본 가정basic assumption 혹은 암묵적인 가정embedded assumption이다. 이는 수년간 서로 공유되고 점진적으로 누적되어 만들어진 믿음이다. 즉 어떻게 생각하고 행동해야 이 조직에서 살아남을 수 있고 성공할 수 있는지를 정리해둔 '족집게 회사생활 매뉴얼'이다. 이것이 조직문화, 즉 일하는 방식을 결정짓는 것이다. 그러니 새로운 경영진이

새로운 캐치프레이즈로 "이런 조직이 됩시다!", "끝까지 경청합시다!"라고 외쳐도 조직이 바뀌지 않는 것은, 이 은밀한 노하우로 전수되어온 암묵적 가정이 안방을 차지하고 있기 때문이다.

구성원들은 생존과 적응을 위해 그 암묵적 가정과 신념을 배운다. 그리고 그 조직에서 수용 가능한 것과 수용되지 않는 것이 무엇인지 알아채고 그것에 기반하여 커뮤니케이션한다. 예를 들어 "우리 조직에서는 회의 시간에 이견을 말하면 모난 돌 정 맞듯 한다"와 같은 암묵적 가정을 가진 조직이라고 가정해보자. 새로운 사람이 조직에 들어오면 선배들은 재빨리 조직에서 살아남는 비법을 전수해준다. 회사에 좋은 기여를 하겠다는 다짐을 한 경력사원이라도 선뜻 자신의 의견을 내놓지 않게 된다. 물론 반대의 예도 가능하다. "우리는 직책이 있는 사람의 의견보다는 합리적인 데이터를 통해 의사결정하는 조직이야. 그러니 너의 견해를 뒷받침할 합리적인 데이터를 취합하여 제안하는 노력을 해야 한다"라는 노하우를 전수해주는 조직이라면, 새롭게 합류하는 멤버들도 쉽게 전이될 수 있다.

소위 '잘나간다'는 글로벌 기업의 조직문화 특징

《사우스 웨스트 방식》의 저자 조디 호퍼 기텔Jody Hoffer Gittell은 '새가 좌우 양 날개로 날아가는 것처럼 리더십도 마찬가지다.'라고 말한다. 리더의 한쪽 날개는 미래에 대한 통찰력을 바탕으로 한 냉철한 전략이 실려야 하고, 다른 날개는 따뜻한 마음으로 직원을 움직이는 감성이어야 한다는 것이다. 이 책의 주인공인 사우스웨스트 항공 창립자 허브 켈러허Herb Keleher는 "나폴레옹이 러시아 침공에 대해서 부하들과 논의한 것은 전략이고, 100만 군대를 러시아로 행군하게 만든 것은 문화였다."라고 말한다. 특히 프랑스군을 움직인 것은 전략과 논리가 아니라 '감정'이었고, 프랑스군을 행동으로 이끈 것은 결국 문화였다는 것이다. 그러니까 조직의 전략보다 조직문화가 훨씬 더 중요하고 그 문화에 공을 들이는 것이 중요하다는 것이다.

그렇다면 요즘에 잘나간다는 회사들은 어떨까? 캔닝과 동료들E. A. Canning at al[36]은 실리콘밸리를 포함해 소위 잘나간다는 기업들의 조직문화를 연구했다. 그 결과 생산적이고 경제적으로 성공한 조직들의 문화에는 세 가지의 공통된 특징이 나타났다. 협업collaboration, 혁신innovation, 그리고 진실성/윤리적 행동integrity/ethical behavior이 그것이다. 기업의 수장이라면 어떤 대가를 치루더라도 갖고 싶은 이 세 가지 정신과 행동이 그야말로 '족보'가 되어 구전되고 현업에서 구현되고 있다는 것이다.

그렇다면 이 세 가지 행동을 가능하게 하는 것은 무엇일까. 에드거 샤인은 이 문화를 관통하는 핵심신념core belief를 발견했는데, 바로 구성원 간 신뢰와 헌신이 조장되어 있다는 것이다. 서로가 약속한 것을 성실히 이행하기 위해 상호 헌신할 것이며, 이것들을 리더와 조직이 알아줄 것임을 믿는 마음이 굳건하다는 것이다.

이 핵심신념은 쉽게 얻어진 것이 아니리라. 어디서부터 시작해야 할까. 아마도 리더와 구성원이 갖고 있는 암묵적 가정을 살펴보고 그 가정으로부터 깨고 나오는 것이 방법일 것이다. '말만 하고 행동하지 않는' 리더의 암묵적 가정은 무엇인지, 그리고 '어떤 말을 해도 좀처럼 마음을 열지 않는' 사람들의 암묵적 가정은 무엇인지 살펴보자.

리더와 구성원들은 서로 어떤 암묵적 가정을 가지고 있을까

리더들이 '변화하고자 하는 방향'은 선포하면서도 '실제 행동으로 꾸준히 옮기지 못하는' 이유는 무엇일까? 리더는 어떻게 조직풍토를 바꾸어 갈 수 있을까? 또 사람들은 왜 이렇게 변화를 수용하지 않으려 하는 걸까? 어떻게 해야 사람들이 변화를 수용하고 인간 본연의 주도성을 펼치도록 도울 수 있을까?

리더들이 가지고 있는 암묵적 가정

《변화면역》에서는 도전을 두 가지로 나눈다. 하나는 '기술적 도전'이고 다른 하나는 '수용적 도전'이다. 기술적 도전은 절차와 기술만 있으면 변화에 성공할 수 있는 도전이고, 수용적 도전은 마인드셋을 전환시켜야 성공할 수 있는 도전이다.[37] 예를 들어 금연이라는 도전을 한번에 성공한 사람은 금연하는 절차와 기술이 필요한 사람이었을 것이며, 그에게는 금연이 기술적 도전이었을 것이다. 반면 금연을 여러 번 결심하고 여러 방법으로 시도했는데도 계속 실패했다면, 그 사람은 금연 방법을 몰라서라기보다는 마인드셋 때문에 변화가 어려운 수용적 도전일 가능성이 크다.

마치 낯선 외부 자극이 몸에 들어왔을 때 면역 체계를 작동시키는 것처럼, 금연이라는 자극이 들어왔을 때, 이물질로 생각하고 공격하기 시작한다는 것이다. 금연이 자신의 마인드셋 때문에 어려움을 겪는 수용적 도전임을 모르면, 다음에도 다른 방법이나 절차를 가지고 변화를 시도하게 되고, 당연히 그 시도는 실패로 돌아간다. 따라서 《변화면역》에서는 자신의 도전이 기술적 도전인지 수용적 도전인지부터 먼저 파악하는 것이 중요하다고 본다.

예를 들어보자. '위임'이라는 목표를 가지고 코칭을 받고 있는 리더가 있다. 위임을 하겠다고 다짐하지만, '대리 같은 임원'이라는 불명예를 떼어내지 못하는 이유는 그 리더 안에 있는 마음의 면역 체계가 새로운 관점이 들어오지 못하도록 공격하고 있는 것이다. 즉 다음과 같은 면역 체계가 작동하고 있을 수 있다.

- 일을 줘봤자 어차피 내가 원하는 수준만큼 해내지 못할 것이다. 그러면 시간만 흘러가고 내가 할 공수는 더 늘어난다.
- 나만큼 할 수 있는 사람은 없다. 나 없이는 안 되는 조직이어야 한다.
- 내가 다른 사람들에게 의존적이고 스스로 많은 일을 해낼 수 없는 사람으로 비치는 것이 싫다.
- 사람은 변하지 않는다. 일머리 없는 사람들이 일을 잘하려면 다시 태어나야 한다. 다시 태어나는 것은 신의 영역이다.
- 근성 없는 사람들을 훈련해가면서까지 위임해야 하나?
- 기다려줄 수 없다. 육성해야 하는 사람이 아니라 해낼 수 있

는 사람이 조직에 필요하다. 구성원 스스로 무능하다는 것을 인식해야 한다.

- 사람을 제대로 뽑지 못한 인사조직의 잘못을 왜 내가 책임져야 하는가.

이 면역 체계가 마음과 머릿속에 가득한데, 작은 것부터 위임을 해봐야겠다고 결심해봤자 금세 이래서 안 된다고 쉽게 합리화하며 원래의 상태로 돌아간다. 이 면역체계를 바꿀 수 있는 방법은 내가 가지고 있는 마음과 생각의 마인드셋을 점검하는 것이다.

- 나는 어떤 리더가 되고자 하는가?
- 내가 맡은 조직이 2~3년 뒤에 어떤 모습으로 성장해있기를 원하는가?
- 내가 지속적으로 성장한 것처럼, 사람들도 지속적으로 성장할 수 있다는 것을 믿는가?
- 성장하지 못하는 사람으로 득실대는 조직의 현재와 미래의 모습은 어떠한가? 그런 조직의 리더는 무엇에 관심 갖고 기여하고 있는가?(프로젝트를 관리하는 리더인가, 조직을 관리하는 리더인가?)
- 위임은 무엇을 위해 필요한 것인가?
- 위임과 육성은 어떤 관계인가?

조직문화에 대해 리더들이 가지고 있는 변화는 '수용적 도전'인 경우가 많다. 즉 마인드셋을 변화하지 않으면 자신의 행동을 변화시키기 어렵다. 쓸데없는 이야기에 시간을 소모하고 싶지 않다는 마인드셋을 가지고 있다면, 몇 번은 경청하는 척할 수는 있겠지만, 결국 구성원의 업무 수행 방식부터 변화해야 한다며 '경청 도전'을 왜 할 수 없는지 이유만 늘어놓게 된다.

반대의 경우도 있다. Q팀장은 새로운 조직을 맡게 되면서 서로의 의견을 편안하게 말하는 수평적인 팀이 되자고 제안했다. 그러면서 한 가지 꾸준한 실행을 했는데, 바로 구성원과 1on1 미팅을 할 때마다 리더인 자신이 무엇을 다르게 해줬으면 좋겠는지 피드백해달라고 요청한 것이다. 다들 없다고 하는데도 Q팀장은 포기하지 않고 매번 피드백을 요청했다.

Q팀장의 노력은 10개월 만에 결실을 맺었다. 주니어 구성원이 1on1 미팅에서 처음으로 좀 더 칭찬을 해주었으면 좋겠다는 피드백을 준 것이었다. Q팀장은 주간 회의에서 드디어 피드백을 받았다고 자랑하면서, 그게 자신에게 얼마나 큰 선물인지 그리고 열심히 노력해보겠다는 다짐을 공유했다. 다들 '그게 저렇게 좋은가'하며 의아한 얼굴을 했지만 변화는 그 이후로 찾아오기 시작했다. 시니어들도 팀의 이슈와 Q팀장의 행보에 조심스러운 견해를 나누기 시작했다. 더 큰 변화는 회의석상에서 자신들의 의견을 말하기 시작했다는 것이다. 드디어 '자신의 의견을 편안하게 말하는 팀'이 되기 시작한 것이다.

구성원들은 조직 분위기상 의견을 편하게 말하는 것이 얼마나 손해나는 일인지 직간접적으로 경험했었을 것이다. 자신의 의견을 편하게 말하라는 것은 그저 리더 자신이 얼마나 열려 있는 사람인지를 드러내고 싶어 할 뿐, 대부분은 효율과 성과만 중요시한다라는 확증 편향을 가지고 있었을 것이다. 그러니 Q팀장이 좋은 사람인 줄 알면서도, 그 족보를 내려놓는 데 10개월이나 걸렸던 것이다. 만약 Q팀장이 피드백 요청을 9개월 만에 멈췄다면 어땠을까. 그들이 솔직하게 말하는 것이 얼마나 두려운 일인 줄 알았기에 Q팀장은 겸손하고 부드럽게 그러면서도 지속적으로 심리적 안전감을 주려고 했던 것이다. 실제로 Q팀장은 인사조직에서 임원 후보에 올라가 있으며, 어느 조직을 맡아도 조직을 키울 사람으로 정평이 나있다. 리더의 마인드셋이 얼마나 중요한지를 보게 해주는 좋은 사례이다.

앞서 현장 에피소드의 임원 호소를 떠올려보자. 정반합의 문화를 심어보려고 디베이트를 주도했으나 따라오지 못하는 임직원들을 보면서 화가 많이 나 있었다. 디베이트를 하면서 최적의 안을 만들어내고자 하는 의도와 표면적인 방식은 좋았으나, 기존에 임직원들 사이에 있는 심리적 불안은 읽지 못했다. 수십 년 동안 내려온 암묵적 가정에 대한 이해도 못했다. 따라오지 못하는 사람들에게 화를 내기 시작하면서, 기존 사람들은 '역시 또 뭐라고 하는구나. 자기 방식이 옳다고 하는구나. 자신이 제일 잘났다고 하는구나.'라는 느낌을 받으며 더더욱 자신들의 족보를 강화했을 것이다. 왜 이렇게 못하냐는 평가와 비난이 아니라, 조직문화를 바꿔보려는 마인드셋을 가지고, 겸손하게 부드럽게 그리고 작은 도전에 박수 치며 기뻐하는 마음과 모습이 있을 때, 기존의 조직문화를 이기는 조직풍토를 정착시킬 수 있게 되는 것이다.

구성원들이 가지고 있는 암묵적 가정

리더에게 가장 큰 두려움은 아무도 진실을 말하지 않는 것이다. 에이미 에드먼슨은 추락하는 모든 조직의 공통점이 '침묵'이라고 말한다. 어릴 적부터 사람들은 대인 관계에서 위험을 무릅쓰지 말 것을 교육받았고 경험했다. 불편한 상황을 만들기보다는 안전한 상황을 선택하라는 암묵적인 학습을 한 것이다. 인간은 '인간관계가 나빠질까 봐, 문제를 제기할 자신이 없어서, 그리고 나의 안위를 보호하기 위해서' 부정적인 영향을 알면서도 침묵한다. 이렇게 성장한 이들이 회사에 입사한다. 자신의 안위가 직결되어 있는 조직에서, 침묵은 조직의 관성이 되어버린다. 관성의 법칙을 거스르기란 매우 어려운 것이다. 거기에 그 관성의 법칙을 더 강화시키는 리더들이 있다.

• 고양이 털 냄새를 풍기는 리더들

대니얼 케이블Daniel M. Cable이 쓴 《그 회사는 직원을 설레게 한다》의 고양이 털 실험은 매우 큰 의미를 준다. 아주 어린 생쥐 두 마리를 함께 두고 3일간 관찰했더니, 5분 동안 평균 50회의 놀이 시작 행동이 일어났다. 50㎑ 이상의 울음소리는 쥐가 즐거울 때 내는 소리라고 한다. 생쥐들은 그야말로 미친 듯이 놀이 행동을 하면서 웃는다. 3일이 지난 후 생쥐 우리 안에 고양이 털 뭉치를 한쪽에 가만히 놓아둔다. 고양이를 본 적도 없는 생쥐들이건만 그 냄새만으로도 온몸이 굳은 듯, 놀이 행동을 멈추고 꼼짝하지 않는다. 고양이 털을 제거한 직후에도 놀이 행동은 시작되지 않았다. 3일이 지나서야 서서히 놀이 행동을 시작했고, 처음만큼 놀이 행동이 살아나지는 못했지만 5일째가 되자 놀이 행동이 35회가 되었다.

대니얼 케이블은 다양한 논증을 통해 두뇌에는 크게 두 개의 시스템, 즉 두려움 시스템과 탐색 시스템이 있다고 주장한다. 탐색 시스템은 가속 페달과 같고 두려움 시스템은 브레이크 페달과 같다. 따라서 한쪽이 활성화되면 다른 한쪽은 축소된다. 위의 고양이 털 사례처럼 생쥐들도 두려움 시스템이 작동될 때는 온몸에 브레이크가 걸려 아무것도 하지 못하는 상태가 된다. 반면 두려움이 없는 상태에서는 세상을 탐색하는 놀이 행동이 가속화되는 것이다.

너무 슬픈 이야기지만 리더는 고양이 털과 같은 존재다. 특히 기업의 규모가 크면 클수록, 역사가 오래되면 될수록, 관료주의가 깊으면 깊을수록, 고양이 털 냄새는 매우 위협적이고 강하다. 이런 조직일수록 고양이 털 냄새를 맡는 구성원들의 후각도 남다를 것이다. 필자도 회사 내에서는 여지없이 고양이 털이다. 그 냄새를 없애려고 탈취제(예, 회식)를 뿌려본들 무슨 소용이 있겠는가. 그들의 두려움이 어디에 있는지, 어떤 장면에서 급브레이크를 밟게 되는지 귀 기울여 듣고 말할 수 있는 환경을 만들어야 한다.

사람에 따라 고양이 털 냄새를 더 강하게 느끼는 구성원도 있다. 탐색 시스템은 인간의 생존을 위해 필수적이고 평생 지속되는 시스템이고 누구에게나 공통적인 것이지만, 개인차가 있다는 뜻이다. 그러니 실제 고양이 털 냄새보다 더 진하게 맡고 두려워하는 것은 구성원 자신의 책임이기도 하다. 그러니 구성원 입장에서도 내가 보는 세상이 실제 세상인지 혹은 왜곡해서 보고 있는 것은 아닌지를 성찰해야 한다. 그러나 구성원의 두려움 시스템에 상사의 지분이 일부분이라 해도, 이들이 가지고 있는 두려움 시스템에 대해 좀 더 이해하고 대처하는 노력은 필요하다.

• 심리적 안전감에 대한 노력

조직관성에 대한 대안으로 하버드 경영대 에이미 에드먼드슨은 '심리적 안전감'을 이야기한다. 인간은 신호cue를 읽는 데 매우 익숙하고 예민하다. 우리 뇌에는 항상 사람들이 나를 어떻게 생각하는지, 특히 윗사람이 나를 어떻게 생각하는지 신경 쓰고 걱정하는 부위가 있다. 위험을 감지하는 감각이 워낙 반사적으로 일어나기 때문에, 모든 조직이나 집단은 뇌의 자연적인 도화선을 극복하기 위한 특별한 조치를 취해야 한다.[38]

구체적으로 사람들은 오래된 질문들을 가지고 있고, 자신이 속한 집단에 신호를 보낸다. '이곳은 지금 안전한가?' '이 사람들과 함께 하는 미래는 어떤 모습일까?' '위험 요소가 숨어있지는 않을까?' 이것을 소속신호라고 한다. 소속신호란, '집단 내에서 교류해도 안전해요'라고 체크할 수 있는 일련의 행동을 의미한다. 밀착도, 눈 맞춤, 에너지, 순서 교체, 보디랭귀지, 목소리 크기, 강조의 일관성을 비롯해 모두가 모두에게 말을 걸고 있는지를 포함한다. 신호를 보내고 체크하면서 안전하다는 마음이 들면 경계 태세에 있는 두뇌를 향해 위협을 느끼지 않아도 좋다는 메시지를 전하고, 두뇌는 이에 반응해 '교류 모드connection mode'로 전환한다. 심리적 안전이라고 불리는 상태로 접어드는 것이다. 심리적 안전감이란 무엇일까.

에드먼드슨은 《두려움 없는 조직》에서 "어떤 의견을 말해도 무시당하지 않고 질책당하거나 징계 받지 않는다면, 즉 구성원 모두가 심리적 안전감*을 느낀다면 동료들의 눈치 따윈 보지 않고 자기 생각이나 질문, 우려 사항을 자유롭게 말할 수 있다. 심리적 안전감은 구성원이 서로를 신뢰하고 존중하며 자기 생각을 솔직하게 나눌 때야 비로소 생긴다."라고 주장한다. Q팀장이 10개월 동안 겸손하고 일관되게 요청했던 것이 이것이었다. 구성원 한 명이 자신의 두려움 시스템을 멈추고 Q팀장이 10개월간 보여준 심리적 안전감의 환경에서 자신의 마음을 이야기한 것이다. 피드백을 받는 그 당시 팀장이 기뻐하는 모습과 마치 그토록 바랬던 선물을 산타에게 받은 아이처럼 자랑하는 팀장의 모습을 보면서, 팀원들은 두려움 시스템을 일부 내려놓고 자신의 생각들을 말하기 시작했다. 이런 솔직함과 겸손함이, 사람 내면의 근원적인 두려움을 내려놓게 하는 것이다.

조직에서 성과를 내기 위해 심리적 안전감이 필요조건이긴 하나 충분조건은 아니다. 심리적 안전감은 마음의 브레이크 페달을 풀어주는 역할을 할 뿐, 이것이 성과로 나타나려면 조직이 가치 있는 목표를 세우고 그 목표가 구성원 자신의 성장에도 기여한다는 것을 이해하도록 도와야 한다.

---

* 심리적 안전감Psychological Safety이란 동료에게 본인이 가지고 있는 원래의 모습(예를 들면, 똑똑한 모습, 좀 바보스럽거나 실수하는 모습들)을 솔직히 보여줘도, 이거 하나로 나를 평가하지는 않을 거라는 신뢰를 가지고 편안함을 느낄 수 있는 상태.

내가 맡은 조직부터 날씨를 바꾸자

2000년 당시 마이크로소프트와 실리콘밸리 IT기업 간의 기업 문화를 비교하는 카툰은 우리에게 너무 잘 알려져 있다. 20년이 넘은 카툰이지만, 자신의 조직이 어떤 형태로 일하고 있는지 찾아보는데도 무리 없는 그림들이다. 1대 회장인 빌 게이츠Bill Gates가 취임하여 성장의 토대를 마련하고, 2대 회장이자 공동창업자인 스티브 발머 회장이 취임한 이후 지속적인 성장을 영위하던 마이크로소프트는 스마트폰 출현 이후 확산된 모바일 시대를 제대로 대비하지 못한다. 그 이후 시장에 반전을 기해보고자 스카이프, 노키아 등을 인수했으나 실패로 돌아가면서 위기감이 더욱 커져만 갔다. 이때 마이크로소프트의 일하는 방식, 즉 조직문화는 서로가 서로를 저격하는 '내부 총질'이었던 것이다. 이런 위기 상황에서는 대체로 외부에서 경영자를 찾기 마련인데, 마이크로소프트는 내부 임원을 CEO로 임명한다. 바로 사티아 나델라Satya Nadella였다. 그가 저술한 《히트 리프레시》에 나와 있는 그의 행적들을 토대로, 조직풍토를 어떻게 바꿔나가고 이것이 문화로 이어지게 할지 팁을 얻어보자.

조직풍토 변화를 위한 첫 번째 노력, 리더 개인의 기본 가정 살펴보기

나델라가 가장 좋아하는 운동이 크리켓이었다. 이 운동을 통해 자신의 리더십 원칙 세 가지를 세우게 된다.

첫째, 불확실하고 위협적인 상황에서도 열정적이고 씩씩하게 경

[그림 16] 마이크로소프트와 실리콘밸리 IT기업 간의 기업문화 비교 카툰

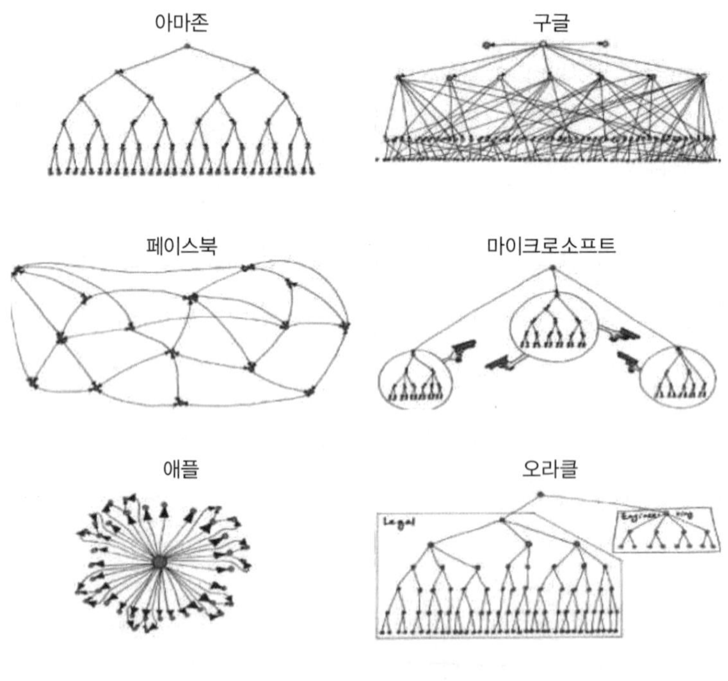

출처: microsoft internal documents

쟁해야 한다.

둘째, 자신에 대한 확신이나 평판보다는 팀을 우선해야 한다.

셋째, 공감 능력이 리더의 가장 중요한 덕목이다. 그것은 자신을 이끄는 구성원들의 자신감을 키우기 때문이다.

나델라의 리더십 원칙을 보면서 리더로서 나는 어떤 리더십 원칙을 가지고 있는가를 생각해보게 된다. 이를 위해 스스로 조직 전반에 걸쳐 점검해봐야 할 질문들이 있다. 이는 앞서 살펴본 마인드셋과 관련된 것이다. 사람은 성장한다고 믿는가? 아니면 한번 안 되는 사람은 개선의 여지가 없다고 생각하는가? 구성원의 의견이 필요하다고 생각하는가? 아니면 경험 많은 자신이 결정해야 한다고 믿는가? 실패를 정말 성공의 어머니로 보는가? 아니면 실패는 부족함을 나타내는 것이니 절대 하지 말아야 한다고 생각하는가? 서로가 협력해서 성과를 낸다고 생각하는가? 아니면 성과를 내는 사람은 결국 소수이고 나머지는 들러리라고 라고 생각하는가?

이 기본 가정을 살펴본 후, 내가 조직에 설득하고자 하는 변화와 맞지 않는 가정이 있다면 스스로 그 가정을 반박하고 깨는 과정을 거쳐야 한다. 조직은 똑똑한 몇 명이 이끌어 나간다는 전제가 있다면 그렇지 않은 예와 사례들을 수집해야 한다. 구성원들을 잘 독려하는 리더들을 만나고 그들이 어떻게 구성원 각자에게 역할을 잘 맡기고 책임지게 하는지 벤치마킹해야 한다. 그런 후, 나만의 리더십 원칙을 세워보자. "스스로 내 말이 믿어질 때 다른 사람도 나를 믿을 수 있게 된다."

조직풍토 변화를 위한 두 번째 노력, 상대의 신발을 신고 그 마음에 공감하기

위에서 언급한 것처럼 나델라의 리더십 원칙 세 번째는 '공감'이었다. 그가 처음부터 공감하는 사람은 아니었다. 《히트 리프레시》를 보면 그가 공감이라는 단어를 처음 강하게 접한 것은 입사 면접 때였다. "만약 아기가 거리에 누워서 울고 있다면 어떻게 할 겁니까?"라는 면접관 질문에 나델라는 "911를 부를 겁니다."라고 답했다고 한다. 면접관은 자리에서 일어나 나델라에게 오더니 감싸 안으면서 "당신은 공감 능력이 조금 필요하군요. 아기가 거리에서 울고 있다면 아기를 안아 올려야지요."라고 말했다는 것이다. 그 질문에 대한 충격을 가지고 면접에 떨어졌으리라 생각했는데 합격 소식을 들었다.

그 후에 장애를 가지고 태어난 첫째 아이를 맞이하면서, 나델라 자신은 내게 왜 이런 일이 일어났을까 생각한 반면, 첫째 아이에게 무엇이 필요할지 고민하는 아내를 보면서 '공감'이 얼마나 중요한지 뼈저리게 깨닫게 된다. 이 두 사건은 나델라로 하여금 상대방의 입장에서 공감하고 상대의 니즈를 깊이 경청하고 조율하기 위해 노력하는 사람이 되게 했다. 이 덕에 나델라가 맡은 사업부의 프로젝트는 성공을 거두게 되고, 결국 마이크로소프트사의 3대 CEO가 되었다.

많은 리더들이 요즘 세대를 두고 개탄한다. 시킨 일만 하려 하고, 솔루션 주기만 기다리며, 그 작은 일도 대충하는 안하무인의 세대라고 말이다.

그러나 소수의 리더들은 요즘 세대도 열정을 가지고 있고, 자기 삶과 일터에 진지하며, 우리가 못했던 워라밸을 유지하며 삶을 영위해 나가고 있다고 말한다. 요즘 세대를 긍정적으로 보고 있는 리더들의 공통 특징은, 구성원이 보여주는 표면만 보는 것이 아니라, '우리 자녀들처럼 이들도 삶에 많은 어려움과 두려움이 있겠지'라는 근원적인 측은지심을 가지고 있다. 그들의 시간을 아껴주면서 그들을 도울 수 있는 방법은 무엇일지 고민하기도 한다.

리더가 먼저 그들의 두려움(내가 이 집단에서 소외되거나 쓸모없는 사람이 되지 않을까)과 번아웃(평균 5세부터 대학 입시와 취업을 위해

20년 이상 달려왔던 고된 생활)과 어른에 대한 저항(늘 이 수준에 도달하지 않으면 넌 무용지물이 될 거야를 외쳤던 어른)을 공감해야 한다. 이 공감이 구성원들로 하여금 '침묵'을 깨고 수동성에서 주도성을 선택하게 하는 에너지가 되는 것이다.

조직풍토 변화를 위한 세 번째 노력, 비전과 일하는 방식을 명확히 하라

CEO가 된 사티아 나델라는 '마이크로소프트의 존재 이유는 무엇인가? CEO라는 새로운 역할 속에서 내가 존재하는 이유는 무엇인가? 세상에서 마이크로소프트가 사라진다면 사람들은 무엇을 잃을까? 어째서 우리는 이 자리에 있는가? 다음에 할 일은 무엇인가?'라는 질문을 때로는 혼자 때로는 전 임직원들과 나누기 시작한다. 그 결과 마이크로소프트는 '모바일 퍼스트, 클라우드 퍼스트 세상을 위한 생산성 기업이자 플랫폼 기업이다'라는 미션을 도출해 낸다.

CEO로 승진하자마자 17개월 동안 다양한 지역, 다양한 직원을 직접 만나 마이크로소프트의 상황과 문제 원인을 경청한 나델라는, 기존의 '내가 모든 것을 알아야 한다Know it all'에서 '누구든 배우면 된다Learn in all'라는 성장 마인드셋의 문화를 선포한다. 새로운 미션을 이뤄나가는데 모르는 게 있는 건 당연하고, 계속 배우면서 성장하면 그 꿈들을 이뤄낼 수 있다고 설득하기 시작한 것이다.

더불어 나델라는 성장문화의 확립을 위해 조직문화 혁신 방법으로 '영향력'을 성과 평가 지표로 도입한다. 기존에는 숫자 중심으로 성과를 평가했다면, 이제는 '다른 부서나 다른 사람의 성공에 내가 어떤 영향을 미쳤나'를 평가하는 방식으로 변경한 것이다. 실제로 마이크로소프트사에는 복도며 화장실에 '내가 이런 아이디어를 갖고 있는데 당신 혹시 이거 필요하지 않아? 필요하면 내게 연락해.'라는 메모장이 즐비하게 붙어 있다고 한다. 스스로 성과를 냈을 때도 좋은 평가를 받지만, 다른 사람이 하는 일에 자신의 아이디어가 쓰이면 더 많은 인정과 인센티브를 받기 때문이다. 결국 마이크로소프트사는 21년 기준 시가 총액 2조를 돌파한 회사가 되었다.

앞서 대기업 계열회사 대표인 C대표의 '협업' 스토리로 잠시 돌아가 보자. C대표는 '○○분야에서 ○○의 가치를 구현하는 회사'가 되자고 비전을 제시했다. '비용이 얼마가 들어도 좋으니 품질에 대한 문제 제기를 해달라, 더 높은 가치를 위해 협업을 하자'고 제안했다. 비전은 수립되었고, 이제 일하는 방식이 바뀌어야 한다.

대표의 요청에 따르기 위해 소수의 사람이 잠시 협업을 할 것이다. 이때가 중요하다. 사람들은 이 협업이 개인들에게 어떤 방식으로 영향을 미치는지 의심쩍은 눈초리로 지켜볼 것이기 때문이다. 대표가 선포한 말과 실제 행동이 일치하는지를 말이다. 결국 자기 조직 혹은 타 조직이 품질 문제를 제기해도 처벌받지 않아야하고 실무자의 발언으로 우리 조직의 무능함을 스스로 폭로하게 되었다는 질책을 더 이상 하지 않아야 한다. 월등한 품질을 만들기 위해 지원을 아끼지 않았고, 협업으로 더 높은 가치를 누리게 되었으며, 실제 성과 평가에 반영됨을 목격해야 한다.

그리고 대표는 임원을 포함한 리더들이 다시 원래의 족보로 돌아가지 않도록 지속적으로 설득해야 한다. 우리가 왜 존재하는지, 후배들에게 어떤 회사를 물려줄 것인지, 일하는 방식에서의 혁신을 어떻게 손에 쥐어줄 것인지를 말이다. 경영진과 리더들이 이런 조직의 날씨를 일관되게 유지할 수 있다면, 이 조직의 문화는 서서히 바뀌고 전수되는 족보도 달라지는 날이 올 것이다.

조직풍토 변화를 위한 네 번째 노력, 3인의 법칙

EBS의 다큐멘터리에서 '집단의 힘'을 실험한 적이 있다. 대로변에서 한 명이 하늘을 가리킬 때와 세 명이 가리킬 때, 사람들은 어떤 반응을 보일 것인가 하는 실험이었다. 한 사람 혹은 두 사람이 하늘을 가리켰을 때는 사람들은 별 반응이 없었다. 그런데 하늘을 바라보며 가리키는 사람이 세 사람으로 늘어나자, 갑자기 많은 행인들이 함께 하늘을 바라보기 시작했다. 어떤 사람은 "뭐야? 뭐가 보인다는 거야?"하며 의아해하기도 하고, 어떤 사람은 "어? 구름이 특이하게 생겼네?"하며 하늘을 해석하기 시작했다.[39]

이것이 바로 집단의 힘이다. 이 원리를 조직에서도 적용해 볼 수 있다. 즉 조직풍토를 바꾸기 위해, 같은 하늘을 가리킬 3인을 먼저 설득하는 것이다. 3인이 같은 방향을 가리킬 때 사람들은 호기심을 나타내고 관찰하고 실험해볼 것이다. 3인은 또다시 각자 3인을 설득해가는 방식으로 전개할 수 있다.

조직풍토 변화를 위한 다섯 번째 노력, 전달 방식의 변화

앞서 현장 에피소드에 나오는 상무의 사례를 보면, '디베이트를 통해 최적 안을 도출하자'라는 슬로건을 조직풍토로 삼고자 했다. 이 조직에 반드시 필요한 역량이었다. 슬로건은 좋았으나 실제 디베이트 장면에서는 틈틈이 "실리콘밸리 기업들은 이렇지 않다, 너희는 부족하다, 역량이 부족하면 배우려는 태도라도 가져야 하는데 당신들은 그렇지 않다"라는 메시지가 담겼다. 더 분발했으면 하는 의도였는데, 사람들은 야단맞는 기분이었을 것이다. 목표를 향해 채찍질만 하다 보니 사람들은 자신의 노력과 시도에 초점 맞추기보다는 자신의 무능의 드러남과 평가에 대한 두려움에 초점을 두게 된다. 어떻게 해야 할까?

새로운 시도를 할 때 자연스럽게 나타나는 두려움과 서투름에 대해 부드럽게 다가가야 한다. 즉, 작은 시도를 칭찬하며 조금이라도 변화한 모습이 무엇인지 들려주고, 그 모습들이 의미 있다고 격려해야 한다. 어느새 혼자만 속도를 높이고 있다면, 다시 돌아와 구성원의 속도에 맞춰 일정 정도 같이 뛰어주는 노력을 해야 한다. 그러다 보면 어느새 내가 그토록 보고 싶었던 모습, 서로의 주장에 귀 기울이며 정반합을 통해 최적의 안을 도출해가는 그 광경을 목격하게 될 것이다.

결국 조직풍토가 좋은 조직문화로 자리 잡기 위해서는 리더인 자신의 지속적 용기와 노력이 시작점이 되어야 한다. 어렵지만 조직 분위기를 바꿔 갈 수 있다. 작은 날씨부터 시작해보자.

셀프 코칭

다음의 질문에 답하면서 조직풍토의 변화를 시도해봅시다.

Q1. 사람과 성과에 대한 나의 암묵적 가정은 무엇인가요? 자신의 암묵적 가정을 점검해보세요.

(성장에 대해, 구성원 의견 경청에 대해, 실패 혹은 성공에 대한 개념에 대해, 능력에 대해, 팀에 대한 개념에 대해)

Q2. 내가 보고 싶은 우리 조직의 모습은 무엇인가요? 일하는 방식에서 어떤 변화가 있기를 바라나요?

Q3. Q2번에 비추어볼 때 일하는 방식을 변화시키기 위해 내가 가진 암묵적 가정에서 변화가 필요한 영역은 무엇인가요?

Q4. 조직풍토를 바꾸기 위해 먼저 설득하여 공조할 대상은 누구인가요?(최소 3인) 어떻게, 총 몇 시간을 들여서, 어떤 방법으로 설득할 건가요?

예. 팀장 3인과, 1차 3시간 워크숍을 통해 변화 및 일하는 방식에 대한 문제 제기, 2~5차는 주간 회의 때마다 30분씩, 기타 등등.

* 3인의 이니셜:

회차	언제/어디서	내용

Q5. 실행하면서 긍정적인 행동을 어떻게 보상하고 격려할 수 있을까요?

(함께할 리더들과 논의해보세요.)

3장

Lead Result

성과를 내는 리더십

16. 성과를 내려면 예측가능성을 높여라
17. 목표 수립, 소통의 질質과 양量이 답이다
18. 효과적인 피드백이 성과를 낳는다
19. 저성과자를 대하는 당신을, 구성원 모두는 보고 있다
20. 일 년을 정리하는 성과 면담, 어디에 중점을 둘 것인가

16

성과를 내려면 예측가능성을 높여라

현장 에피소드

코치님, '구성원에게 좀 더 친절하게 다가가자'는 저의 슬로건은 무용지물이 되었어요. 친절하게 배경과 의도를 설명하고 의견을 들으려고 결심하지만, 속이 끓어오르는 일이 계속 반복되니 이번 생애에는 도달하기 어려운 목표가 아닌가 싶습니다.

2주 전에 전무님께서 '고객 한 분이 A를 소재로 한 상품화가 가능한지 타당성을 검증해달라고 하니 검토해보라'고 하셨습니다. 그 A는 제품화가 될 수 없는 소재였고요. 분명 전무님도 검토 가치 없다는 것을 알고 계셨겠지만, 중요한 고객이니까 부드럽게 설득할 수 있는 논리를 달라는 말씀이셨을 겁니다.

그래서 회의가 끝난 직후에 파트장에게 해당 건에 대해 검토해보라고 했어요. 당연히 A가 왜 제품화가 될 수 없는지 논리적 이유를 가져올 거라고 생각했는데 일주일이 지나도 보고가 없는 겁니다. 그래서 A는 어떻게 되었냐고 물었더니 타당성 검증을 위해 실험을 진행하고 있다는 겁니다.

> **어떻게 이런 말도 안 되는 일이 벌어지는지 이해가 안 됩니다. 이 일을 하루이틀 한 것도 아닌데, 이런 상식적인 판단조차 하지 못한다는 게 놀랍기만 합니다. 제가 어떻게 이들과 합을 맞춰가야 할까요?**

R팀장은 소설과 같은 과거를 들려주었다. 요약하면 이렇다. 고등학교 2학년 말까지 불량한 학생들과 어울려 다니다가, 문득 자신의 40대를 생각하면서 여기서 멈추지 않으면 평생 이렇게 살겠다는 생각이 들었다고 한다. 며칠 그 생각과 씨름하다 그 생활에 작별을 고하고 고3이 시작되는 시점부터 공부를 열심히 했단다. 그 결과 서울대 전자공학과에 들어가게 됐다는 것이다.

이 소설 같은 이야기에 매우 중요한 두 가지 사실이 있다. 첫 번째는 특정 시점을 기준으로 그때 자신이 어떤 모습일지 끝그림을 그려봤다는 것이다. 그때의 모습을 그려봄으로써 자신의 삶에 반드시 변화가 필요함을 직시한 것이다. 두 번째는 고도의 성과를 위해서는 효율적이고 효과적인 여정과 기술이 필요하다는 것이다. 1년 만에 열심히 공부해서 서울대에 가려면 공부 비법이 필요한 것처럼, 일을 잘하려면 일의 비법이 필요하다. 구성원들에게 어떻게 일머리를 갖도록 도울 수 있을까. 그 비법을 정리해보자.

믿고 있던 것들의 배신

우리가 그동안 믿고 있었던 것들에는 오히려 구성원의 성장을 돕지 못하게 만드는 것들이 있다. 'Plan-Do-See'와 '1만 시간의 법칙'이다.

Plan-Do-See의 배신

Plan-Do-SeePDS가 잘못된 것은 아니다. 이 프로세스는 아직까지도 매우 유효하다. 그러나 어디에 방점을 찍느냐가 중요하다. 그러기 위해서는 PDS가 어떻게 시작되었는지 살펴봐야 한다.

PDS의 전신을 찾아보면 앙리 파욜Henri Fayol, 월터 슈하트Walter Shewhart, 그리고 에드워즈 데밍Edwards Deming이라는 학자들이 나온다. 그 변천사가 어찌 됐던 이 이론은 100여 년 전, 그러니까 제2~3차 산업 혁명 시대에 나온 개념이다. 산업화와 대량 생산이 화두였던 시대다. 정해진 시간에 정해진 물건을 제대로 만들어내는 경영관리 기법이 필요한 시기였던 것이다. 다시 말하면 경영전략은 경영자의 머리에 있고, 노동자는 시키는 대로 정해진 시간까지 주문된 물건을 만드는 것에 집중하면 되었다. 경영자는 정해진 날짜

[그림 17] 산업 혁명 시기 관리와 통제의 방식

시킨 일에 대해 계획해서 실행

부하		부하		상사/부하
계획 세우기	→	실행하기	→	리뷰/피드백

에, 정해진 비용으로, 정해진 스펙의 품질이 나오는지를 관리하기 위한 소통을 해야 했고, 그 품질관리 여정에서 만들어진 것이 PDS 혹은 PDCAPlan, Do, Check, Act다.

시대는 급격히 변화했고 이제 4차 산업 혁명 시대이다. '수동적인 고객'은 더 이상 존재하지 않는다. 수많은 정보가 온라인으로 교류되고 전 세계 어느 지역의 제품도 구매가 가능하다. 고객은 평점을 남기고, 그 불편을 해소하는 제품이 세상 어딘가에서 툭하고 등장한다. 상상할 수 없는 방식으로 고객 니즈를 해소시키는 기업들로 인해, 상대 기업들의 조바심은 점점 커지고 있다.

이제 시장과 인접해서 고객의 목소리를 '직접' 듣거나 '찾아낼 수 있는' 구성원의 정보와 아이디어는 매우 소중해졌다. 그 정보를 듣고 경영진이 의사결정을 내릴 때까지 기다리기에는 세상이 너무 빠르게 돌아가니, 실무자가 전략을 짜고 상품화하도록 일정한 권한을 나눠줘야 한다. 이로 인해 조직은 자의 반 타의 반으로 '평평한 조직flat organization' 혹은 '수평적 조직'으로의 이행이 가팔라지고 있다. 나이 든 사람들의 브랜드로 전락했던 구찌 브랜드가 MZ세대 구성원의 아이디어를 수용하고 권한을 위임하면서 MZ세대가 사랑하는 브랜드가 된 것이 좋은 사례다.

결국 변화의 속도에 균형을 잃지 않고 생존하기 위해서는 많은 영역에서 'Plan'을 시장과 가까이 있는 구성원들에게 넘겨주어야 한다. 리더는 자기 머릿속의 Plan만이 결국 적중한다고 생각하고 있지는 않은지 혹은 이미 그 권한을 양도했다고 착각하고 있지 않은지 자신을 성찰해봐야 한다.

사례를 하나 들어보자. 큰 조직을 맡고 있는 기업 영업 임원은 팀장과 구성원의 역량 개발이 시급하다는 결론을 내리고 사내 인재개발팀에 교육을 의뢰한다. 만약 인재개발팀이 니즈를 분석하고 전략을 짜는 'Plan'으로 접근하지 않고 'Do'부터 고민한다면 어떤 일이 벌어질까. 이런 경우 기존에 해왔던 기업영업 관리자 및 구성원 대상 교육을 찾아본다든지, 인터넷에 유사한 관련 교육을 서칭한다든지, 다른 회사 담당자에게 그 회사에서는 요즘 무슨 교육을 하는지 묻는 등의 활동을 한다. 여기서 얻은 정보들을 중심으로 업그레이드된 버전으로 진행하거나 요즘 가장 인기 있는 강좌를 과정에 넣는다. [그림 18]에 '행위 관리'가 바로 그것이다.

그 교육의 성과는 어떨까? 기업영업 임원이 원했던 결과를 가져오게 될까? 아마도 교육을 했는데도 성과가 없다고 말할 확률이 높다.

[그림 18] 행위 관리 VS 성과 관리

행위 관리
지금까지의 방식

교육 계획을 수립한다

- 구성원-기초 직무 역량 교육 제공
  예) 시장의 이해, 고객, 협상,
  Pricing
- 리더-직원 코칭 과정

VS

출처: 하우코칭의 '조직성장관리' 워크숍 중 '과제성공코칭' 모듈의 한장 표

그렇다면 'Plan'부터 접근한다는 것은 무엇일까? 그 부서가 이 과정을 왜 의뢰했는지 니즈pain point를 분석하고, 현재 상황이 어떤지, 과정이 끝났을 때 어떤 모습이 되어야 하는지 생각하여 기획해야 한다. 예를 들면, [그림 18]의 오른쪽 그림과 같이 성과를 명확히 하는 것이다. 이 기업영업조직에서 팀장과 구성원에게 필요한 역량이 구체적으로 무엇인지 인터뷰와 자료 조사를 통해 정의해야 한다. 그런 뒤 팀장들의 각 역량의 현재 평균 수준As-Is은 얼마인지, 1년 후에 도달해야 할 역량의 수준To-Be은 무엇인지 정의해야 한다. 구성원도 마찬가지다. 성과의 끝그림이 있다면, 무엇을 해야 하는지의 방법론이 달라진다.

이런 능력은 쉽게 구사되는 것이 아니다. 늘 '행동계획'만 했던 사람들이, '기획'을 하는 것은 쉽지 않다. 쉽지 않을 뿐이지 방법이 없는 것은 아니다(이 부분은 바로 뒤 예측가능성과 유능감을 높여주는 일의 프로세스 도출하기에서 다룰 것이다). Plan-Do-See는 여전히 유효하다. 그러나 Plan-Do-See에게 배신당하지 않으려면, 이제 리더는 'Plan'을 구성원에게 양도해야 한다.

'1만 시간 법칙'의 배신

'1만 시간의 법칙'은 미국 심리학자 앤더스 에릭슨Anders Ericsson이 1993년도에 발표한 논문에 처음 등장한 개념이다. 한 분야의 전문가가 되려면 최소한 1만 시간 정도의 훈련이 필요하다는 것이다. 이 논문에 영향을 받아 말콤 글래드웰Malcolm Gladwell이 《아웃라이어》라는 책에서 이 용어를 소개하였고, 그 이후 '1만 시간 법칙'과 관련된 여러 권의 책이 출간되었다.

사람들은 이 책의 제목만 보고 자신은 '10년 이상 이 분야에 있었으니 전문가'라고 자부한다. 그런데 참 이상하다. 필자가 활동하는 코칭 영역만 보더라도 동일한 10년의 경력을 가졌는데도 사람마다 실력 차이가 난다. 한 분야에 1만 시간 이상을 썼는데도 그 직무에서 인정을 받지 못한다면, 그 1만 시간은 나를 배신한 것일까? 아니면 1만 시간의 내용이 중요한 것일까?

아마 후자가 답일 것이다. 개인의 경력이나 역량이 다른 탓도 있겠지만, '내가 원하는 결과를 얻기 위해 시간들을 어떻게 써야 할지에 대한 전략'이 없는 것이 이유다. 실제로 1만 시간으로 그 분야의 전문가가 되려면 '의식적인 연습deliberate practice'*이라는 것이 반드시 필요하다. 이는 목표 지점의 끝그림이 무엇인지, 그리고 그 끝그림에 도달할 수 있는 방법은 무엇인지 파악한 후, '목적을 이루겠다는 마음으로 부족한 부분을 지속적으로 보완해나가는 연습'을 의미한다.

구체적으로 어떻게 해야 할까? 《1만 시간의 재발견》에 나온 노하우를 응용해보면 구성원과 리더에게 의미있는 시사점을 도출할 수 있다.

- 의식적인 연습을 위해 구성원 스스로 설계해야 할 조건들

① 발전이 필요한 영역에서 목표를 작게 쪼개라.

---

* 의식적인 연습이란 '목표지점과 도달 방법을 알고 있는 목적의식 있는 연습'.[40]

② (그 부분을 잘하는) 전문가의 패턴을 관찰해서 따라하라.

③ 좋은 멘토로부터 스스로 부족하다고 생각된 영역에 대해 피드백 청하라.

④ (목표를 작게 쪼개서) 작은 성취를 (하도록 실행)하라.

⑤ (목표 지점의 끝그림을 생각하며) 의욕을 잃지 않도록 스스로 관리하라.

- 구성원의 의식적인 연습을 위해 리더가 도울 것들

① 큰 덩어리의 목표를 작게 쪼개지 못하는 구성원을 도와라.

② 벤치마킹할 수 있는 좋은 표본이나 자료를 미리 제공하라.

③ 공식적·비공식적 사수를 연결해주어라.(사수의 동기부여를 꼭 챙겨라.)

④ 작은 성취를 하도록 도와라. 작은 성취는 더 큰 일에 도전하려는 의지를 준다는 것을 꼭 기억하라.

⑤ 진보에 대해 피드백하며 용기를 준다.

"저랑 연차도 1년밖에 차이가 안 나는데, 자신은 잘 모른다는 이야기를 어떻게 할 수 있는지 모르겠습니다!"라며 울분을 토해내던 팀장이 생각난다. 기업에는 1만 시간 이상 그 직무를 했음에도 불구하고, 자기 직무를 제대로 하지 못하는 사람들이 있다. 그들의 1만 시간은 어떻게 흘러간 것일까. 리더가 그 모든 것을 책임질 수는 없지만, 좀 더 효율적으로 목적지에 다다를 수 있도록 일하는 방식을 훈련시킬 수는 없을까.

성과와 성장을 도모하기 위해 알아야 할 세 가지 비법

1만 시간을 좀 더 단축시켜줄 비법이 있다. 다음에 소개할 비법 세 가지를 일하는 방식에 잘 녹여 보자.

비법 1. 사람의 학습 방법을 간파하라

일잘러*가 되도록 리더가 코칭하면, 1만 시간의 결과에 가속도가 붙는다. 다만 사람이 어떻게 학습하고 성장해가는지 학습원리를 이해해야 한다. 학습원리에 대해 우리에게 통찰을 주는 이론이 바로 경험학습이론ELT, Experiential Learning Theory이다. 이 이론에서는 학습은 결과가 아니라 여정이라고 본다. 즉 지식이 지속적으로 수정modified되고 재형성re-formed되는 경험을 연결하면서 일어나는 과정적인 여정을 학습으로 본다.

콜브David A. Kolb는 이를 나선형 구조로 도식화하였다.([그림 19]의 왼쪽 그림) 마치 스프링처럼 상승·확대되어가는 나선형 곡선이 보이는가. 지식과 성장은 일직선으로 쭉 뻗어나가는 것이 아니라, 달팽이 껍질처럼 나선형으로 일어난다는 것이다. 나선형을 가만히 보면, 상승곡선을 타다가 다시 하향곡선으로 내려간 후 다시 상승곡선으로 올라오는 것을 볼 수 있다. 어떤 이유 때문에 상하곡선을 넘나드는 것일까. 그 단면을 잘라 확대한 것이 [그림 19]의 오른쪽 그림이다. 제대로 된 학습이 되려면 최소 네 가지 여정이 필요하다

---

* 일잘러는 일잘하는 사람(-er)을 약어로 부르는 용어.

[그림 19] 경험학습이론[41 42]

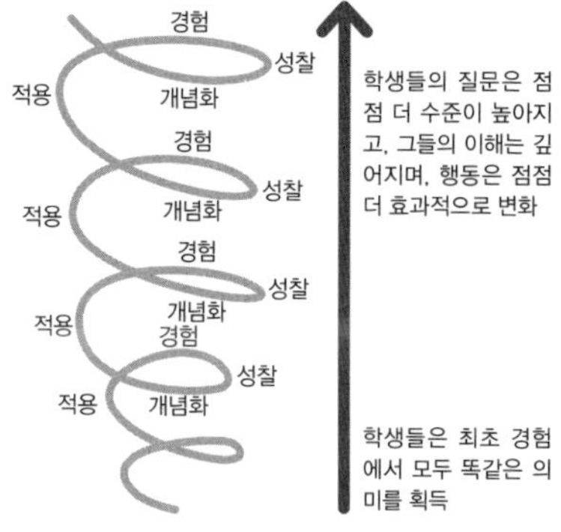

* 경험학습이론은 학습이 나선형 형태로 이루어진다고 한다.The Spiral of Experiential Learning

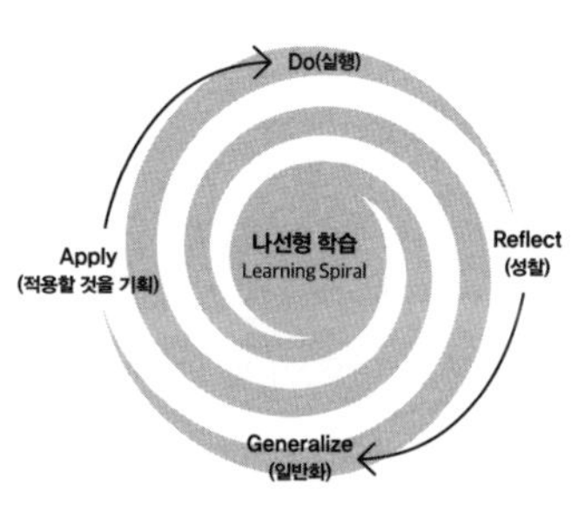

* 나선형 구조의 한 단면을 보면 학습이 일어나는 4개의 여정이 있다.

는 것을 알 수 있다.

우선 내가 얻고자 하는 결과를 얻기 위해 적용해볼 ①시나리오를 먼저 그려본다. ②시나리오에 준하여 할 일을 정리하고 이를 실행한다. ③실행한 것을 복기하며 무엇이 성공 혹은 실패에 기여했는지 성찰한다. 이 과정에서 ④내가 일을 시작했을 때 가지고 있었던 콘셉트가 적합했는지 혹은 새로운 콘셉트가 필요한지를 평가한다. 콘셉트가 명확해지면, 그것을 유사한 일에 일반화 시켜 적용한다.

학습에 있어서 이 마지막 단계가 매우 중요하니 예를 들어보자. 고객 설득을 위해서 여러 가지를 준비해갔는데 설득하지 못했다. 이 경우, 이렇게 정리할 수 있다.

"여러 제품을 한눈에 비교할 수 있게 준비해가면 된다고 생각했는데(기존의 콘셉트), 오히려 첫 인상에서의 호감도와 신뢰를 높이는 커뮤니케이션이 더 중요했던 것 같아.(성찰을 통한 새로운 콘셉트)"

이렇게 정리한 콘셉트를 다시 새로운 상황에 일반화generalize하여 적용하면서 성장이 일어나고 더 나은 결과를 가져오게 된다. 이렇게 일어난 일에 대해 내가 처음 가졌던 개념을 평가해보지 않으면 다음에도 똑같은 방식으로 제품 분석만 해서 가게 되고, 계속해서 실패하거나 가끔 성공함으로써, 자신의 영업을 운에 맡겨버리게 된다.

결국 목표를 명확히 하고 이를 이룰 수 있는 시나리오를 생각해보고 실행 후 자신이 가졌던 콘셉트가 적절했는지 평가하는 이 사이클을 통해 학습과 성장이 일어난다. 자신의 콘셉트를 되돌아보지 못한다면 1만 시간 아니 5만 시간이 되어도 '이 연차가 되도록 이걸 모르냐'는 핀잔을 받는 사람이 된다.

제대로 된 복기를 해야 학습이 되고, 축적이 되고 실력이 된다. 그러나 이 복기를 리더 혼자 정리하고 야단치는 것으로 보낸다면, 구성원들 머릿속에는 아무것도 남지 않는다. 그저 이번에도 운이 나빴다고 생각하며 '아무 정리 없이 다시 같은 방식으로 일하는' 나쁜 습관만 몸에 베이게 된다. 구성원의 성장 방식을 꼭 기억하자.

비법 2. Why에 대해 관심을 가져라

전략 커뮤니케이션 전문가인 사이먼 사이넥Simon Sinek은 《스타트 위드 와이》를 통해 사람의 열정과 동기에 강력한 영향을 미치는 Why(이유, 목적, 의미)의 중요성에 대해 설파한다. 사이먼 사이넥은 골든 서클Golden Circle 도식을 보여주며, 위대한 리더들의 대화 방

[그림 20] 골든 서클 도식[43]

(원의) "안에서부터 바깥으로" 행동하고, 생각하고, 소통하라

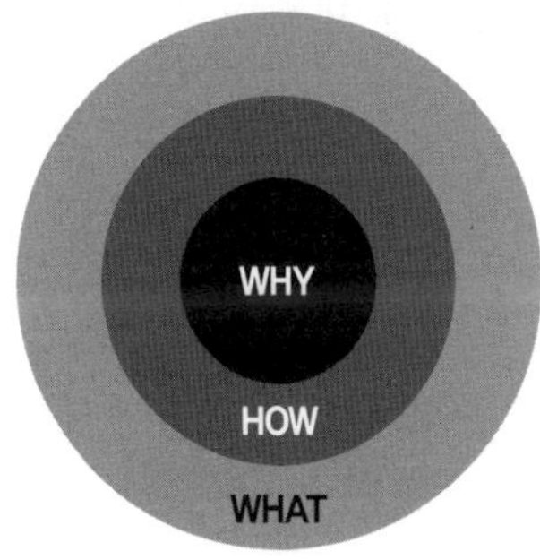

WHY – Your Purpose
이 일을 왜 하는가? 우리의 비전/신념은 무엇인가?

HOW – Your Process
Why를 어떻게 실현할 것인가?

WHAT – Your Result
무엇을 하는가?(Why의 결과물)

식과 평범한 사람들의 대화 방식이 다르다고 주장한다. 즉, 위대한 리더들은 골든 서클의 가장 중앙부에 있는 Why → How → What의 순서대로 대화한다. 반면 평범한 사람들은 골든 서클의 외곽인 What과 How만 설명한다.

이를 설명하기 위해 사이먼 사이넥은 다음 두 개의 광고 중 어떤 광고가 더 마음에 끌리냐고 묻는다. 독자께서도 아래의 광고를 보고 비교해보라. 만약 컴퓨터를 사야 한다면 A사와 B사 중 어떤 회사의 컴퓨터에 더 마음이 끌리겠는가.

[A사 광고]
우리는 훌륭한 컴퓨터를 만듭니다. (What)
그것들은 매우 아름다운 디자인에, 쉽게 이용할 수 있고 편리합니다. (How)

[B사 광고]

우리는 기존 현상에 도전하고 다르게 생각합니다. (Why)

기존의 현상에 도전하는 우리의 방식으로 이 제품을 아름답게 디자인하며 간단히 사용할 수 있고 편리하게 만들고자 했습니다. (How)

그 컴퓨터가 여기에 있습니다. (What)

대체로 B사 광고에 마음이 더 끌릴 것이다. B사 광고는 애플의 접근법이다. 가끔은 피부에 와 닿는 혁신이 느껴지지 않음에도 불구하고 애플 제품에 열광하는 사람들은, 애플이 갖고 있는 Why(이유, 목적, 의미)에 꽂혀있기 때문이다. 사람들에게 힘이 되는 인간적인 도구들을 제공하여, 일하고 배우고 소통하는 방식을 바꾼다는 애플의 미션을 신뢰하고 있기 때문일 것이다.

왜 이 일이 의미 있는지 어떤 목적을 갖는지 말해줄 수 있어야 하고, 그랬을 때 구성원은 더 큰 그림에서 자신의 일을 볼 수 있다. 큰일이든 작은 일이든 위대한 리더는 Why부터 묻는다고 하니, 한 번 시도해볼 만하지 않은가.

그런데 고민이 생긴다. "나도 그 목적과 의미를 모르는데, Why에 대해서 어떻게 말해줄 수 있겠는가?"하는 것이다. 이 질문의 함정은 리더가 정답을 줘야 한다는 마인드셋에 있다. Why에 대해서 구성원과 함께 이야기를 나눌 수 있다. 특히 경영진에서 하달된 과제에 대해 스스로도 동의하기 어려울 때가 있다, 그럴 때일수록 Why를 묻고 생각을 나눠야 한다. 혹은 숨 쉬는 시간조차 사치처럼 생각되고 막다른 골목에 접했다고 느껴질 때가 있지 않은가. 그때 필요한 것이 오히려 Why다. 내가 이 일을 왜 하는지, 우리가 왜 여기에 존재하는지, 나와 조직의 땀과 열정이 어디를 향하고 있는지, 추구하는 목적이 무엇인지를 묻는 것 말이다. 처음에는 불평이 나오겠지만 Why를 찾아보려는 대화를 통해 의심과 두려움을 상쇄시키고, 본질을 마주보게 되며, 결국 앞으로 나아가게 되는 용기를 갖게 된다.

필자 회사에서 마케팅을 위한 콘퍼런스를 개최하자는 의견이 나왔다. 기업 인사 담당자들을 모시고 향후 트렌드 및 회사가 준비하고 있는 콘텐츠가 무엇인지를 다룸으로써, 하우코칭에 대한 인지도도 높이고 하반기 매출을 위한 준비를 하자는 것이었다. 그러나 실무자들은 '바쁜데 행사까지 또 해야 하나'하는 표정들이었다. 이때 관련 실무자들과 Why에 대해서 이야기를 나누었다. "이거 안 하면 안 되나?"라는 도발적인 질문부터 "꼭 해야 할까? 해야 한다면 왜 해야 할까?"라는 질문을 하면서, 포스트잇에 생각나는 대로 이유와 목적을 적어보자고 제안했다.

반은 농담처럼 시작했지만, 포스트잇에 쓰기 시작하면서 실무자들은 진지해지기 시작했다. '우리 회사엔 좋은 프로그램이 많다. 이 프로그램을 필요로 하는 곳이 반드시 있기에 알려야 한다.', '기업들이 필요로 하는 킬러 콘텐츠를 제대로 알 수 있는 계기가 된다.', 'HR 담당자들과 네트워킹 기회가 된다.', '하반기 매출을 올리는 데 중요한 계기가 된다.' 등을 포스트잇에 적었다. 그 적은 것을 나누다 보니 심드렁했던 담당자들의 눈빛이 빛나기 시작했고 그러면 어떻게 이 일을 만들어낼 것인가의 단계로 쉽게 넘어갈 수 있었다. 물론 그 멤버들의 성품이 좋았기 때문에 이런 결과가 나왔겠지만, 어찌 아는가. 우리 구성원들과도 Why에 대해 이야기 나누면서 이런 성과를 가져올지.

비법 3. 잘되는 일은 늘 두 번의 창조 과정을 거친다

스티븐 코비Stephen Covey는 《성공하는 사람들의 7가지 습관》에서 두 번째 습관으로 '끝을 생각하며 시작하라'를 제안했다. 스티븐 코비는 다음과 같이 설명한다.

"Begin with the end in mind" is based on the principle that all things are created twice. There's a mental or first creation, and a physical or second creation to all things.

이야기인즉슨 모든 일은 두 번 창조되는데, 마음속의 창조가 첫 번째이고 그것이 실제로 구현되는 창조가 두 번째라는 것이다. 즉, 원하는 것을 얻기 위해서는 먼저 마음으로 창조하는 과정이 필요하다는 것이다. 이 일이 끝났을 때 무엇을 얻고자 하는지 마음속으로 명확하게 그려내면 낼수록, 실제로 얻을 수 있는 결과물은 원하는 것에 유사해진다는 것이다. 이를 필자는 끝그림End Picture이라고 표현한다.

좀 전에 Why에 대해 설명하면서 필자 회사의 예를 들었다. Why 단계에서 이 콘퍼런스 행사의 목적, 의미, 이유를 정리한 후,

이런 목적을 달성하기 위해 끝그림을 그려보기로 한다. 이때 나눈 질문들은 다음과 같다.

- HR 콘퍼런스를 성공리에 마쳤을 때, 어떤 모습을 보면 우리가 성공했다는 것을 알 수 있을까?
- 성공의 모습을 몇 개의 차원으로 나눠보면 어떨까? (고객 만족, 내부 성장, 프로세스 개선, 네트워킹 확장, 재무적 관점 등)
  ① 고객인 HR 담당자 차원에서 무엇을 보면 콘퍼런스에 오길 잘했다고 생각할까? 무엇을 보면, 고객이 하우코칭에 일을 맡겨야겠다고 생각할까? 그들과 이후의 네트워킹이 만들어지려면 무엇이 있어야 할까?
  ② 이 일을 하면서 우리는 어떤 부분에서 성장하고 학습할 수 있을까?
  ③ 이전의 콘퍼런스보다 더 효율적인 프로세스를 만든다면 어떤 것이 가능할까?
  ④ 재무적인 관점에서 몇 개의 회사가 추후 상담을 요청하고 수주까지 이어진다면 성공이라고 볼 수 있을까?

여러 각도에서 이런 질문을 나누다 보면, 콘퍼런스의 결과를 아파트 조감도처럼 명료하게 그려낼 수 있다. 더 놀라운 것은, 해야 할 일이 매우 정교해지고 달라진다는 것이다. 이로 인해 실무자에게 상당 부분 위임이 가능해진다.

작은 일에서도 끝그림을 그리도록 도울 수 있다. 한 구성원이 홍보물과 관련하여 업체와 온라인 미팅을 한단다. 그럴 때 미팅이 끝났을 때 어떤 결과가 있으면 좋겠는지 가볍게 묻는다. 서로에게 귀찮은 일처럼 보이지만, 이런 의논을 하고 나면 구성원들은 더욱 주도적이게 된다. 그뿐만 아니라 시간이 흐르면서 종합적으로 사고하는 훈련이 되어간다.

예측가능성과 유능감을 높여주는 일의 프로세스 도출하기

위에서 언급한 세 가지 비법, 즉 학습원리, Why, 그리고 끝그림을 통합해서 일의 프로세스를 만들어보자. 세 가지를 녹여서 일의 프로세스를 만드는 방법은 크게 두 가지다. 첫째는 리더들의 경험에서 일의 프로세스를 뽑아내는 것이다. 또 하나는 잘 정리된 이론을 응용하여 우리 조직에 적합한 프로세스를 만들 수도 있다. 이 두 가지에 대해 알아보자.

경험 많은 리더가 효율적인 프로세스를 제안하는 방식

앞서 현장 에피소드에서 I상무는, 일의 프로세스를 뻔히 아는 파트장들이 '해서는 안 되는' 과제를 억지로 진행시킨 것 때문에 좌절하였다. I상무에게 당신이 만약 파트장이었다면 어떻게 처리했겠는지 물었다. I상무가 이야기하는 것을 정리해보니 5단계의 일 처리 과정이 만들어졌다. 의도 파악 → 문제 정의 → 방법론과 예측 → 보고 → 리뷰의 프로세스가 그것이다. 가장 첫 번째 단계인 '의도 파악'에서는 '이것이 과제화를 할 만한 요건'을 충족하는지 체크해볼 리스트까지 조직에 있다는 것이다.

이 프로세스를 파트장과 구성원도 알고 있는 것인지 묻자, 누누이 말해왔기 때문에 모를 리가 없단다. 두 가지 가설을 세워볼 수 있다. 하나는 누누이 말했다고 리더가 착각했을 뿐, 구성원의 일하는 방식에는 영향을 미치지 못했을 확률이 있다. 둘째는 만약 그 프로세스에 합의했는데도 이런 일이 발생되었다면, 이 조직은 전문가 집단임에도 불구하고 매우 권위적이고 그 권위에 맹목적으로 순종하는 위험한 조직이라는 것이다. 즉 '할 필요가 없는 일을 전무님이 시키니까 한 것'이라는 얘기가 된다.

I상무는 두 가지 사실을 깨달았다. 하나는 여러 번 이야기했기에 그들도 알고 있을 거라고 생각했는데, 좀 더 명료한 프로세스를 설명하고 합의하는 노력이 필요하다는 것이다. 또 하나는 한 번 합의한 것으로 끝내지 않고, 일을 진행하면서 지금 몇 단계에 와 있는지, 이 단계에서 무엇을 해야 하는지에 대해 질문함으로써, 그들이 일의 프로세스를 명확히 체화하도록 도울 필요가 있다는 것이다. 이게 잘 되면 조직의 커뮤니케이션 비용도 줄일 수 있고 다음 단계에서 짚어야 할 것이 무엇인지를 예측 가능하기에 매우 효율적으로 일할 수 있게 된다. 그뿐만 아니라 새로운 사람이 조직에 오게 되면, 합의된 일의 프로세스를 설명해주게 되고, 새로운 멤버는 좀 더 쉽고 유능하게 새 조직에 안착할 수 있게 된다.

자, 우리 조직에는 일하는 방식이 합의되어 있는가? 당신이 이 직무와 관련해서 경험 많은 리더라면, 스스로 먼저 일의 프로세스를 정리해보자. 효율적으로 일을 해결하고, 부지불식간에 실력이 늘면서 성과에 기여할 수 있는 프로세스 말이다. 그런 뒤, 담당자들과 추가하거나 수정할 게 있는지 논의하면서 합의된 프로세스를 만들어보자.

만약 일의 프로세스를 도출하기 어렵다면, 다음의 6단계를 살펴보고 응용하는 것도 방법이다.

일의 프로세스 6단계를 응용하라

필자는 앞서 언급한 세 가지 비법을 녹인 6단계 프로세스를 권한다.[44] 6단계는 Why, 끝그림, 시나리오, 실행, 복기, 개념 수정과 적용을 말한다. 리더는 이 6단계를 응용하여 과제를 던져주고 실행하는 통제방식([그림 17] 참고)에서 'Plan'부터 함께 기획하고 코칭하는 방식([그림 21] 참고)으로 전환해야 한다.

6단계의 단계별 대표적인 질문을 보면 다음과 같다.

① Why(이유, 목적, 의미): 이 일이 가지는 목적과 의미는 무엇일까요?

② End Picture(끝그림): 이 일을 마쳤을 때 어떤 장면을 보게 되면 일을 잘했다고 볼 수 있을까요?

- 끝그림을 그릴 때 몇 개의 카테고리로 나눠서 세부적으로 질문하면 실행 시나리오가 달라진다. 카테고리 예를 들어보면 재무적 결과, 고객 만족(고객을 먼저 정의), 본인(및 조직)의 성장과 학습 차원, 영향력 측면, 프로세스 개선 등이

있다. 이 카테고리로 '고객 만족 측면에서 끝그림은 무엇일까?'라는 식으로 세부적으로 질문하는 것이다.

③ 시나리오: 어떤 실행을 하면 끝그림을 이룰 수 있을까요? 이것을 통해 끝그림을 이룰 수 있나요? 혹시 빠졌거나 수정할 부분이 있나요? 무엇을 도와줄까요?

④ 실행: 실행은 잘 되고 있나요? 혹시 수정이 필요한 부분이 있나요? 장애물이 있나요? 도와줄 일이 있나요?

⑤ 복기: 끝그림이 무엇이었나요? 얻은 실제 결과는 무엇인가요? 다시 한다면 ERRC할 것은 무엇인가요?

[그림 21] Plan 단계부터 구성원과 함께하기

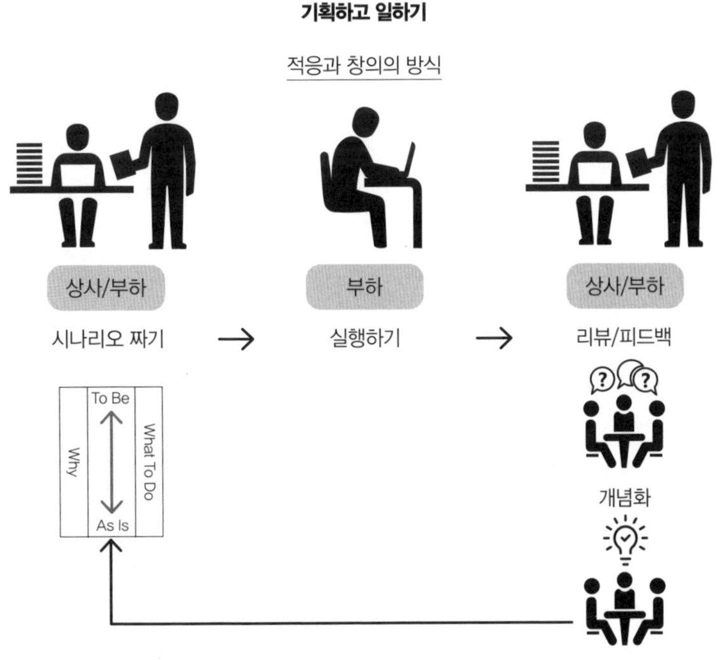

⑥ 개념 수정과 적용: 처음 시작할 때 가졌던 개념은 무엇이었나요? 일을 해보고 복귀하면서 새롭게 알게 된 개념은 무엇인가요? 새롭게 알게 된 개념을 적용하면 어떤 변화가 생길까요?

구성원에게 'Plan' 짜는 것부터 양도해야 한다 할 때 리더들은 곤혹스러워 한다. MZ세대들은 생각하기를 싫어하고 시키는 대로 할 테니 그냥 할 일을 말해달라고 하는데 어떻게 양도하냐고 말이다.

MZ세대 모두가 그런 것은 아니지만, 일부 사실인 것 같다. 이유는 두 가지로 보인다. 하나는 모든 인간에게 해당하는 이유다. 즉 모든 사람은 자신이 잘 모르는 일을 해야 하거나 일이 복잡할 때, 나보다 경험 있는 사람이 혜안을 줬으면 하는 마음이 있다. 그 때문에 '당신이 방법을 말해달라'고 한다. 두 번째는 MZ의 특성으로 볼 수 있는데, 스펙 관리를 학교나 학원에서 족집게로 해주는 성인들(학교와 학원 선생님들, 그리고 부모)과 있다 보니, 어떤 일을 내게 맡기려면 그 지름길도 알려주는 것이 성인의 몫이라는 멘탈모델이 작용하는 것으로 보인다. 그러나 두려움을 덜어내주고 코칭하며 성공체험을 주면 달라질 수 있다.

그렇다면 얼마나 어떻게 함께해줘야 할까. 시간을 늘려야 한다기보다, 어느 프로세스에서 함께해줘야 할지를 고민하는 것이 본질이다. [표 11]을 참조하여, 구성원이 일을 해나가는 데 어떤 단계에 얼마만큼의 시간을 들일지 기획해보라.

쥐어짠 성과가 아니라 구성원이 지속적으로 성장하면서 낼 수 있는 성과를 원한다면, 틀린 점만 지적하며 도돌이표를 만드는 리

[표 10] 6단계 일의 프로세스와 질문 예시

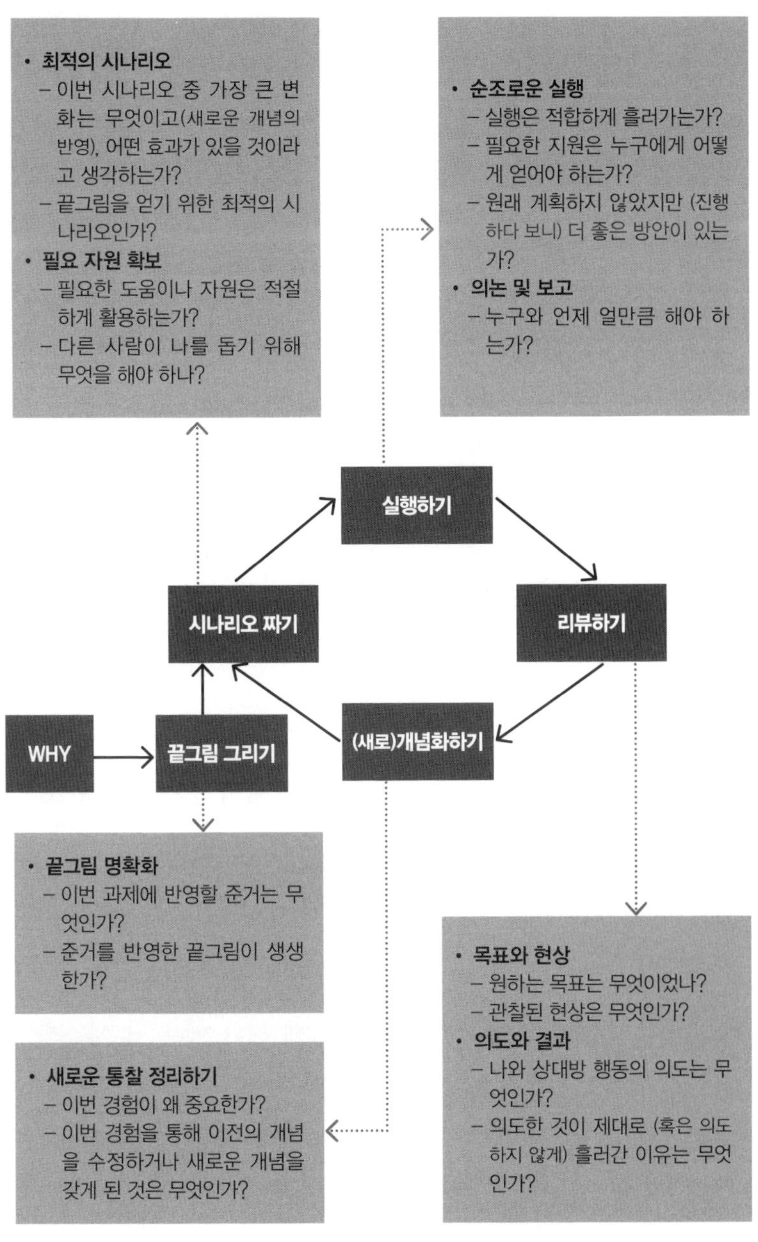

[표 11] 일하는 프로세스별 리더와 구성원의 역할 예시

		시나리오 짜기 →	실행하기 →	리뷰하기 →	(새로) 개념화하기
주도권		구성원 70, 리더 30	구성원 90, 리더 10	구성원 60, 리더 40	구성원 90, 리더 10
리더	역할	합의/협의 • 전략 (What to do) • 달성 정도 합의 → 필요시 자원 조정	자율권 부여 구성원 역량 검토	필요사항 질의 • 성과는? • 시나리오 짜기/실행하기 • 배운 것, 느낀 것, 실행할 것 점검 • 자원 적정성	필요사항 질의 • 기존 콘셉트 중 바꿔야 하는 것은? • 다음 시나리오에 어떻게 적용할 것인가
	시간	70%	10%	15%	5%
팀원		선 작성→ 상사 논의	책임지고 실행	상사의 질문에 답변	스스로 재 개념화

더의 코멘트는 이제 멈춰야 한다. 구성원이 성공할 수 있도록 일의 시작 단계에 리더의 지혜를 함께 나누어야 하며, 일이 끝났을 때는 성공 요인을 추릴 수 있도록 콘셉트 수정을 도와야 한다.

고되고 어려운 길이지만, 구성원들 역량의 합이 조직역량이다. 조직역량을 키우고 싶다면 구성원 개개인의 평균 역량이 높아져야 한다. 이를 위해 다음에 무슨 일을 어떻게 해야 할지, 그 예측가능성을 높이는 노력은 필수적이다.

셀프 코칭

다음의 질문에 답하면서 우리 조직의 일하는 방식에 대해 생각을 정리해봅시다.

Q1. 예측가능성은 구성원들로 하여금 효율적으로 일하게 만들며 커뮤니케이션의 낭비를 없애줄 수 있는 매우 중요한 요소입니다. 다음을 생각해보세요.

① 우리 조직의 보고서에서 주요하게 다루는 내용(목차)은 무엇인가요? 구성원이 이 목차와 담아야 할 내용을 제대로 알고 있나요? (구성원이 올린 보고서에 반려가 많다면, 그 이유가 무엇인지 생각해봅시다.)

② 우리 조직은 과제를 하는 프로세스가 정립되어 있나요? 구성원이 알고 있는 우리 조직의 과제 수행 방식은 무엇인가요? (독자가 임원이고 하위 조직별로 직무가 다르다면, 하위 조직의 리더와 일의 프로세스가 있는지 확인해보고 이를 협의해보세요.)

Q2. 나는 구성원과의 상호작용에 있어서 Why, 끝그림, 구성원의 학습 방식을 고려하고 있나요? 이 3가지를 적용한다면, 나의 역할은 어떻게 달라질까요?

① 당신이 지금 중요하게 생각하는 3가지 과제를 떠올려 보세요. 이 과제는 왜 중요한가요? 이 과제가 완료되었을 때 어떤 모습을 보이면 성공했다고 할 수 있나요?

과제	이 과제는 왜 중요한가? (Why)	무엇을 보면 이 과제가 성공했다고 할 수 있는가? (고객 만족, 학습과 성장(역량), 프로세스 개선, 정량적 성과 등에서 성공의 끝그림을 그려보라)

② 일의 프로세스를 구성원과 나눌 계획을 짜봅시다. 특히 Why와 끝그림을 함께 도출하고, 일이 끝났을 때 리뷰를 통해 개념화를 할 수 있도록 일련의 과정을 설계해보고 적용해보세요.

17

목표 수립, 소통의 질質과 양量이 답이다

현장 에피소드

코치님. 회사는 계속 도전적인 목표를 이야기하고 있고, 저희 팀도 예외는 아닙니다. 작년에도 겨우 목표치를 달성했는데 올해는 더 도전적인 목표가 내려왔습니다.

제 고민은 저희 팀의 까칠한 A매니저를 어떻게 설득할까 입니다. A매니저는 일을 잘합니다. 그런데 어려운 과제 요청이 오거나 목표가 도전적이면 매우 부정적인 태도를 보입니다. 그러면 다른 구성원들의 표정도 덩달아 어두워집니다.

아마 올해의 목표치에 대해 듣는다면, '작년에도 뼈를 갈아 넣어 성과를 냈는데 그보다 어떻게 더 할 수 있겠냐'고 할 게 분명합니다. A매니저를 어떻게 설득할 수 있을까요? 어떻게 하면 목표 수립을 잘할 수 있을까요?

경영학의 구루라 불리는 피터 드러커는 1954년에 지시에 의한 관리를 멈추고 목표를 제시하고 구성원이 자기 주도의 방식으로 그 목표를 해결해 나가도록 경영하라고 제안한다. 목표에는 가치가 포함되어 있고, 무엇에 집중해야 하는지 초점을 보여주며, 정량적인 방식으로 측정할 수 있기 때문이다. 그것이 바로 MBOManagement by Objectives and Self-control라는 목표관리 철학이자 경영방식이다. 기업들은 지시보다 목표중심의 경영이 더 나은 성과관리 방식임을 알게 되면서 MBO 방식을 도입하기 시작했다.

그러나 기업들은 피터 드러커의 철학까지 온전하게 수용하지 못했다. 즉 피터 드러커의 제안 중 구성원에게 자기 주도self-control의 권한을 주는 것은 떼어 버리고 '목표에 의한 관리Management by Objectives에만 초점을 둔 것이다. 'S.M.A.R.T',* 'KPI', 그리고 'BSC'** 와 같은 목표 달성률만을 측정하는 절차 중심의 관리 방법이 진화를 거듭하며 목표관리 기법으로 정착하게 되었다.

1968년 앤디 그로브는 인텔에 합류하면서 피터 드러커가 제안한 정통 MBO를 좀 더 파고 들었다. 구성원들에게 "당신의 목표가 무엇입니까?"라는 질문을 하기 시작했고, 목표를 달성하는 방법을 구성원들과 함께 찾는 것에 집중한 것이다. 이를 '인텔의 MBOiMBO' 라 불렀다. 당시 인텔에 다녔던 존 도어John Doerr가 실리콘밸리 벤처

* Specific(구체성), Measurable(측정 가능), Attainable(달성 가능), Realistic(현실성), Timely(시의성)의 머리글자를 따온 단어로, 경영에 있어 목표를 설정하는 기준을 말한다.

** Balanced Score Card. 조직의 비전과 전략목표 실현을 위해 네 가지 관점(재무, 고객, 내부프로세스, 학습과 성장)의 성과지표를 도출하여 성과를 관리하는 시스템.

투자회사에 입사했고, 그 회사가 구글에 투자하기로 결정하면서 iMBO는 좀 더 체계화되어 'OKR'***이란 이름으로 구글에 전해졌고, 이후 수많은 기업들이 도입했다.

피터 드러커가 제안한 것처럼, 경영성과의 핵심은 목표중심의 경영과 구성원의 자기 주도self-control이다. 목표를 경영진 임의로 도출하고 이를 톱다운****하는 방식은 실무자들의 주도성를 이끌어 내지 못한다. 반대로 목표가 자신에게 왜 필요한지를 잘 이해한 사람들은 목표를 달성할 가능성이 커진다.[45]

목표는 구성원의 심리적 승인이 더 중요하다

사실 목표수립 도구는 많다. 문제는 그 목표를 수용할 수 있도록 구성원과의 소통에 공을 들이지 않는다는 것이다. 목표수립과 실행은 구성원의 심리적인 승인을 얻어야 한다. 심리적 차원에서 목표와 관련된 네 가지 요소를 살펴보자.

첫 번째 요소, 목표와 가치를 연결하라

개인적으로 필자는 책임감이라는 가치를 좋아한다. '내가 맡은

*** Objective and Key Result. 인텔에서 시작되어 실리콘밸리 전체로 확대된 성과관리 기법. 조직적 차원에서 목표를 설정하고 결과를 추적할 수 있도록 해주는 목표 설정 프레임워크이다.

**** 피라미드형의 계층 조직을 전제로 정점에 있는 최고경영자가 기본적인 사업 콘셉트와 전략을 만들고 아래 직원은 이를 실행에 옮기는 데만 주력하는 경영 모델.

책임을 다하는 사람이고 싶다'라는 생각을 떠올릴 때, 훨씬 더 몰입하고 성실하게 임한다. 모든 사람이 마찬가지다. 목표나 과제가 자신의 가치와 연결될 때 에너지를 갖게 된다. 그래서 리더는 목표를 구성원과 나눌 때, 이 목표가 어떤 가치와 연결되어 있는지를 함께 탐색해봐야 한다.

그렇다면 가치를 어떻게 탐색할 수 있을까? 대표적인 방식 두 가지를 소개한다. 첫 번째는 조지 윌슨George Wilson[46]이 도출한 다섯 가지 가치로 조직의 가치를 대신하는 것이다. 그는 목표에 대한 열정을 갖게 하는 가치가 무엇일까를 연구했고, 다섯 개의 핵심가치 즉 진실성integrity, 책임responsibility, 공정fairness, 희망hope, 성취achievement를 도출했다. 이 다섯 가지 가치를 통해 목표를 살펴

[표 12] 일터에서의 가치

책임감	건강	팀워크	인정
화합	충성	겸손	완벽
전문성	긍정	공정	용기
신뢰	성장	관용	인내
열정	속도	다양성	존경
효율성	자율성	도전	진정성
균형	정직	믿음	품질
성실	즐거움	배려	행복
소통	양심	변화	헌신
감사	유연성	사랑	독립성
창의성/혁신	효과성	고객만족	가족
금전/부	신앙	지혜	힘/권위

출처: [일터에서의 가치 카드] 하우코칭

볼 때, 성공할 가능성이 커진다는 것이다. 예를 들어 '우리의 목표는 조직(혹은 회사나 세상) 전체에 어떤 희망을 가져다주는가?' 혹은 '진실성과 우리의 목표와 어떤 관계가 있을까?'라는 질문으로, 목표의 의미를 생각해보게 하는 것이다.

두 번째 방식은, [표 12]의 '일터에서의 가치Work Value'를 활용하여 구성원이 동의하는 가치를 도출하는 것이다. 이 '가치목록'을 그대로 사용해도 좋고 가치단어를 수정하거나 추가해서 사용할 수도 있다. 활용방법은 위와 똑같다. '핵심가치 ○○○은 우리의 목표와 어떤 관계가 있을까?'라고 질문함으로써, 목표 너머에 있는 고귀한 가치를 보도록 하자.

잠깐! 조직 내에서 가치도출 워크숍을 진행한다면 다음을 참조하라.

가치도출 워크숍 진행 순서

- 0단계. 워크숍의 목적과 의미 설명하기
- 1단계. 개인 가치 공유하기: 각자 일터에서 가장 중요하게 생각하는 가치 3개를 뽑는다. 그런 뒤 '왜 이 가치가 중요한지' 들어보는 시간을 갖는다. 의미 있는 이야기를 들을 때마다 서로 감탄하고 칭찬해준다. 개개인에 대해 깊이 알게 되는 순간이기도 하고, '가치'가 얼마나 중요한지를 깨닫게 된다. 자연스럽게 조직에도 가치가 중요하다는 것을 이해하게 된다.
- 2단계. 조직 가치 도출하기: 조직의 미션을 떠올리고, 그 미션을 이루기 위해 가장 필요한 가치 3가지씩 뽑게 한다. 이후 투표를 통해 조직의 핵심가치 3가지를 추출한다. 나아가 행동강령도 도출할 수 있다. 예를 들어, '관용'이 중요한 가치라고 합의되었다면, '실제로 우리 조직에서 어떤 행동을 보면 관용을 베풀고 있다고 생각될까?'라는 질문을 해서, 실행 방안을 뽑아내는 것이다.
- 3단계. 핵심가치와 목표를 연결해보기: (이 활동을 연속해서 진행할 수도 있

고 별도로 진행할 수도 있다.) 필자는 목표수립을 할 때 (이전 워크숍에서 정리해둔) 조직의 핵심가치를 꺼내어 연결해보는 것을 추천한다. 방식은 앞과 동일하다. 즉 '핵심가치 ○○○은 우리의 목표와 어떤 관계가 있을까?'

두 번째 요소, 개인 재능을 일과 연결하라

기업 코칭에서 코치들은 대부분 리더의 재능부터 파악한다. 재능은 그 사람의 변화를 불러일으키는 자본금이자 동기의 원천이다. 재능은 '해도 또 하고 싶은 일', '다른 사람보다 좀 더 쉽게 잘하는 일'로 정의된다.

마커스 버킹엄Marcus Buckingham[47]은 구성원이 자신의 재능과 연관된 일을 하는 것이 얼마나 중요한지 알아보기 위해, 전 세계 근로자 5만 명을 대상으로 설문조사를 실시했다. 그 전까지 기업들은 급여, 직장동료에 대한 호감, 근무지 위치, 조직의 미션 등이 구성원의 근속, 성과, 몰입도, 회복탄력성 등에 중요하다고 생각했다. 하지만 설문 결과 가장 큰 영향을 미치는 것은 다음의 세 가지였다.

- 나는 지난주에 매일 신나게 일했나?
- 나의 장점을 발휘할 수 있는 기회가 매일 있었는가?
- 직장에서 내가 잘하고 좋아하는 일을 할 수 있는 기회가 있는가?

'직장에서 이게 가당한 일인가. 어떻게 매일 좋아하는 일만 할 수 있겠는가'하는 생각이 들 것이다. 그러나 이것은 100%를 말하는 것이 아니다. 버킹엄이 인용한 연구에 의하면 하루 중 20% 이상만 자신이 흥미를 느끼고 해낼 수 있는 일이면 된다는 것이다. 반면 20% 미만이면 신체적·심리적 번아웃을 경험할 가능성이 더 커진다.

갤럽 조사도 이를 지지한다. 매일 자신의 강점을 활용하는 사람은 생산성이 7.8%가 높고, 강점에 기반해 피드백을 받는 팀은 수익성이 8.9% 높다고 한다. 엄청난 숫자다. 그러니 구성원의 재능과 흥미가 무엇인지 살펴보고, 이것과 관련된 일은 어떤 것이 있는지, 지금 하고 있는 일에 이 구성원의 재능과 흥미가 얼마만큼 관련되어 있는지 파악하고 소통하는 것은 너무도 중요하다.

세 번째 요소, 난이도difficulty와 구체성specificity을 고려하라.

몰입과 행복의 대가인 칙센트미하이Mihaly Csikszentmihalyi는 과제 난이도가 자신의 역량과 엇비슷하거나 다소 높을 때 몰입을 가져온다고 말한다. [그림 22]의 상단 그림처럼 능력에 비해 과제가 너무 쉬우면 무료함을 느끼고, 반대로 과제가 너무 도전적이면 불안해서 오히려 몰입하지 못한다는 것이다. 구성원의 역량이 어느 정도인지 파악하고, 그보다 약간 더 높은 과제에 도전하도록 안내해야 한다.

[그림 22]의 아래 그림과 같이, 처음에는 낮은 능력이 요구되는 과제를 부여한다.(A영역) 시간이 흐르면서 그 과제에 숙련이 되면(B영역) 좀 더 도전적인 과제를 준다.(C영역) 약간 힘에 부치지만 노력하면 해낼 수 있는 영역이기에 구성원의 몰입은 좀 더 쉬워질 것이

[그림 22] 구성원의 몰입을 가져오는 도전 과제

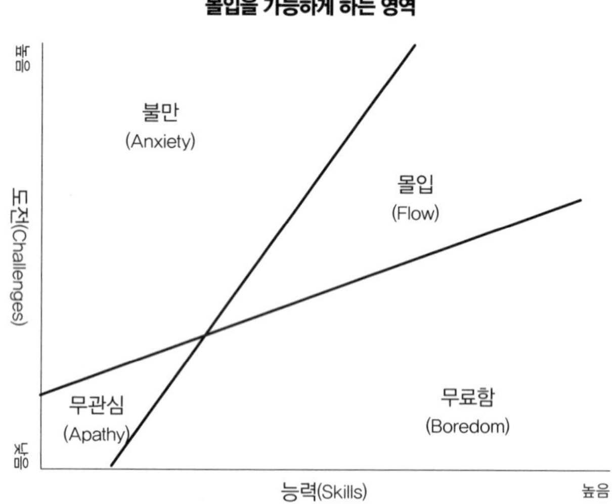

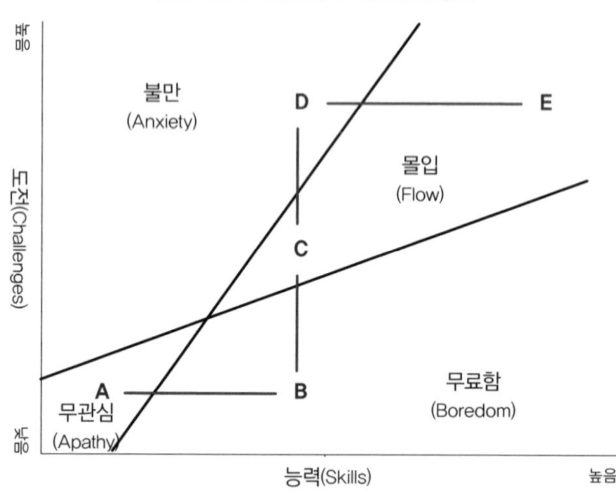

다. 어느 정도 성장한 것 같으면 더 높은 난이도의 과제를 제안한다.(D영역) 구성원은 자신의 능력에 비해 난이도가 높기에 불안하고 집중하기 어려울 것이다. 여기서 시간을 주고 적절한 도움을 주면서 몰입의 영역(E영역)으로 가도록 돕는다.

이 그림은 신입사원뿐만 아니라 연차가 높은데도 자신의 역량을 발휘하지 못하는 구성원을 어떻게 성장시켜야 하는지에 대해서도 통찰을 준다. 늘 하던 방식으로 지시하는 것이 아니라, 구성원의 역량에 따라 개입 형태를 결정하는 것이다.

난이도와 더불어 목표를 구체화하는 것도 중요하다. 무엇을 달성해야 그 일을 다 이룬 것인지에 대해 명확하게 소통해야 한다. '○○프로그램을 3회 개최하기'와 같은 행위action 중심의 목표가 아니라, '○○프로그램을 통해 A역량을 1점 이상 향상시킨다'는 결과result 목표로 합의해야 한다. 무엇을 하면 목표를 이룬 것인지에 대해 합의하면, 그 일을 성취해낼 가능성이 더 커지기 때문이다.

네 번째 요소, 회복탄력성을 돌보라.

목표를 이뤄가는 과정에서 리더 자신뿐만 아니라 구성원들의 회복탄력성resilience이 잘 유지되도록 돕는 노력이 필요하다. 회복탄력성은 마음의 고무줄이다. 어려운 일로 고무줄이 당겨져도 제자리로 돌아올 탄력을 갖는 것 말이다.

성과와 관련해서 회복탄력성을 유지하기 위해서는 두 가지가 필요하다. 첫째, 부정적인 생각이나 확실하지 않은 정보로부터 사실을 분리해 내는 것이다. 리더는 조직 내 부정적인 생각이나 부정확한 정보가 감지될 때, 정확한 사실이 무엇인지 정리해서 공유해야 한다. 둘째, 조직 안에서 긍정적인 대화가 오고 갈 수 있도록 돕는다. 개인의 회복탄력성에서 가장 중요한 요인은 감사하기이다. 서로의 기여에 대해 감사를 표현하고 격려할 기회를 가져야 한다. 예를 들어 주간보고 시 목표와 관련해서 긍정적인 내용을 하나라도 발굴하여 나누는 노력이 필요하다.

리더가 무엇을 '성과'로 보는지에 따라 목표가 달라진다

심리적 관점에서 구성원의 동기와 열정을 끌어올릴 수 있다면 이제는 '목표'가 무엇인지에 대해 명확히 해야 한다. 두 가지 관점에서 목표를 바라보는 나의 관점을 점검해보자.

상부에서 주어지는 책임감Responsibility보다 직무 존재 목적인 성과 책임Accountability

쉽게 오해하는 것이 있다. 사람이 모여 있는 곳이 조직이라고 생각한다. 아니다. 직무가 모여 있는 곳이 조직이다. 기업의 미션과 비전이 수립되고, 이에 따른 전략을 선택하고 나면 직무(일)가 생긴다. 그 일을 가장 효율적이고 효과적으로 해내기 위해 만들어진 것이 조직이다. 따라서 각 직무 담당자들은 자신들의 직무가 무엇인지 명확히 알아야 한다. 직무란 담당한 과업을 통해 완수해야 할 성과 책임accountability의 총체이다.

[그림 23] 조직에 대한 오해와 올바른 이해

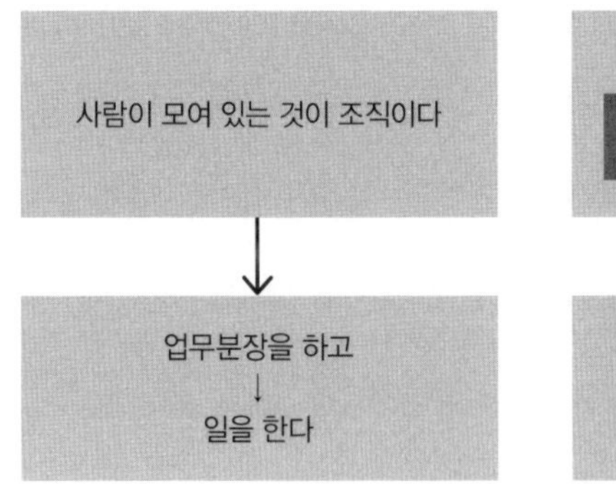

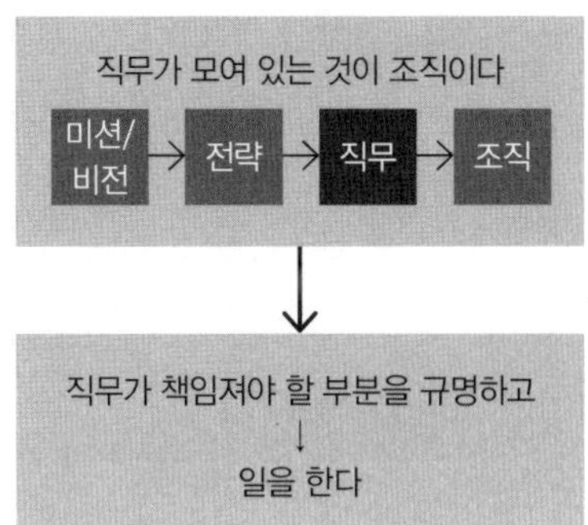

출처: 최동석, '인사조직론 기초과정'(2019)

이 아이디어는 최동석 박사[48]를 통해 얻은 것이다. 이전까지는 '책임감Responsibility'을 가장 중요한 것이라 생각했다. 그러나 'Responsibility'는 그야말로 반응response하는 능력을 말한다. 자극이 주어지면 반응해서 완수하는 것이다. 'Accountability'는 직무 담당자가 책임지고 완수해야 할 성과를 말한다. 즉, 직무를 맡는 순간 내가 가진 직무가 무엇인지 알고, 그 직무를 책임지며, 그 직무의 결과에 대해서 설명할 책임을 갖는 것을 'Accountability'다. 한국어로 번역하면 둘 다 '책임감'이지만 조직에서의 'Accountability'는 '성과책임'이라고 번역한다. 일이 완료되면, 자신의 성과책임 결과를 설명할 책임을 지게 된다는 측면에서 '설명책임'이라고도 부른다.

예를 들어 구분해보자. 소방서장은 발생한 화재를 인근 소방서와 협조하여 두 시간 만에 진압하였다. 이 경우 Responsibility는 화재 진압을 효율적으로 하는 것이고, Accountability는 화재 발생률을 줄이는 것이다. 도시의 환경과에서 매연을 줄이기 위하여 매년 10%씩 LNG버스의 비율을 늘려가기로 하였다. 이 경우 Responsibility는 합리적인 가격에 효능이 좋은 버스를 구매하는 것이고, Accountability는 도시의 공기 청정도를 높이는 것으로 설명할 수 있을 것이다.

구성원의 직무 및 역할에 대해 이야기할 때, 이 Accountability와 Responsibility를 적용할 수 있다. 시킨 것을 열심히 혹은 잘하는 것이 중요한 게 아니라, 그 직무 혹은 일의 본질을 이해하고, 그 직무가 책임져야 할 성과를 규명하고 그것을 완수하는 것이다. 예를 들어 회사 홍보를 담당한 구성원이 홍보 활동을 30회한 것이 중요한 것이 아니라, 회사 홍보라는 본질에 초점을 두고 고객들이 회사에 대한 긍정적 인지도를 높이는 것이 어떤 직무 및 과업에 대해 책임을 지는 것임을 강조해야 한다.

직책자 또한 그 직책이 책임지고 있는 직무의 성과책임을 완수해야 할 직무 담당자다. 한 기업의 대표와 코칭 세션에서 직책자의 성과책임을 논의한 바 있다. "대표이사로서 무엇을 보면 이 조직이 성공했다고 볼 수 있을까요?", "대표이사만이 책임지고 설명해야 할 성과는 무엇일까요?"라고 코치의 질문에 대표이사는 잠시 생각에 잠기더니 이렇게 대답한다. "매우 중요한 얘기네요. 저의 성과이면서 동시에 차세대 CEO를 선발하고 준비시키는 데도 동일한 잣대가 될 수 있는 것이어야 하겠네요. 평상시 생각해 둔 것은

'5~10년 후의 먹거리를 만들어내는 것'이 저의 역할이자 성과라고 생각했어요. 나머지는 시간을 갖고 생각해 봐야겠어요."

사실 직무가 조직을 만들었기 때문에, 조직의 장이 설명해야 할 Accountability는 배타적이다. 예를 들어 대표이사, 부사장, 전무, 상무, 팀장이 책임져야 할 직무가 다르다. "유럽이 짧은 근무시간에도 불구하고 생산성이 높은 이유는 아마도 Accountability 개념이 명확해서라는 생각이 드네요. 다만 대표이사로서 제가 회사 전반이 아니라 몇 가지에 대해서만 책임을 지겠다고 하면 다들 무책임하다고 할 것 같은데요? 저조차도 본부장이 몇 가지에만 설명책임을 지겠다고 하면 불안할 것 같아요. 우리 현실에는 아직 어려운 것 같아요." 결국 대표와는 '성과책임'보다는 '임원으로서 갖춰야 할 역량'으로 타협을 보았다. 역량개발을 요구하되 아직은 설명책임을 요구하지 않는 수준에서 타협점을 찾은 것이다.

대표는 여러 안건으로 임원 워크숍을 소집하면서 안건 중 하나를 차세대 리더들을 키우기 위해 우리 회사에서 필요한 임원의 역량을 도출해보자고 제안하였다. 그러면서 자신의 CEO 자질을 위한 역량 세 가지를 다음과 같이 내놓았다.

1. 우리가 하는 사업을 깊이 이해하고, 그에 기반하여 의사결정할 수 있는 역량.
2. 5~10년 이후의 우리 모습을 생각하고, 그 목표를 주도적으로 실행해나가는 역량.
3. 고객, 파트너 및 우리 식구 전체에 대하여 남이 아닌 식구로

대하는 진정성 있는 마음.

사실 이런 역량을 꺼낸다는 것 자체가 매우 두려운 일이다. 임원들은 이 세 가지로 현재의 대표이사를 평가하기 때문이다. 대표는 자신이 생각한 CEO의 역량을 예시로 보여주면서, '당신들도 그 직책에서 필요한 역량을 꺼내 보고, 자신 및 후배 경영자를 육성하는 데 하나의 기준점으로 쓰자'고 제안했다. 이 모든 일은 책임감에서 성과 책임으로 이전하는 소중한 노력들이다.

애매한 기대보다 '완료 시점의 기대 사항 명확화'

'기대'*란 무엇일까? 사전을 살펴보면, 기대는 매우 주관적이고 내면적이며 막연한 상태처럼 보인다. 기대가 달랐을 때 깊은 갈등과 오해를 불러일으킬 가능성이 크다. 따라서 서로의 기대를 드러내고 목표를 명확히 합의하는 것이 중요하다. 기대를 합의하면 어느 것에 초점을 둬야 하는지 분명해지기 때문에 좀 더 유능하게 대처하게 되고 서로를 신뢰하게 된다. 반면 기대를 합의하지 않으면, 커뮤니케이션 비용이 커지고 불신을 생성하며 서로가 학습된 무기력에 빠지게 된다.

스티브 렐리Steve Reilly[49]도 이를 지적했다. 즉, 리더들은 유능한 사람을 선발하여 동기부여하면 성과를 낼 수 있다고 생각하는데 이것이 착각이라는 것이다. 스티브 렐리는 '선발'과 '동기부여'가 가

* 기대期待/企待 [기대] 어떤 일이 원하는 대로 이루어지기를 바라면서 기다림.

[표 13] 3가지 핵심 성과 요인

구분	요인	내용	
3가지 핵심 성과 요인	1. 기대 사항 명확화	회사/상사가 기대하는 상황을 명확하게 알고 있는가?	컨트롤하기 쉬운 순서 ↓
	2. 피드백	1의 기대 사항을 달성하였는지 못하였는지 알고 있는가?	
	3. Accountability	구성원이 의사결정할 권한이 주어지고, 그 결과를 직접 경험하고 설명할 수 있는가?	
리더들의 착각	4. Resources	기대 사항을 달성하기 위한 자원을 가지고 있는가?	
	5. 선발	그 직무를 수행하기 적합한 자리에 있는가?(그 직무에 적합한 사람인가?)	
	6. 동기부여	구성원은 그 직무를 하고 싶어 하는가?	

장 컨트롤하기 어려운 요소라고 판단한다. 반면 [표 13]처럼 오히려 '기대 사항을 (목표로) 명확화'하는 것이 성과를 내는 데 가장 중요한 일이며 리더가 컨트롤하기도 쉬운 요소라고 본다.

필자는 기업의 리더들을 코칭하면서, 많은 리더들이 목표에 대해 자신의 기대를 명료화를 하지 않음으로써 커뮤니케이션과 불신의 값을 치루고 있음을 본다. KPI로 예를 들어보자. 이전에 대기업의 팀장들을 대상으로 목표수립 워크숍을 진행하면서, 사전과제로 팀 KPI를 작성해 오라고 하였다. 아직 미완성이라고 내민 신임 팀장의 팀 KPI는 총 세 가지였는데 하나의 KPI만 살펴보자. 그 하나

[표 14] A기업 신임팀장의 '팀 KPI'

전략과제	KPI	측정지표(산출식)	가중치	전년 실적	금년 목표
분석연구원 역량 강화	분석역량 수준 향상	팀원 역량 평가 수준 평균	20	3.0Level	

는 [표 14]와 그림과 같이 성과를 달성했는지 못 했는지를 평가할 수 없는 그야말로 미완성이었다.

연구팀이었기에 KPI 중 연구원의 분석역량은 매우 중요하다. 그런데 세부적으로 보면 결과를 예측하기가 어렵다. 이유는 ①'분석역량'에 대한 정의 혹은 하위 요소가 무엇인지 알 수 없고, ②level에 대한 기준이 없으며, ③구성원 각각의 As-Is와 To-Be가 나와 있지 않기 때문이다. 그래서 올해 목표 3.0이 무엇을 의미하는지, 어떤 상태가 되어야 도달했다고 볼 수 있는지 알 수 없다. 더 중요한 것은 목표가 명확하지 않기 때문에 어떻게 역량 강화를 해야 할지 적절한 개입방법을 알 수 없다는 것이다. 아마도 연말이 되면 구성원 몇 명에게 교육 기회를 준 것으로 이 KPI를 평가할 확률이 높다. 그렇다면 교육을 보낸 것이 정말 분석역량 향상에 기여했을까? 아닐 확률이 크다. 이 기대를 명확한 목표로 만들 수는 없을까?

가능하다. 우선 우리 팀의 분석수준을 결정짓는 역량이 무엇인지 정의해야 한다. 팀장은 세 가지 역량을 정의했다. 즉 기획력, 실행력, co-work이다. 이를 토대로 각 구성원이 어느 수준인지 As-Is와 To-Be를 평가한다. 이것을 합산해서 보면 이제야 집중해야 할 항목과 실행할 것what to do이 보인다. 아마도 팀장은 '분석역량'이라는 육성 목표를 위해 [표 15]의 내용과 같은 방안을 도출할 수 있게 될 것이다.

어떤가? 팀 KPI를 이룰 확률이 커졌는가? '구성원 육성'이라는 성과 결과에 대한 기대를 명확히 한다면 연말의 이 KPI는 이뤄질 가능성이 매우 커질 것이다. 즉, 해야 할 일에 대해 합의하는 것이

[표 15] 팀의 분석수준 역량

전략과제	KPI	측정지표(산출식)	가중치	전년 실적	금년 목표
분석연구원 역량 강화	분석역량 수준 향상	팀원 역량 평가 수준 평균	20	갑동이 1.5 을동이 2.0 병순이 3.0	갑동이 2.7 을동이 2.8 병순이 3.5

	갑동이		을동이		병순이		평균	
	2022	2023	2022	2023	2022	2023	2022	2023
기획력	1.0	3.0	1.5	3.5	3.0	4.0	1.8	3.5
실행력	2.0	2.5	2.0	2.5	3.0	3.5	2.3	2.8
Co-Work	1.5	2.5	2.5	2.5	3.0	3.0	2.3	2.7
평균	1.5	2.7	2.0	2.8	3.0	3.5	2.2	3.0

[팀 전체의 분석역량을 높이기 위한 방안]

1. 분석역량의 하위 역량 중 구성원 모두 공통적으로 낮은 기획력을 키우는 것이 올해의 가장 큰 핵심 육성 목표다. 팀원 모두 고객의 니즈와 시장의 변화를 파악하고 데이터를 분석하여 방향을 세울 수 있는 기획력 3.5 이상 수준을 확보하여야 한다. 이를 위해, ①외부강사를 초빙하여 In-house 강의를 들을 수 있는 예산을 확보한다. ②구성원과 연말 역량 목표를 공유하고, 월 1회 미팅 시 안건에 포함하여 점검한다. ③개별로 기획력을 키울 수 있는 업무 과제를 부여하고 팀장이 시간을 투자하여 피드백한다.

2. 빠른 업무 추진을 위해 '실행력'은 모두 0.5씩 향상하도록 한다. 이를 위해, ①연수원 과정에 순차적으로 입과할 수 있도록 한다. (업무 일정 고려 1분기 2명, 2분기 1명) ②빠른 실행 점검을 통해 필요한 지원과 상호 피드백을 제공한다.

3. 갑동이의 Co-Work 역량을 높인다. 을동이와 병순이의 Co-Work 역량은 전반적으로 무리가 없다고 생각되므로, 새로 팀에 합류한 갑동이의 Co-Work 역량 증진을 위해 과제와 환경을 조성해준다.

아니라, 이 일이 끝났을 때의 결과 모습(성과의 끝그림)에 대해 합의하는 훈련이 되어야 한다.

목표합의, 프로세스를 참조하라

목표를 합의하는 방식은 기업마다 리더마다 다를 것이다. 다음의 절차들을 보면서, 조직상황에 맞게 변형하여 사용하면 된다.

1단계: 목표수립 전, '업業의 변화에 대해 공부하여 나누기'

변화에 관해 C=DVP 공식을 이야기한 적이 있다.(4장 '변화가 필요하다면 그 여정을 관리하라' 참조.) 현재 상태에 머무르면 안 된다는 불만족을 통해 위기의식을 가지려면, 세상이 어떻게 변하고 있는지 알아야 한다. 따라서 우리 조직의 업이 어떻게 흘러가고 있는지, 경쟁회사에서는 무엇을 하고 있는지, 어떤 부분에서 융합이 일어나고 있는지를 알아야 한다. 하여 목표수립 전에 반드시 해야 할 것은, 우리 업과 관련된 동향에 대해 조사하고 발표하는 스터디 시간을 갖는 것이다.

실제로 필자의 회사에서는 10월 말이 되면 구성원들이 1인 1주제를 맡아 동향을 조사한다. 몇 년간 조사한 내용이 있으니, 업에 대해 잘 모르는 구성원들도 작년 것을 토대로 조사를 할 수가 있다. 이런 조사를 분담하는 이유는 여러 가지다. 우선, 기존의 자료를 검토하게 한다. 과거의 흐름을 파악하고 있어야 현재와 미래를 볼 수 있기 때문이다. 둘째, 자기가 맡은 주제의 새로운 트렌드를 조사, 정리, 발표하면서 진짜 자기 지식이 된다. 셋째, 왜 변화가 필요한지 스스로 당위성을 깨닫게 되고 변화 키워드를 정리하게 된다. 2회 정도로 나눠서 발표를 하면서, 각 사람이 발표한 키워드를 정리한다. 내년도의 중요한 키워드를 1차로 가지게 된다. 이 나눔을 하고 난 후에 SWOT 분석을 하면, 내용이 훨씬 더 풍부해진다.

2단계: 지난 성과 리뷰하기

내년의 키워드를 도출한 뒤 1년 리뷰를 진행한다. 이때의 이점은 한 단계 수준이 높아진 상태에서 1년을 리뷰하는 것이기에 위기의식을 더 높일 수 있다는 것이다. 리뷰에 사용할 수 있는 대표적인 프로세스는 AARAfter Action Review이다.(11장 '경청, 어디까지 가봤는가' 참조.) 네 단계 질문 중 마지막 항목인 ERRC를 나누면서, 내년도 조직의 방향과 목표들을 도출한다. 이때 리더는 내년 팀 운영에 대한 가이드라인을 나눌 수도 있다. 구성원과의 성과 면담을 통해 건의된 내용과 1년 동안 조직을 운영하면서 필요하다고 생각했던 것들을 정리하여 나누는 것이다. 올해가 가기 전에 내년을 미리 내다보는 키워드를 가지고 있다면, 신년에 경영진이 내리는 목표를 수용하는데 좀 더 유연해질 수 있다.

3단계: 목표 정렬Alignment하기

새해가 되면 회사의 방향과 전략이 정리된다.[50] 그러면 조직별로 미션이 내려온다. 신생 조직이 아니라면 이미 구성원들과 함께 올해 방향의 키워드들을 정리해두었기에, 위에서 내려온 미션의 충격이 덜 크게 느껴질 것이다. 반면 작년에 조직에서 정리한 것과 너무 동떨어진 미션을 받게 된다면, 리더가 먼저 그 갭을 분석하고 구성원이 이해할 수 있는 용어로 설명해줘야 한다. 목표 정렬은 다음과 같이 4단계를 통해 진행해볼 수 있다.

목표 정렬의 첫 번째 단계는 회사 전체의 목표와 팀의 목표가 어떻게 연결되어 있는지 설명해주는 것이다. 기旣수립된 각 조직의 목표·전략에 의거해 팀장의 목표 설정 지침을 커뮤니케이션한다. 당해 년의 핵심성공 요인과 과제, 역량 개발, 직무 개발을 포함해 자신의 올해 목표를 작성하도록 요청한다.

두 번째 단계는 구성원과 일대일로 미팅을 진행하는 것이다. 팀 전체의 방향과 관련하여 구성원은 목표 초안을 작성한 것을 리더와 함께 리뷰해본다. 시간은 10분 이내로 짧게, 과업과 그 과업의 완료된 시점의 기대 명확화, 달성 방법과 기한 등에 대해 커뮤니케이션한다. 하나씩 고쳐주기보다는 명확한 지침을 제공하여 스스로 고치도록 하는 것이 좋다.

세 번째 단계는 다시 전체가 모여 목표 전체를 점검하는 워크숍을 갖는 것[51]이다. 이 회의의 목표는 팀원들에게는 공유, 팀장에게는 조정이 목적이다. 1부에서는 팀원 전체가 모여 자신의 목표를 발표한다. 발표는 5분 이내로 한다. 2단계에서는 발표한 각 개인에게 다른 팀원들이 ①궁금한 점을 질문하고 ②무엇을 도와줄 것인가를 말하도록 한다. 팀장은 토의 과정 속에서 구성원들의 목표가 적절하게 배분되었는지 확인하고 조정한다. 여기서 받은 피드백을 토대로 각자의 목표를 최종 수정하여 제출하도록 한다.

마지막 단계는 구성원 각자가 제출한 목표들을 검토한 후 팀 내에 공유하고, 구성원 각자의 목표와 팀의 목표를 제출한다.

필자의 회사는 OKR을 쓴다. 위의 프로세스대로 연말에 다음해의 큰 방향objectives과 중점 과제 세 가지 정도를 추출한다. 그것을 토대로 매 분기 목표를 점검하며 수정해나간다. 방식도 중요하지만 더 중요한 것은 개개인이 자기목표의 의미를 이해하고 열정을 가지며, 그 결과에 대해 설명책임을 갖도록 하는 것임을 기억하도록 돕는다.

목표를 수용할 수 있도록 심리적인 부분을 다루고, 담당하고 있는 직무의 Accountability를 규명하는 습관을 들이고, 과제 수행 시 과제가 끝났을 때 기대하는 모습을 명확하게 하여 사전 커뮤니케이션 하고, 목표합의 프로세스를 관리하는 네 가지 분야의 수준을 높이면 팀의 성과 창출, 팀원의 역량 향상, 팀장의 조직/목표관리 역량 향상을 가져올 수 있을 것이다.

셀프 코칭

다음의 질문에 답하면서 우리 조직의 목표수립에 대한 생각을 정리해봅시다.

Q1. 나는 목표수립에서 구성원이 갖는 심리적 차원의 4가지를 얼마나 어떻게 다루고 있나요?

①목표와 가치(개인가치, 팀가치)를 연결하기, ②개인의 재능과 일을 연결하기, ③난이도와 구체성을 고려하기, ④조직의 회복탄력성 돌보기

Q2. 기대 사항을 합의하는 것이 성과를 이루는 핵심입니다. 나는 목표에 대한 기대를 얼마나 분명하게 합의하나요? 하나의 과제로 기대 사항을 합의해보는 실습을 해보세요.

전략 과제	KPI, 수준	과제가 달성된 세부 구성 요소	As-Is	To-Be	Action Plan
					1.
					2.
					1.
					2.
					1.
					2.
수준					

[예시]

<table>
<tr><th>전략
과제</th><th>KPI,
수준</th><th>과제가 달성된
세부 구성 요소</th><th>As-Is</th><th>To-Be</th><th>Action Plan</th></tr>
<tr><td rowspan="8">A팀장
커뮤니
케이션
역량
향상</td><td rowspan="8">성과
피드백
역량,
4.2수준
(현재 3.5
수준)</td><td rowspan="2">과제 부여
시점의 팀원 성
과 주체성</td><td rowspan="2"></td><td rowspan="2"></td><td>1.</td></tr>
<tr><td>2.</td></tr>
<tr><td rowspan="2">피드백 역량</td><td rowspan="2"></td><td rowspan="2"></td><td>1.</td></tr>
<tr><td>2.</td></tr>
<tr><td rowspan="2">중간 피드백의
정기적 시행</td><td rowspan="2"></td><td rowspan="2"></td><td>1.</td></tr>
<tr><td>2.</td></tr>
<tr><td rowspan="2">필요 자원 지원</td><td rowspan="2"></td><td rowspan="2"></td><td></td></tr>
<tr><td></td></tr>
<tr><td colspan="3">수준</td><td>3.5수준</td><td>4.2수준</td><td></td></tr>
</table>

Q3. 목표를 수립하거나 분기에 목표의 수정을 점검할 프로세스를 정리해보세요.

1단계 ______________________________

2단계 ______________________________

3단계 ______________________________

4단계 ______________________________

5단계 ______________________________

18

효과적인 피드백이 성과를 낳는다

현장 에피소드

코치님, 회사에서는 구성원들에게 수시로 피드백을 해주라고 합니다. 간헐적으로 해도 어려운 게 피드백인데 어떻게 수시로 하나요? 구성원을 위한다고 피드백을 해주었는데, 리더십 진단에서 5점 만점인 항목에 모두 1점으로 체크해서 보복하는 구성원들도 있습니다. 그러니 피드백을 피하게 되고, 나중에 피드백을 몰아서 고과 평가로 하게 되죠.

피드백을 자유롭게 하려면 친밀감을 먼저 쌓는 게 중요하다고 생각합니다. 그런데 예전과는 근무 환경이 달라져서 술을 마시러 가자고 하기도 힘든 분위기이니 친밀감을 쌓는 게 더 어려워졌어요.

이런 상황에서 어떻게 피드백을 해야 구성원들이 기분 나빠하지 않고 받아들일 수 있을까요?

당신은 누군가 피드백을 해주겠다고 하면 어떤 마음이 드는가. 어떤 사람은 해달라고 할 것이고, 어떤 사람은 말로는 해달라고 하지만 마음으로는 듣고 싶지 않을 수도 있다. 대답이 갈리는 이유는 크게 두 가지 이유일 것이다. 우선 첫 번째는 성장에 초점을 두느냐 아니면 평가에 초점을 두느냐로 원함이 달라진다. 성장에 관심이 많은 사람은 피드백을 선물로 여긴다. 대기업의 한 팀장은 자신의 리더십 강점과 개발점에 대해 코치가 구성원 대상으로 인터뷰한 내용을 읽어보면서 '개발점 내용이 너무 적다, 생략하지 말고 다 말해달라'고 한다. 반면 자신이 얼마나 똑똑한 사람인지를 드러내고 싶은 사람은 피드백을 반기지 않는다. 대답이 갈리는 두 번째 이유는 피드백이 부정적인 것에 초점을 두고 있다고 가정하기 때문이다. 정말 그럴까?

피드백의 목적은 개선, 성장, 성과이다. 피드백은 상대의 성장과 성공을 위해서 하는 것이다. 과제를 성공하도록 돕기 위해, 역량을 강화하고 성장하도록 돕기 위해, 자신의 정체성뿐만 아니라 강점을 강화하도록 돕기 위해, 인간관계에서 행복하도록 돕기 위해 하는 것이 피드백이다. 그러니 피드백의 결과가 성장과 성공을 돕는 것이 아니라면, 그것은 피드백의 목적을 충실히 이해하지 못한 것이다.

상대의 성장과 성공을 낳을 수 있는 피드백. 이 목적을 유지할 수만 있다면 피드백을 수시로 하는 것이 유익하다. 그러나 조직에서의 피드백은 어렵다. 우선 리더가 피드백에 대한 관점과 기술을 갖추기가 쉽지 않다. 또한 구성원의 수용도도 관건이다. 피드백에 대해 인간이 가지고 있는 심리적 기저에 대해 살펴본 후 피드백 나누는 방법에 대해서 살펴보자.

피드백은 왜 어려운가?

피드백이 어려운 이유를 세 가지 관점에서 살펴보자.

내 피드백이 효과적일 것이라는 믿음

리더가 '내가 하는 피드백은 타당하다'고 생각하는 것이 장애물이 된다. 리더가 자신의 피드백이 효과적일 거라는 믿음은 세 가지[52]에서 비롯된다. 첫째는 사람들은 자신의 약점을 자기자신보다 상대방이 더 잘 발견할 수 있다고 생각한다. 아니다. 인정하기 어렵지만 인간은 다른 사람을 객관적으로 평가하지 못한다. 이는 데이터를 스토리로 만드는 인간의 탁월한 능력 때문이다. 즉 인간은 어떤 현상을 한두 번 관찰하게 되면, 그것을 잘 기억하기 위해서 관찰한 데이터를 그대로 간직하기보다는 스토리로 만든다. 예를 들어 보자. A책임이 자기 사수인 A차장에게 다른 일 때문에 바쁘니 특정 업무에서 제외해달라고 말하는 것을 옆에서 팀장이 듣는다. 이런 유사한 상황을 두 번 이상 보게 되면, 팀장은 A책임이 왜 그런 소리를 했는지 정황을 잘 살펴보지 않고 이것을 스토리로 만들고 해석하기 시작한다. A책임은 협조를 잘 하지 않는 사람이라고 말이다. 그 해석은 자동적으로 A책임은 개인주의적이라는 라벨을 붙이는 동력이 된다. 이 라벨은 한번 붙으면 잘 떼지지 않는다. 만약 팀장이 협업의 가치를 중요하게 여긴다면, A책임은 협업의 가치를 모르는 이기적인 사람이라는 라벨은 매우 사소한 사건에서도 쉽게 붙여진다. 이렇게 라벨을 붙이면 이것은 필터가 되어, A책임의 강점은 눈에 보이지 않고 비협조적인 모습만 선별적으로 체크하고 왜곡하게 된다. 여러 번 참다가 드디어 팀장은 부드럽게 피드백을 한다.

"요즘 시대는 협업역량이 매우 중요해. 협업에 좀 더 적극적인 모습을 보여주면 좋겠어."

결과는 어떨까? A책임은 펄쩍 뛰면서 "제게 얼마나 많은 일이 쏟아지고 있는지, 팀장님 아세요?"하며 울분을 토해낸다. 자세히 들어보니, 협업 이슈가 너무 많았다. 결국 팀장은 A책임을 달래느라 진땀을 흘리고 면목이 없어진다. 그래서 리더는 구성원에게 부족함이 발견되어 피드백하고 싶을 때, 이 라벨링이 어디서 온 것인지 성찰하고 정말 그것이 지배적인 개선점인지 살펴봐야 한다.

둘째, 학습 과정은 마치 텅 빈 배의 연료를 채우는 것과 같다고 생각하는 것이다. 어떤 일을 해내야 할 때 경험 많은 동료나 상사가 그리고 그 부족함을 메꿔주지 않으면 그 일을 해낼 수 없다고 생각한다. 그 부족함을 메꿔주는 행위가 피드백이라고 생각한다. 일부는 맞다. 그러나 '너는 이게 부족하니 내 말을 잘 들어'라는 관점에서 피드백을 하면 상대에게 절대 전달될 수 없다.

간혹 자신의 성장을 위해서 어떤 피드백이든 해달라는 사람이 있지만 이런 사람은 소수다. 대부분은 자신에 대한 비판으로 받아들이고 위협으로 간주한다. 이 경우 피드백을 듣는 순간 우리 뇌

중 '생존을 감당하는 파충류의 뇌'가 1순위 뇌[53]가 되어 버리며 모든 기능이 이 파충류의 즉각적인 명령에 의해 움직인다. 파충류의 뇌가 1순위가 되면, 피드백의 내용을 듣고 성찰하기보다 생존을 위한 두 가지 반응, 즉 싸우거나 도피해버리는 것 중에 하나를 선택한다. 즉, 대충 고개를 끄덕이며 얼른 도망치거나 혹은 잘 알지도 못하면서 그렇게 말을 하느냐고 분노하는 반응을 보이는 것이다. 결국 나는 선의를 가지고 시작했지만, 상대는 비판으로 받아들여 원래의 목적, 즉 피드백으로 사람을 성장시키고 싶은 목적은커녕 관계까지 나빠지는 결과를 초래한다.

셋째, 탁월한 성과는 보편적이라고 생각한다. 그러니 '내가 짚어 주는 이것을 하면 탁월해질 것'이라고 생각한다. 아니다. 탁월함에 이르는 길은 여러 갈래다. 메이저 리그의 훌륭한 타율을 보유한 사람들이 동일한 방식으로 탁월함을 나타내지 않는다. 내가 가진 탁월함은 하나의 예시이지 정통의 길이 아니다. '나처럼 해야 한다'는 식의 피드백은 매우 교만한 피드백인 것이다.

기질과 사람들의 근원적인 저항

인간은 '이대로도 괜찮은 사람'이라고 수용받고 싶은 욕구와 '더 나은 사람이 되고 싶다'는 성장 욕구를 동시에 갖고 있다. 두 가지 욕구의 비중은 사람에 따라 다르다. 단편적으로 말하긴 어렵지만, 성장과 학습의 욕구가 크면 피드백에 대해 귀 기울일 것이고, 있는 그대로 수용 받고 싶은 마음이 크면 피드백에 대해 저항이 커질 것이다.

이것은 기질적 요소로부터 출발한다. 긍정적 기질을 가지고 있는 사람은, 긍정 사건은 오래 기억하고 부정적 사건은 금세 잊어버리는 경향이 있다. 이런 기질의 사람들은 피드백에 대해 유쾌하게 받아들이기도 하고, 다른 사람에게 피드백을 쉽게 던지기도 한다. 부정적 피드백을 받아도 다음에 잘하자며 쉽게 잊어버리기도 한다. 반면 부정적인 감정에서 회복되는 것이 쉽지 않거나 신중성이 높은 우울 기질이라면, 작은 피드백도 민감하다. 피드백을 곱씹고 누적해 두기 때문에, 상대의 가벼운 피드백도 무겁게 받아들인다. 1의 강도로 준 피드백을 10으로 받아들이는 거다. 이 모습에 상대방은 어리둥절해진다. 그럴 일이 아닌데 크게 반응하니까 더 이상 피드백을 나누기 힘들게 되는 것이다.

기질은 부모 양육 환경 및 성장 과정에서 강화되거나 약화된다. 수용과 인정의 경험이 적었거나 결핍을 경험한 사람들은 다른 사람들의 피드백을 잘 수용하지 못한다. 반면 진정한 수용과 사랑을 받은 사람들은 상대적으로 거친 피드백도 성장분으로 잘 받아들인다. 물론 이런 수용성은 개인차만 있는 것이 아니다. 한 개인 내에서도 수용성은 상황에 따라 변하기도 한다.

가장 건강한 것은 인정받고 싶은 욕구와 개선하고자 하는 욕구 간에 스스로 줄타기를 잘하는 것이다. 인정받는 것을 충분히 즐기고 감사한 후에는 탁월함을 위해 더 개선해야 할 것은 무엇인지 생각하는 것이다. 반대로 마음이 어려울 때는 주변에서 자신의 강점과 탁월함을 이야기해주며 다독여줄 사람과 대화해야 한다. 대부분 혼자 줄타기를 해야 하지만, 따뜻한 관계를 맺으며 이야기를 나눌 사람이 있다면 더 좋을 것이다.

기질과 성향에 따라 피드백 수용정도가 다르겠지만, 피드백은 공통적으로 세 가지 부분[54]에서 저항을 불러일으킨다.

첫째는 피드백 내용이 사실이 아니라는 저항이다. 내가 본 사실과 상대방이 본 사실이 다르며, 현재 상황을 제대로 알지 못하고 이런 말도 안 되는 피드백을 하고 있다고 보는 것이다. 따라서 대화를 통해 서로의 사실을 맞춰가는 노력을 하지 않는다면, 상대는 피드백을 받아들이지 못할 것이다.

둘째는 관계에 대한 저항이다. 나의 성장을 위해 그런 피드백을 하는 것인지, 나의 무능을 지적하고 폄하하기 위해 피드백하는 것인지 확신하지 못하는 상태다. 상사와의 기본적인 신뢰 관계가 형성되어 있지 않거나, 피드백을 나눌 당시 리더 자신이 왜 이런 피드백 나눔을 하고 싶은지를 의도를 표현하지 않거나, 겉으로는 위하는 척하지만 진정성이 결여되어 있을 때 이런 저항을 불러일으킨다. 이때는 리더의 말에 귀를 기울이지 않게 된다. 물론 구성원이 갖는 변수도 있다. 있는 그대로 인정받기만을 갈망하거나 부족함이 드러나면 자신을 싫어하거나 거부할 거라는 두려움이 큰 사람일 때 이런 현상이 드러난다.

세 번째는 정체성에 관한 저항이다. 이런 피드백을 받았으니 조직에서 쓸모없는 존재라고 생각하며, 자신의 존재 이유 자체를 흔드는 것으로 받아들인다. 자존감이 낮거나, 상사에 대한 의존도가 높거나, 자신의 영향력을 과대평가했을 때 오는 좌절들이 이 마음을 건드린다. 정체성에 대한 저항을 막기 위해서는 '당신은 우리 조직에 필요하다. 우리는 지속적으로 성장해야 하기에 이런 이야기를 나눈다'는 입장을 유지하지 않으면, 피드백을 한 이후 이 사람의 동기부여는 물건너간 상태가 된다.

이 세 가지 저항이 너무 과장되었다고 생각되는가? 당신이 최상위자에게 피드백을 받는다고 가정해보라. 위의 세 가지의 요소 중 한두 가지 저항에는 공감될 것이다. 두려움과 저항을 드러내놓고 표현하지 않을 뿐이지, 우리 내면에는 이 세 가지 두려움과 저항이 있다. 피드백을 통해 성장과 성과를 내려면, 이 두려움을 잘 다뤄야 한다.

피드백을 더 어렵게 만드는 한국의 문화적 차이

외국은 상대적으로 피드백을 좀 더 쉽게 한다. 이유는 언어가 주는 암묵적인 어려움이 달라서이다. 결론부터 말하면 영어보다 한국말로 피드백하는 것이 상대적으로 더 어렵다.

몇 년 전에 방송한 〈한국인과 영어〉[55]라는 다큐멘터리에서는 왜 한국 사람이 영어를 잘하기 어려운지를 분석했다. 여러 가지 이유 중 하나는 영어는 말하는 사람이나 사물이 주어인 반면, 한국어는 화자 중심이 아니라, 배경·환경·관계 등에 대한 인식을 보여주는 언어라는 것이다. 실제로 이 다큐멘터리에서 표지판을 보여주고 영어로 표현해보라고 할 때, 원어민은 "The sign says STOP"이라고 표현하는데, 한국인은 "There is a signboard letter of 'stop' in orange."라는 상태 혹은 환경으로 표현한다.

언어에는 그 나라의 문화와 집단무의식이 묻어 있다. 우리는 연관된 관계와 상태를 중요하게 생각한다. 이 차이를 피드백에 적용해본다면, 영어권에서의 피드백보다 한국에서의 피드백이 더 큰 무게감과 복잡성을 가지고 있다는 것을 알 수 있다. 우리는 피드백을 전할 때 관계와 주변과의 역학을 염두한 피드백을 암묵적으로 전하게 된다. 설령 그런 것 없이 담백하게 말하더라도 상대방은 관계라는 관점에서 피드백을 해석한다. 예를 들어 상사가 "보고서의 수치가 잘못되었습니다. 다시 검토해주세요"라고 사실에 입각해서 담백하게 말한다 해도, 듣는 사람은 '이런 실수를 하다니, 상무님이 나를 어떻게 보겠어?'하며 관계 손상에 대해 걱정을 하게 된다. 반면 외국 상사가 (혹은 영어로 소통하는 회사에서) 영어로 말했다면 관계의 손상에 대한 생각은 상대적으로 덜 할 것이다.

외국 기업에 오랫동안 재직하다 한국 기업에 영입되어 온 임원들이 공통적으로 하소연하는 이슈가 있다. 자신은 중립적으로 피드백한 것뿐인데 왜 구성원들이 그토록 방어적인지 이해할 수 없다는 것이다. 이 하소연도 문화적 차이라는 관점에서 보면 이해가 된다. 결국 한국말로 한국 문화에서 피드백을 하려면, 세계 어느 곳에서 하는 것보다 피드백 역량이 더 요구된다는 결론에 이른다.

이쯤 되면 피드백 자체를 포기하고 싶을 수 있으나, 희망찬 소식도 있다. 우리는 이 관계주의 문화에서 이미 훈련받은 감각이 있다는 것이다. 관점을 전환하고, 방식을 좀 더 배우면, 피드백 역량은 높아질 수 있다. 하나씩 살펴보자.

피드백을 잘 나누려면, (1)관점부터 바꾸자

피드백의 목적을 다시 기억해보자. 피드백의 목적은 상대의 성장과 성공을 조력하는 것이다. 가장 우선되어야 할 것은 피드백 나눔에 대한 다음의 두 가지 관점을 갖는 것이다.

관점 ① '피드백 주기'가 아니라 '피드백 탐구'로 전환하자

피드백을 준다는 의미에는 '내 피드백이 옳으니 당신은 내 피드백을 수용해야 한다'는 전제가 들어있다. 이런 경우 피드백은 '나는 말하고, 상대는 들어야 한다'는 일방을 전제하게 된다. 앞서 살펴본 것처럼 이 전제는 많은 반발을 일으킨다. 실제로 내가 본 사실은 매우 국소적인 것일 수도 있고, 스토리로 만드는 나의 능력 때문에 왜곡된 라벨을 상대에게 붙였을 수 있다. 더구나 내 방식이 성공을 위한 가장 옳은 방식이 아닐 수 있는데 자신의 방식만을 고수하는 경우 상대는 더욱 받아들이기 어렵다.

결국 피드백을 준다는 일방적 관점은 양방향 관점, 즉 서로의 생각을 나누고 탐험해보는 '피드백 탐구inquiry'로 바뀌어야 한다. '탐구'란 무슨 의미일까. 탐구는 내 생각이 맞는 것인지 입증하기 위해 질문하고 정보를 수집하고 검토하는 행위이다.

피드백 탐구라는 말에는 유보와 겸손과 성실이 담겨 있다. 자신이 본 것이 전부가 아닐 수 있다는 유보, 내가 본 것 외에 더 있을지도 모르니 더 듣고 찾아봐야 한다는 겸손, 상대의 성장을 위한 해답을 찾을 때까지 진중하게 임하겠다는 성실 말이다. 이런 성찰 때문일까? 마이크로소프트사에서도 피드백 대신 관점perspective이란 단어를 쓴다. 정답을 말해준다는 마인드셋에서, 내 관점에서 보이는 것을 말해준다는 마인드셋으로 변화하길 요청한 것이다.

결국 피드백 탐험에 가장 중요한 것은 '네 관점도 듣고 싶다', '너의 성장을 위해 함께 탐험해보자'라는 관점이 전제되는 것이다. 마치 '이 동굴에 다이아몬드가 있을지도 몰라'라고 가설을 세운 후, 그 동굴을 이리저리 탐험해보는 것에 비유할 수 있다. 이 관점은 피드백을 나누는 태도, 분위기, 결과에 많은 반전을 가져온다. 피드백을 주려는 마음을 내려놓고, 피드백 탐구 혹은 관점 나누기를 시도해야겠다는 마음에 나를 묶어 일체화시키는 것이 피드백의 첫 출발이다.

관점 ② 피드백에는 두 개의 날개가 필요하다

한두 번의 피드백도 어려운데, 설상가상 요즘 대기업 조직은 수시 피드백에 꽂혀 있다. 이유는 분명하다. 실리콘밸리의 유수한 기업들이 수시 피드백을 통해 성과가 증폭된 사례들이 나오기 시작하면서, 수시로 하는 피드백이 여러 가지로 도움이 된다고 보았기 때문이다.

실제로 4차 산업 혁명 이후로 조직에 가장 요구되는 역량은 '민첩함agile'과 '지속적으로 학습'하는 조직이다. 수많은 조직이 목표 수립, 과제, 상품, 결과 모두 민첩하게 조정한다. 즉, 큰 방향의 목표를 수립하되, 일 년짜리 목표가 아닌 3개월마다 목표를 수립하고 성과를 측정하며 그에 따라 다음 분기의 목표를 정하거나 수정한다. 일단 프로토타입을 만들어 내부에서 피드백을 받은 후 시장에 내보내는데, 시장에 내보낸 후에도 여전히 시장의 피드백에 귀를 기울이고 그 니즈를 반영해 빠르게 상품을 수정한다. 이것이 요즘 지향하는 일하는 방식이다.

이 방식이 성공하려면 어떤 이야기도 편안하고 빠르게 나눌 수 있는 수평적 관계가 필수적이다. 또한 세상의 변화를 민첩하게 읽어내고 그에 맞춰 학습하는 학습민첩성learning agility도 매우 중요하다. 평가도 내부 경쟁 보다는 자신이 해야 할 목표에 더 집중하도록 만들기 위해 상대평가에서 절대평가로 전환되고 있다. 사실 무늬만 절대평가인 회사가 여전히 많지만, 다른 사람과 비교해서 성과를 평가하는 것이 아니라, 자신이 설정한 목표 대비 어떤 성과를 냈는지를 평가하게 된 것이다. 이 과정에서 민첩하게 목표와 성과를 이끌어가기 위해서는 일 년에 한 번 하는 일회성의 '성과 평가'가 아니라 1년 내내 '수시로 성과관리'를 하는 것이 중요해졌다. 이를 위해 강조된 것이 수시 피드백이다.

그렇다면 실리콘밸리의 유수한 기업들은 수시 피드백을 어떻게 진행하고 있을까? 킴 스콧Kim Scot은 《실리콘밸리의 팀장들》에서 두 개의 날개를 주장한다. 한 날개는 Radical Candor다. Radical(완전한, 철저한, 급진적인, 과격한)이라고 표현한 이유는 많이 사람이 자기 생각을 분명하게 드러내지 않도록 오랫동안 훈련을 받아왔기 때문에, 좀 더 강한 표현을 쓴 것이다. 또한 솔직함을 Honesty로 표현하지 않고 Candor를 쓴 이유는, 겸손함이라는 의미가 좀 더 강하게 담겨 있기 때문이다. 즉 자기 생각을 제시함과 동시에 구성원 각자가 자기 의견을 제시하기를 기대한다는 뜻이 함축되어 있다는 것이다.

다른 쪽 날개는 '개인적 관심care personality'이다. 단순한 관심이 아니다. 업무적 관심을 넘어서서 더 높은 꿈을 품은 존재로 직원 개개인을 대하는 것이다. 도대체 이게 무슨 말인가. 킴 스콧은 이렇게 설명한다. 그 구성원을 출근하게 만드는 것, 출근하기 싫게 만드는 것, 그 구성원이 관심 있어 하는 것, 미래의 커리어로 꿈꾸는 것 등에 대해 리더가 관심을 가져야 하며 1on1을 하면서 질문하고 지원하고 이루도록 도와줘야 한다는 것이다. 리더가 이렇게 노력해서 얻는 것이 무엇일까? 원하는 결과를 창출하기 위해 상호 피드백을 주고받을 수 있는 환경과 문화를 만드는 것이다. 즉 수시 피드백을 잘하기 위한 토대이자 전제가 바로 개인적 관심인 것이다.

더불어 킴 스콧은 이런 당부까지 한다. 리더가 베푼 은혜만큼 그 구성원은 절대 돌려주지 않을 건데, 실망은 하지 말라고 말이다. 대신 그 구성원이 리더가 되었을 때 자신의 부하직원에게 그대로 베풀 것이고, 그 모습을 보는 것이 최상의 보상이니 좌절하지 말고 열심을 내라고 말이다. 참 어려운데, 리더의 진정한 모습이 이런 게 아닐까 생각해보게 되는 구절이다.

그런데 여기서 끝이 아니다. 킴 스콧은 더 어려운 것을 요구한다. 바로 '직접적 대립challenge directly'이다. 직원들끼리 혹은 상사인 당신에게 직접 이의를 제기하도록 허용해야 한다는 것이다.

"서로 직접적으로 이의를 제기하는 문화가 업무 성과를 높이고 관계를 튼튼히 구축하는 핵심 요인이다."

- 철학자 조슈아 코언Joshua Cohen의 트위터

어떻게 할 수 있을까. 킴 스콧의 안내를 더 받아보자. 리더가 먼저 피드백을 받는 노력으로부터 시작해야 한다. 앞서 '10개월 동안 피드백을 해달라고 요청한 팀장'의 사례처럼, 내가 무엇을 다르게 해야 하는지를 구성원에게 지속적으로 피드백을 요청하는 것이다. 또한 자신이 실수나 실패했을 때, 기꺼이 인정하고 이를 바로 잡기 위해 노력하는 모습도 보여줘야 한다. 이 모습을 통해 구성원들도 실수를 한다고 해서 조직에서 배제되지 않으며, 오히려 전화위복을 만드는 계기가 됨을 보게 된다. 그뿐만 아니라 구성원의 실수나 실패만 피드백하는 것이 아니라 성공에 대해서도 피드백을 함으로써 충분한 관심을 가지고 있음을 알려줘야 한다.

이쯤 되면 수시 피드백은 구성원과의 지속적인 대화continuous dialogue라는 용어가 더 맞겠다는 생각이 든다. 그들의 인생 목표, 흥미, 역량, 상사나 조직에 대해 생각하는 것, 자신의 과제에 대한 생각 등에 대해 지속적으로 대화하는 것이다. 그러니 부족한 부분을 콕 집어서 내 제안대로 하라는 피드백은 너무나 동떨어진 개념이다. 실리콘밸리의 팀장들도 이런 개인적 관심을 토대로 피드백을 나누려고 노력하는데, 하물며 관계에 대한 두려움의 그림자를 늘 데리고 다니는 한국에서의 피드백은 더욱 세심한 배려가 필요하다.

피드백을 잘 나누려면 (2)피드백 방법을 배우자

피드백을 나누는 방법은 사실 여러 가지다. 내 여건에 따라 방법을 선택할 수 있다. 다음의 단계를 따라와 보자.

1단계: 지지자로서 리더 자신의 의도 정리하기

피드백을 나눌 때 지지자의 입장에 서는 것은 매우 중요하다. 이유는 앞서 충분히 설명했다. 요약해보면, 첫째 피드백의 목적 자체가 상대의 성장과 성공을 위한 것이기에, 피드백의 목적을 생각한다면 지지자 입장일 수밖에 없다. 둘째, 관계 중심인 우리나라 사람의 특성을 생각해서 평가가 목적이 아닌 성장을 위한다는 진정성을 전달하기 위해서이다. 셋째, 인간의 세 가지 저항으로부터 자유로워져서, 피드백 나눔을 자유롭게 하기 위해서이다.

지지자의 입장이 되기 위해서는 셀프코칭이 필요하다. 다음의 질문들을 통해 자신의 의도를 명확히 하고 구성원의 성장에 대한 진정성을 정리해보자.

- 이 구성원의 장점이 무엇인가? (두세 가지로 정리해본다)
- 이 구성원이 희망하는 미래의 커리어는 무엇인가?
- 이런 장점을 가진 구성원이 이 어려움을 극복한다면 어떤 모습으로 성장하겠는가? 혹은 지금 내가 말하려는 것이 미래의 커리어 역량과 어떤 관련이 있는가?
- 내가 본 것은 부분일 수 있으므로, 내가 보지 못한 것이 무엇

인지 들어야 한다. 어떻게 말하고 어떻게 질문할 것인가?

- 이 피드백 나눔에서 마지막에 얻고 싶은 끝그림은 무엇인가?
- 피드백 나눔을 하는 과정에서 스스로 지켜야 할 규칙 무엇인가?(예. 구성원의 이야기가 변명처럼 들려도 끝까지 듣기, 구성원의 입장이 돼서 적극적으로 이해하고 공감하기)
- 나는 진정 이 구성원의 성장을 원하는가? (혹은 지적하고 비판하고자 하는가?)

2단계: 필요한 기술을 선택해서 피드백 나눔을 하라

피드백하는 방법은 크게 세 가지로 나눠볼 수 있다. 일회성spot으로 피드백을 나누고자 할 때 사용할 수 있는 방법, 구성원 스스로에게 해답을 도출하는 코칭 방법, 마지막으로는 구성원의 경력개발을 염두하며 코칭하는 방법이 있다. 가장 좋은 방식은 MZ세대들이 좋아하는 마지막 방식이지만, 상황에 따라 필요한 방법을 선택해서 사용하면 된다. '상사의 의중을 잘 읽지 못해서 일을 어렵

[사례: 상사의 의중을 읽지 못하는 A수석]

A수석은 객관적인 데이터에 근거하여 판단을 내리는 합리적이고 성실한 사람이다. 그런데 상사를 설득하는 능력이 부족해서, 쉽게 넘어가도 되는 일을 더 어렵게 만들기 일쑤다. 게다가 윗사람의 질문을 잘 이해하지 못해서, 잘한 일인데도 불구하고 걱정을 듣거나 눈살을 찌푸리게 만든다. 오늘 보고도 역시 그랬다. 상사에게 보고하는 자리에서였다.

"그 문제의 원인이 A라고 했는데, 또 다른 이유는 없겠는가?"

"예. 없습니다."

상사의 질문에 A수석은 즉답했다. 그러자 상사가 말했다.

"무조건 없다고 하지 말고 좀 더 들여다보라고!"

게 만드는 A수석'의 사례를 통해 이 세 가지 방법을 알아보자.

① 일회성 피드백 방법 'AID'

AID는 쉽게 기억하기 위해 만든 공식이다. Action(행동), Impact(영향), Demand(요청)라는 단어의 머리글자를 따서 만든 것이다. 이 방식은 리더가 경험자로서 무엇을 개선해야 할지 명확하게 보였다고 판단했을 때 사용할 수 있다. 다만, 이때도 당사자는 어떤 의도였는지 질문하고 들어보는 노력을 기울여야 한다. 자, 이 AID에 맞춰서 피드백을 나눈다면 어떻게 할 수 있을까. 다음과 같은 방식이 될 것이다.

• (오프닝) 공감하기

A수석, 속상하지? 정말 열심히 준비해갔는데 이런 결과를 보게 되니 말이야. 억울하기도 할 테고. (말을 멈추고 A수석의 이야기를 듣는다.)

• (1단계 행동) 어떤 행동이 있었는지 상황을 묘사하기

상무님은 우리가 다각도에서 문제를 점검하고 있는지를 살펴보고 싶으셨던 것 같은데, 그 의도를 파악하지 못하고 즉답을 해버린 것 같아. (말을 멈추고 A수석의 이야기를 듣는다.)

• (2단계 영향) 그 행동이 어떤 것에 영향을 미치는지 설명하기

상사의 질문 의도를 파악하지 못한다면, 자네가 얼마나 성실하고 합리적이고 노력하는 사람인지 전달되기 쉽지 않은 것 같아. 자네도 점점 일하면서 재미가 없어질 것 같고, 상무님뿐만 아니라 상사에 대한 두려움이 생길까 봐 걱정이 돼. A수석은 어떻게 생각해? (말을 멈추고 A수석의 이야기를 듣는다.)

- **(3단계 요청) 이후에 할 행동에 대해 요청하고 의논하기**

자네의 그 강점이 상무님께 잘 전달되기 위해서는 데이터만 듣기보다는 상대의 의도나 상대가 무엇을 궁금해할지 역지사지해보는 노력이 필요하다고 생각하는데 어떻게 생각해? (말을 멈추고 A수석의 이야기를 듣는다.) 그것을 위해 노력해보자. 나도 도와줄게. 구체적으로 어떤 노력들을 해볼까? (이때 앞으로 잘하자는 말로 마쳐서는 안 된다. 구체적인 행동을 반드시 합의해야 한다.) 그래, 상무님 보고 전에 미리 연습을 해보자. 내가 상무님 역할을 맡아서 이것저것 질문해볼게. 그리고 상대방의 이야기를 끝까지 듣고 저 사람의 니즈는 무엇일까를 잠깐 생각해보는 노력도 함께 해보자.

자, 이 대화를 보면서 어떤 느낌이 드는가. 꼭 위와 같이 말할 필요는 없다. 그러나 반드시 기억해야 할 점은, 상대방의 성공을 막는 장애물을 보며 안타까워하는 마음이 있어야 한다는 것, 그리고 어떻게 하면 이 장애물을 타개할 수 있는지 함께 고민하는 대화여야 한다는 것, 그리고 상대가 내 의도를 이해하도록 말해야 한다는 것이다.

[표 16] 일회성 피드백 방식 AID

1단계 행동 Action	관찰한 사실을 구체적으로 말하기
2단계 영향 Impact	그 행동이 미치는 부정적 영향력 알려주기
3단계 요청 Demand	앞으로의 구체적 대안 행동을 알려주기

② 구성원에게 해답을 이끌어내는 코칭 방법 'GROW'

'GROW'라는 코칭 프로세스는 10장에서 깊숙이 다뤘다. GROW의 기본 질문을 응용해서 다음과 같은 대화를 시도할 수 있다.

- **(오프닝) 공감하기**

A수석, 속상하지? 정말 열심히 준비해갔는데 이런 결과를 보게 되니 말이야. 억울하기도 할 테고. (말을 멈추고 A수석의 이야기를 듣는다.)

- **(1단계) 목표 설정**Goal

- 나는 A수석의 성실함과 탄탄한 분석력을 신뢰하는데, 상부에 보고하는 과정에서 A수석의 강점이 제대로 어필이 안 되는 것 같아. (이 대화를 시작하는 이유 말하기)
- 오늘 회의를 복기해볼 때, 무엇이 필요하다고 생각되나? (A수석 의견 듣기)
- 자네 말대로 끝까지 말을 듣는 것이 필요하겠네.(A수석 의견 요약) 거기에 상대방의 말에 어떤 의도가 있을까 생각해볼 필요도 있을 것 같은데, 그 점에 대해서는 어떻게 생각하나? (다양한 질문을 통해 구체적인 A수석 스스로 목표를 정리하도록 돕되, 피드

백 나눔이므로 필요하다면 내 의견 더하기)

- 그럼 오늘 30분 정도 대화를 통해 우리가 꼭 얻어야 할 것은 무엇인가? (대화의 목표 혹은 끝그림 정리하기)

- **(2단계) 현실 점검**Reality

- 아까 회의 때 상무님의 목소리 톤이 다소 높아진 때는 언제였나?
- A수석의 초점과 상무님의 초점은 어디에 있었는가?
- 상무님이 부사장님께 이 사안을 보고한다면, 어떤 부분을 핵심으로 잡고 가겠나? 그것을 소화하기 위해 상무님은 어떤 정보를 필요로 할 것 같은가?
- 상무님의 의도는 무엇이었을까?
- 끝까지 듣기 어려울 때는 언제인가?
- 더 근본적인 원인이 있는가?

- **(3단계) 대안 탐색**Option

- 당황할수록 끝까지 듣기 어렵다고 했는데, 당황하지 않을 수 있는 방법이 있는가?
- A수석이 상무였다면 무엇을 당부하고 싶을 것 같은가?
- 상사의 의도를 파악하는 방법에는 무엇이 있는가?
- 끝까지 경청하기나 상대의 의도를 파악하는 것과 관련해서 이전에 성공했던 경험이 있는가? 그때는 어떤 요소 덕분에 성공했는가? 지금도 그 방법을 사용할 수 있는가?

- 어려움을 극복해내는데 A수석이 가지고 있는 강점은 무엇인가?
- 지금까지 나눈 아이디어 중 가장 의미 있고 실천 가능한 대안은 무엇인가?

(피드백 나눔 세션이므로, 질문하면서 필요한 경우 팀장은 자신의 의견을 덧붙일 수 있다.)

- **(4단계) 실행 의지 확인Will**
- 지금 도출한 대안은 우리 처음의 목표를 이루는 데 어느 정도 도움이 될 것으로 보이는가?
- 그 대안을 언제부터, 어떻게 시작하겠는가? 가장 먼저 해야 할 것은 무엇인가?
- 실행하는 데 어려움이 있겠는가? 내가 도와줬으면 하는 것은 무엇인가?
- 이것과 관련해서 다음 주 1on1에서는 어떤 이야기를 나누고 있으면, 실행이 성공적이라고 말할 수 있겠는가?
- 고생했네. 더 나누고 싶은 이야기가 있는가? 고맙네. 마치세.

'GROW 프로세스'의 기본 질문을 익혀두면, 주제가 달라져도 유사한 형태로 질문이 가능하다. 왜why보다는 무엇/어떤what의 질문이 훨씬 좋다. 또 상대가 말을 충분히 할 수 있도록 예/아니오의 단답을 요구하는 폐쇄형 질문closed question보다는 상대가 말을 충분히 할 수 있도록 열려 있는 개방형 질문open question이 더 좋다.

코칭은 상대에게 답을 도출하는 것이다. 피드백 세션이므로, 리더의 의견을 덧대거나 관점을 나눌 수 있다. 다만 상대방 스스로 생각을 정리하고 말할 수 있어야 실행력이 높아진다. 빨리 끝내기보다는, 구성원이 말하는 시간을 확보해 주는 것이 변화를 만들어 내는 핵심이다.

③ 구성원의 경력에 필요한 역량을 기반으로 코칭하기

이 방식도 10장에서 다뤘다. 'GROW'의 프로세스를 활용하되, 경력 개발과 관련된 질문으로 구성되어 있다. 이 기본 질문을 토대로, 이 사례에 맞는 질문으로 바꿔 보면 다음과 같다.

- **(오프닝) 공감하기**

A수석, 속상하지? 정말 열심히 준비해갔는데 이런 결과를 보게 되니 말이야. 억울하기도 할 테고. (말을 멈추고 A수석의 이야기를 듣는다.)

- **(1단계) 경력 목표 확인하기**Goal

- 지난번 자네가 5년 뒤에 어떤 위치까지(혹은 어떤 과제 수준까지 다루는) 가고 싶다고 했는지 기억나나? (만약 경력 개발에 대한 면담을 하지 않았다면, 10장에서 다룬 경력 개발 1단계 질문을 여기서 좀 더 물어볼 수 있다.)
- 그 위치에 가서 유능함을 인정받을 수 있는 역량 세 가지도 우리가 정리했었던 것 같은데 기억나나?

- 오늘 있었던 상사의 승인을 득하기 위해서 필요한 역량은 무엇인가?
- 그 역량은 자네가 미래에 '원하는 곳'에서 유능감을 인정받는 데 어떤 활약을 해줄 것이라고 보는가?
- 그럼 오늘 30분 정도 대화를 통해 우리가 꼭 얻어야 할 것은 무엇인가? (대화의 목표 혹은 끝그림 정리하기)

• **(2단계) 현실 점검**Reality

- 상사의 승인을 득하는 것과 관련한 역량을 생각해볼 때, 작년 대비 얼마나 진보가 있었는가? (진보된 것에 대해 팀장의 의견을 들려준다.)

- 특별히 어려운 보고는 무엇/누구인가? 특별히 어렵게 만드는 변수는 무엇이라고 보는가?
- 그 변수를 클리어하면 어떤 결과가 생기는가? (클리어시키는 시점에서의 결과, 미래의 자신에게 미치는 결과)

• **(3단계) 대안 탐색**Option

- 만약 후배가 A수석에게 이런 상황을 의논한다면, 뭐라고 조언하고 싶은가?
- 5년 뒤의 A수석이 현재로 와서 조언을 한다면 뭐라고 할 것 같은가?
- 존경하는 사람 혹은 멘토가 있는가? 그 사람이라면 어떤 방법을 조언해줄 것 같은가?

- 어려움을 극복해내는데 A수석이 가지고 있는 강점은 무엇인가?
- 지금까지 나눈 아이디어 중 가장 의미 있고 실천 가능한 대안은 무엇인가?

(피드백 나눔 세션이므로, 질문하면서 필요한 경우 팀장은 자신의 의견을 덧붙일 수 있다.)

- **(4단계) 실행 의지 확인**Will
- 지금 도출한 대안은 우리 처음의 목표를 이루는 데 어느 정도 도움이 될 것으로 보이는가?
- 그 대안을 언제부터, 어떻게 시작하겠는가? 가장 먼저 해야 할 것은 무엇인가?
- 실행하는 데 어려움이 있겠는가? 내가 도와줬으면 하는 것은 무엇인가?
- 이것과 관련해서 다음 주 1on1에서는 어떤 이야기를 나누고 있으면, 실행이 성공적이라고 말할 수 있겠는가?
- 고생했네. 더 나누고 싶은 이야기가 있는가? 고맙네. 마치세.

'GROW' 및 경력에 관한 질문의 흐름을 이해하면, 여러 상황에서 응용이 가능하다. 이 세 번째 방법은 미래에 필요한 역량으로부터 현재를 바라보는 것이다. 이 관점을 유지한다면, 현재에 일어나는 일은 괴로운 일이 아니라, 미래에 내가 원하는 것을 하게 해주는 매우 유익한 과제가 된다.

MZ세대는 현재와 워라밸에 충실한 세대이면서 동시에 미래에 내가 여전히 사회에서 기능하는 사람으로 서고 싶다는 열망이 큰 세대다. 따라서 경력 개발과 관련해서 지금의 상황을 해석하도록 돕는 코칭은, MZ세대에게 유익한 코칭이 될 것이다.

성과를 위해서 피드백은 떼려야 뗄 수 없는 소중한 상호작용이다. 그러나 피드백보다 더 좋은 것은 사실 피드포워드Feedforward이다. 일이 일어난 후에 나누는 대화가 피드백이라면, 피드포워드는 미래에 일어날 일을 기반으로 대화를 나누는 것이다. 즉 일을 성공할 수 있도록 사전에 코칭하고 멘토링해주는 것이다. 둘 다 구성원을 성공하도록 돕는 것에 있지만, 피드포워드가 훨씬 더 구성원 성공에 도움이 된다. 왜냐하면 성공을 한 구성원은 훨씬 더 주도적이고 적극적으로 다음 과제에 임하게 되고, 신뢰를 받고 있음을 알게 되니 사후에 주어지는 피드백에 대해서도 열린 마음으로 수용할 가능성이 더 크기 때문이다. 피드포워드는 16장에 힌트가 있다. 일의 6단계 프로세스에 맞춰서 미리 코칭하고 멘토링해주면 된다. 그게 피드포워드를 적극적으로 실천하는 방법이다.

일이 일어나고 있거나 일어난 후에는 이를 반면교사 삼을 수 있는 피드백이 반드시 필요하다. 그러나 잘못한 순간에만 나타나서 무엇을 잘못했는지 비판하는 사람과는 대화하고 싶지 않다. 나를 성공시키기 위해 노력해주는 사람, 그 사람과 관점을 나누고 싶다. 그게 바로 피드백이다.

셀프 코칭

다음의 질문에 답하면서 성과와 성장을 위한 피드백 나눔에 대해 생각을 정리해봅시다.

Q1. 기존에 가지고 있던 피드백에 대한 관점에서 변화해야 할 관점은 무엇인가요?

피드백에 대한 기존 관점	피드백에 대해 새롭게 변화한(할) 관점

Q2. 1주일 이내에 피드백을 나눠야 할 사람을 떠올려보세요. 그런 뒤 다음의 질문을 따라, 실제 피드백 나눔을 설계해보세요.

① 나는 그 구성원과 신뢰감이 어떠한가요? ______

(평상시 1on1을 통해 구성원에 대해 더 많이 알고 그 구성원의 성공에 기여하자.)

② 구성원이 성장해야 할 영역은 무엇인가요? ______

③ 어떤 방법으로 피드백을 나누고자 하나요? (AID, GROW, 경력기반 GROW) ______

④ 방법을 선택한 후, 단계마다 내가 할 질문이나 말 위주로 시나리오를 적어보세요.

공감 단계 ______

1단계 ______

2단계 ______

3단계 ______

4단계 ______

⑤ 실행한 후 스스로 잘한 점과 더 노력해야 할 것을 정리해보세요.(셀프 피드백)

잘한 점 ______

개선점 ______

19

저성과자를 대하는 당신을, 구성원 모두는 보고 있다

현장 에피소드

코치님. 영업은 숫자입니다. 숫자는 거짓말을 하지 못합니다. 매일 아침 영업 실적을 나누는데 고개만 숙이고 있고, 말을 시키면 늘 똑같은 변명을 합니다. 실적을 어떤 방식으로 올릴지 매일 이야기하지만 진도가 나가지 않습니다.

물론 그 팀이 담당하고 있는 시장이 어렵기는 합니다. 그래도 돌파구를 마련하기 위해 노력해야 할 텐데 고민의 흔적이 보이질 않으니 도와주고 싶어도 그럴 수가 없습니다. 대책을 논의해보자고 말을 걸어도 주눅이 들어서 그런지 쉽사리 자신들의 생각을 말하지 못합니다.

이럴 때는 어떻게 해야 할까요? 변화가 없으니 독촉을 하게 되는데 주눅이 들어 있는 모습을 보는 것도 힘듭니다. 저성과자들은 어떤 식으로 면담해야 할까요?

리더십 피드백을 받은 리더들은 자신에 대해 양극단의 평가에 의아해한다. 어떤 구성원은 자신을 추진력 있는 리더로 보는가 하면, 어떤 구성원은 독불장군으로 본다는 것이다. 동일한 특성을 부정적으로 보는 이유가 뭘까. 리더 탓일까, 구성원 탓일까.

상사를 삐딱하게 보는 특정 구성원 탓일 수도 있지만, 리더가 가진 변수에 의한 것임을 증명하는 연구가 있다. 다양한 직급, 다양한 기업, 다양한 국가와 문화에 속해 있는 리더 3천 명을 대상으로 인터뷰를 한 결과[56], 리더는 마치 지킬과 하이드처럼 구성원을 다르게 대하고 있음이 드러났다. 즉 성과가 낮은 구성원을 대할 때의 행동과 성과가 높은 직원들을 대할 때 상사들이 보이는 행동이 다른 것이다.

우선, 성과가 높은 직원들을 어떻게 대하는지 보자. 이들에게 일을 줄 때에는 이 일을 왜 해야 하는지 경영진이 무엇에 관심을 갖고 있는지 등 배경과 목적 등에 대해 이야기 나눈다. 일을 진행하는 방법에 대해서는 자율권을 주면서 필요할 때 자신을 찾아올 것을 권유한다. 일을 진행하면서 실수가 있을 때는 반면교사가 될 거라고 위로한다. 의견을 나눌 때도 구성원의 이야기를 수용하면서 자신의 제안은 참고로 받아들이라고 한다. 일도 좀 더 매력적이고 눈에 띌 수 있는 일을 주며 편하고 따뜻하게 대한다.

그렇다면 성과가 낮은 직원들은 어떻게 대하는가. 일을 줄 때, 지시적일 가능성이 크다. 이 일을 왜 해야 하는지 배경과 목적에 대해서 설명하기보다는 해야 할 일의 목록과 방식, 마감에 대해서 이야기한다. 일을 완전히 위임하지 않고 주기적으로 확인하고 관여한다. 의견을 나눌 때 구성원의 의견을 듣기보다는 지시를 더 많이 하고, 의견이 일치하지 않을 때 리더 자신의 관점대로 하도록 강하게 제안한다. 일도 일상적인 업무를 좀 더 부여하는 경향이 있고, 관계도 필요할 때만 만나는 형식적인 상태에 머무른다.

당신은 어떠한가. 말도 안 되는 소리라고 손사래를 치는가. 아니면 자신도 이런 경향이 있다고 성찰하게 되는가. 다시 강조하지만, 위에 서술한 결과는 3천 명의 리더들이 일관되게 '성과가 높은 직원을 대할 때와 낮은 직원을 대할 때 다르게 대함'을 표현한 결과물이다.

이쯤 되면 또 다른 질문이 생긴다. 다르게 대하는 게 오히려 그들의 성공을 위해 필요한 일 아니냐는 것이다. 즉 본인이 알아서 하는 구성원에게는 과제의 목적이나 배경을 설명하면 되고, 방법론을 제대로 모르는 구성원에게는 마감일을 알려주고 중간중간 개입하며 지도해주는 것이 맞는 거 아니냐는 이야기다. 맞는 이야기지만 결이 매우 다르다. 구성원 역량에 맞춰 지시와 개입을 달리하는 것은 매우 중요한 일이다(이 중요성에 대해서는 10장의 '빠른 육성, 메타인지가 답이다'를 살펴보자). 그러나 이 이야기는 내집단과 외집단에 관한 이야기다. 나와 케미가 맞는 사람에게 허용하고 나와 케미가 맞지 않는 사람을 배척하는 형태에 관한 것이다.

확증편향에 서로 멍들다

코칭에서 만난 대기업 B부사장은 사장과의 관계에서 많은 좌절을 겪고 있었다. 사장 주도의 주간 회의에서, 사장이 각 수치를 꼼꼼하게 따져 묻고 작은 사고에 대책을 추궁할 때면 나를 대리급으로 취급하는 게 아닌가 하는 생각이 든다. 무슨 말이라도 하려고 하면 그게 아니라며 말을 막으니, 휘하의 상무들도 함께하는 자리에 면이 서질 않고 자존심도 상한다. 이전 사장은 이렇지 않았다. 나의 전략적 사고와 책임감을 믿어주고 위임했다. 공장에 작은 사고가 나도 내가 문제를 잘 해결할 뿐만 아니라 근원적인 대책으로 오히려 전화위복이 될 것을 믿고 지지했다. 실제로 그래서 더 성과가 났다. 그런데 지금의 사장은 나를 무능하게 보고 무시한다. 점점 그 앞에서는 꼼짝 못 하겠고, 주간 회의에 가는 것이 도살장에 끌려가는 소와 같은 심정이 된다. 30년 넘게 조직 생활을 했으니, 이제 그만둬도 여한이 없다는 생각이 든다.

이 상황에서 사장의 입장은 어떠했을까? 사장 입장에서 상황을 다시 보자. 모든 성과는 리더의 꼼꼼함에서 나온다. 내가 직접 챙겨야 임원들도 자기 부서를 챙길 것이다. 매주 각 본부의 수치를 챙기는데, B부사장이 문제이다. 도대체 보고가 시원치 않다. 내 궁금함과 니즈를 간파하지 못한다. 사고가 났는데도 어떻게 해결했다는 이야기만 있다. 그걸로 어떻게 전화위복을 할지 계획이 있어야 하는데, 계획이 없는 건지 아니면 있는데 보고를 안 하는 건지 알 수가 없다. 다른 본부의 보고는 웬만하면 그냥 수긍하는데, B부사장이 담당하는 영역은 자꾸 체크하게 된다.

이 사례에서 보면, B부사장은 저성과자가 아니다. 그러나 사장과 커뮤니케이션이 어려워지면서 저성과자가 되었고, 특별한 개선이 없는 한 그해 말로 직위 해제될 확률이 높다. 때때로 유능한 리더들임에도 불구하고 상사와의 합을 맞추지 못해, 조직 내 골칫거리 취급을 당하는(혹은 당했던) 리더들이 꽤 있다. 얼마나 아까운 일인가. 일 잘하던 사람을 무능한 사람으로 전락시킴으로서 조직의 성과를 위해하고, 다른 사람들로 하여금 '나도 찍히면 저렇게 되는구나'를 보게 만들어 상사의 비위를 거스르지 않는 조직이 되게 된다. 리더 앞에서는 리더의 비위를 맞추지만, 쫓겨난 사람들과 자신을 동일시하면서 조직 내 신뢰는 바닥을 치게 된다.

이 사례를 통해 '상대의 역량에 맞춰 개입하는 것'과 '내집단과 외집단으로 나누어 지킬박사와 하이드처럼 대하는 것'이 얼마나 다른 결과를 가져오는지 이해되었을 것이다. 이런 여정이 왜 생기는 것일까. 이것의 구체적인 결과는 무엇일까.

서로를 패하게 만드는 '필패必敗 신드롬'

《확신의 덫》에서는 리더 3천 명의 인터뷰를 통해 밝혀낸 것이 또 있다. 구성원을 저성과자가 되게 만드는 프로세스가 그것이다. 대체로 다섯 단계를 거친다.

1단계는 해당 구성원에 문제가 있다고 생각이 드는 단계이다. S팀장의 이야기를 들어보자. 여러 명이 함께 엘리베이터를 탔다. B책임은 다른 사람이 모두 탈 때까지 엘리베이터 열림 버튼을 누르고 있다. 같이 탄 신입사원은, 엘리베이터를 잡고 있는 B책임을 신경 쓰지 않고 엘리베이터의 사내 광고 화면만 보고 있다. 팀장은 살짝 의아했지만 정신이 없어서 그랬을 거라 이해하며 털어버린다. 그날 저녁, S팀장은 신입사원과 나란히 앉아 있는 B책임에게 "상무님이 보고를 빨리 받고 싶어 하시니, 미안하지만 준비하는 보고서 초안을 내일까지 보고해달라"고 했다. B책임은 급작스럽게 당겨진 보고서 때문에 정신이 없다. 이야기를 옆에서 들었을 텐데, 신입사원이 가방을 둘러메고 먼저 가겠다고 인사한다. 영혼 없는 말이라도 도와줄 일 없냐고 한마디 할 법도 한데, 너무하다는 생각이 든다. 문득 오전에 엘리베이터에서 있었던 일이 떠오르며, 신입사원에게 문제가 있다는 생각을 하게 된다.

1단계가 이해되는가. 우리가 어느 구성원에게 문제가 있다고 생각할 때는 업무보다 오히려 업무 외적인 일로 판단할 때가 더 많다. 엘리베이터에서, 회식 장소에서, 혹은 충고를 했는데 미지근한 반응 등에서 말이다. 업무 역량을 제대로 알지 못한 상황에서 부족한 사람으로 낙인을 찍기 시작하는 것이다.

2단계에서는 문제가 있을 수 있으니 좀 더 지켜봐야겠다고 생각하며 개입을 시작하는 단계이다. 처음에는 악의 없이 시작한다. 자세히 알려주기 시작하는데, 알려준 것만큼 해오지 못한다고 생각한다. 더 세세하게 지시하고, 제대로 하는지 하나하나 체크하며 감시하기 시작한다.

구성원도 처음에는 상세하게 알려주니 열심히 해본다. 그런데 노력한 것은 알아주지 않고 계속 지적만 받으니, 소위 찍혔다는 생각이 든다. 그러면서 상사에 대해 저항하기 시작하는 단계가 바로 3단계이다. 아무리 열심히 해도 상사의 판단이 바뀌지 않을 것이라고 생각한다. 그러니 노력을 덜 하게 되고 상사를 피하기 시작한다. 상사에 대한 두려움과 원망이 생기면서 동시에 자기 자신의 능력에 대해 스스로 의심하고 좌절하기 시작한다.

4단계에 이르면 상사는 자신의 생각이 맞았다는 확증편향이 작동하기 시작한다. 처음 봤을 때부터 이상하다고 느꼈고 자신의 눈썰미가 역시 대단하다고 느낀다. 그 구성원이 점점 더 신경 쓰이고, 하는 행동마다 못마땅해진다. 더 많은 관여를 하고 더 많은 피드백을 하지만, 어떤 노력도 눈에 들어오지 않는다. 무슨 행동을 해도 부족함만 걸러내는 필터를 장착하게 된 것이다.

이제 5단계가 되면, 구성원은 더 이상 상사의 지시를 따르지 않는다. 최소한의 일만 하면서 상사를 피해 다니고, 상사가 얼마나 나쁜 사람인지 보이지 않는 곳에서 험담하며, 그 생각에 동조하는 사람들을 끌어들인다. 즉 구성원은 상사의 부당함과 무례함을 소문내며, 실패가 나 때문에 생긴 것이 아니라 상사 때문에 생긴 것이라고 설득하는 데 시간을 쓰게 된다. 다른 구성원들은 처음에는 저항하지만 계속 들으면서 '그런 경우를 나도 봤다'든지, 혹은 '이 모습이 바로 그 모습이구나'라고 확인하기도 한다. 리더가 모르는 사이에 구성원들은 부정적인 정보에 노출되게 되고, 그 마음속에는 '나도 찍히면 저렇게 되겠구나'라고 생각하게 된다. 결국 구성원은 실패하게 된다. 신뢰가 조금씩 깨져가는 조직에서, 커뮤니케이션 비용은 배가되며, 리더는 점점 외로워져 간다.

한번 낀 부정적 필터는 지속되고 확산된다

필패 신드롬 5단계 설명을 보면서 그 대가가 얼마나 큰 것인지 보게 된다. 그런데 치러야 할 대가는 더 있다. 자신이 가지고 있는 확증편향이 맞다는 경험을 한 팀장은 다른 구성원을 볼 때도, 확증편향에서 생긴 필터를 더 빠르게 적용한다. 같은 행동을 해도, 모범직원이라고 생각하는 내집단이 하느냐, 성과를 못 낸다고 생각되는 외집단이 하느냐에 따라 다르게 해석한다. 《확신의 덫》에 정리된 몇 가지 예시를 보자.([표 17] 참조)

우리의 나약하고 지혜롭지 못한 정서가 여기에 너무 잘 표현이 되어 있는 듯하다. 필자도 여기에서 자유롭지 못했다. 성과를 잘 내고 회사에 기여한다고 생각되는 구성원이 필자를 칭찬하면, 따뜻한 교류를 한 것 같고 관계가 더 돈독해진다. 반면 뒤에서 불만을 쏟아내며 이기적인 행동을 한다고 판단되는 구성원이 동일한 행동을 하면, 무슨 권모술수냐며 불편한 마음이 생긴다. 그냥 칭찬을 받아줘도 되고 또 그 구성원이 잘하고 있는 영역을 보면서 이런 부

[표 17] 구성원의 똑같은 행동, 다른 해석

관찰된 행동	모범 직원 (이라고 판단된 구성원)	성과가 낮은 직원 (이라고 판단된 구성원)
피드백을 찾는다	학습지향(향상하고자 하는 열망)을 나타내는 신호	나약함, 불안감을 나타내는 신호이거나 상사의 기억에 남기 위해
상사를 칭찬하는 행동	상사에게 유용한 피드백 전달	아첨, 아부
동료를 도와줌/문제를 귀담아 들음	이타주의	조종, 연합 구축
불평하지 않음	자기희생, 좀 더 큰 이로움에 대한 이해	남에게 맞추려는 작전

분에서 성과를 내주니 고맙다고 생각하면 되는데, 점점 그 구성원을 밀어내고 패하게 만든다.

처음 사람을 보면 어떤 사람인지 빠르고 의도적으로 자신의 필터로 평가한다. 이전에 치렀던 혹독한 필패의 관계를 갖지 않기 위해, 제대로 된 사람인지 평가하고 싶은 것이다. 이전 팀의 리더가 남겼던 코멘트, 기존의 고과, 비공식적 장면에서 봤던 행동들을 보면서, 매우 빠르게 문제 있는 구성원이라는 초점을 갖게 된다. 그러면 다시 필패 신드롬의 수순을 밟아가게 될 수도 있다. 이 필터는 나이가 들수록, 더 높은 직책이 될수록 강화된다.

무서운 일이다. 강화된 필터를 새로운 시각에서 바라보고 그 모순을 스스로 바라보는 노력을 하지 않으면, 많은 사람의 잠재력을 놓치게 되고 소수의 몇 사람하고만 일하게 된다. 조직에 사람이 많은데도 일할 사람이 없다고 계속 불평을 하게 된다. 이런 사람을 '리더'라고 부르지 않는다. 사람과 조직 역량을 키우는 데는 관심이 없고 당장의 과제와 성과만 관리하는 '프로젝트 리더'라고 한다.

여기서 끝이 아니다. 리더만 필터를 갖는 게 아니다. 구성원도 강력한 필터를 갖게 된다. 상사가 그랬듯이 구성원도, 같은 행동을 해도 자신이 존경하는 상사냐, 마음에 들지 않는 상사냐에 따라 다르게 해석한다. 《확신의 덫》에 정리된 몇 가지 예시를 [표 18]에서 보자.

필패 신드롬을 경험한 구성원이 다른 팀에 가게 되면 새로운 상사에 대해서 확증편향으로 대한다. 새로운 팀의 상사가 잘해주려고 손을 내밀어도, 이 내민 손이 자신을 얼마나 참담하게 했는지

[표 18] 상사의 똑같은 행동, 다른 해석

상사의 행동	훌륭한 상사	몹시 싫은 상사
일방적인 결정	직관적, 결단력 있음.	독재적
일을 다시 처리하라고 지시	높은 기대치와 목표	자세한 사항까지 따짐, 편협함, 만족시킬 수 없음.
목표치 상향 조정	쉽게 만족하지 않음, 포부가 큼.	비현실적
청하지 않은 조언을 함	도움을 주고 배려함.	참견하지 좋아함, 믿지 못함.

알고 있기 때문에 방어적으로 대응한다. 새로운 팀의 팀장은, 이 구성원의 행동을 보면서 또 기존 팀에서 받은 고과와 코멘트를 보면서 저성과자라고 단정 짓게 된다.

구성원은 새로운 팀에 와서도 기존의 팀장이 얼마나 나빴는지, 내가 어떻게 그의 폭력 앞에 희생당했는지를 이야기하기 시작한다. 대체로 사람들은 조직에 불만을 갖고 있고, 그 불만이 친밀감을 쌓는 불쏘시개가 되어 이 이야기를 공유하기 시작한다. 그 친밀감으로 이제 새로운 팀장도 그에 못지않은 나쁜 특성을 가졌다는 증거를 내밀며, 팀을 분열시킨다.

그렇게 내 편을 만든 것 같지만, 일하는 데에 에너지를 쓰지 않고 일을 제대로 하지 못하니 조직의 구성원들은 그 구성원을 수용하기 어려워진다. 또한 입만 열면 부정적인 이야기를 하는 그 구성원의 이야기를 더 이상 듣고 싶지 않은 사람들도 생긴다. 결국 이 구성원은 조직의 암과 같은 존재가 되어 버린다. 얼마나 슬픈 일인가. 리더가 특정 구성원에게 부족한 사람 같다고 판단하는 어설픈 생각이, 리더 자신의 평판에도 치명적일 뿐만 아니라 부정적이고 방어적인 사람을 길러내어 조직에 암을 퍼트리는 사람을 만들어버렸으니 말이다.

확증편향의 길에 들어서지 않으려는 리더들

성숙한 사람일수록 사람에 대한 판단을 유보하려고 노력한다. 좋은 리더가 되기 위해 노력한 팀장들의 이야기를 한번 들어보자.

"저는 구성원에 대한 이전의 기록을 잘 보지 않습니다. 그 기록을 보면 '그런 사람'으로 전제하고 보게 되더라구요. 그냥 서로 알아가면서 강점을 보려고 노력합니다."

"저는 팀원이 새로 오면 그 친구에 대해 몇 가지 사전 조사를 합니다. 제일 좋아하는 것이 뭔지, 가족 관계는 어떠한지, 친한 친구가 있는지, 이런 것들이요. 대부분 그 친구의 긍정적인 측면들을 조사해요. 그래서 1on1에서 이것들로 친밀감을 형성해 갑니다. 그 구성원이 좋아하는 긍정적인 이야기들로부터 시작하니까, 할 이야기가 있고 마음을 열더라고요."

"저는 그 구성원에 대해 부정적인 판단이 들 때는 그 친구의 긍정적인 측면을 수집합니다. 그러면 제가 한쪽으로 쏠려있었다는 생각이 들더라고요. 그러면 좀 정신 차리고 편견 없이 대하게 됩니다."

"제가 그 필패 신드롬의 1단계에 머문 적이 있었어요. '이 친구 좀 이상하네'라고 생각한 것이죠. 그걸로 제가 조심스럽게 피드백을 했는데, 이 친구가 펄쩍 뛰며 저항을 하는 거예요. 그 태도는 좀 기분 나빴지만, 내가 모르는 뭔가가 있구나 싶어서 이야기를 더 해달라고 했죠. 그랬더니 제가 부분만 본 게 맞더라구요. 그때 제가 큰 깨달음을 얻었죠. '내가 본 것만으로 사람을 섣부르게 판단하지 말자. 당사자의 이야기를 충분히 들어보자.'했죠. 리더는 1단계에서 2단계로 넘어가지 않도록 몸부림을 쳐야 해요."

얼마나 감사하고 다행인지 모른다. 많은 리더들이 사람을 아끼고, 자신의 편향에 대해 경계하며 성찰하고 있다. 필패 신드롬의 파장처럼, 리더들의 이런 긍정적인 행동도 파장을 갖는다. 구성원은 모두 보고 있다. 리더의 긍정적인 행태도, 부정적인 행태도 말이다. 나쁜 소식이 좋은 소식보다 4~5배 빠른 특성이 있어서 좋은 소식은 팀원들에게 더디게 알려지지만, 리더의 선한 노력이 층층이 쌓이며 조직은 신뢰를 조금씩 형성하게 된다.

현장 에피소드에 나왔던 J상무는 실적은 못 내는 팀은 열심히 하지 않는다는 필터를 가지고 있었다. 그 필터는 팀장이 하는 모든 말을 변명으로 듣게 되고, 더 자주 더 세밀하게 피드백을 주었다. 그래도 제대로 반영이 되지 않으니 더 화내고 짜증내며 다시 지시하고 피드백하는 악순환이 거듭되었다.

"실수나 실패했을 때 상무님은 스스로를 어떻게 대하세요?"라고 질문했다. J상무는 따뜻한 사람임에도 불구하고 책임감이 강하고 성과지향적이며 회사에 대한 로열티가 강하다 보니 자신과 구성원의 노고를 자주 잊어버리는 특성이 있었기에 이런 질문을 던진 것이다. J상무는 이 질문을 받고 잠시 침묵을 지켰다. 잠깐의 침묵 이후 J상무는 이렇게 말했다.

"팀장뿐만 아니라 제 자신에게 화를 내고 있네요. 다독임이 필요한데 용서가 없네요.”

J상무와 저성과를 낸다고 생각하는 팀장이나 시니어들이 이전에는 어땠는지 이야기 나눴다. 그들이 일을 잘했던 사건들을 떠올리면서, 이 멤버들의 소중함이 느껴진 듯했다.

“그때의 영광을 재현하지 못하는 이들의 심정이 어떨까 공감이 갑니다. 제가 제대로 역할을 못 했네요.”

실제로 J상무는 많이 변해갔다. 매일 아침 회의에서 실적 이야기는 뺐다. 이미 알고 있는 실적을 그 자리에서 굳이 한 번 더 이야기할 필요가 없다는 생각에서다. 그 대신 차를 한잔 마시면서 이런저런 이야기를 하기도 하고, 도움이 필요한 부분이 있는지 묻는 시간을 가졌다. 영업 실적이 좋은 몇 사람을 위해 쓰라는 비용을, 이전에 큰 실적을 냈던 몇 사람까지 포함해서 함께 식사하며 “오늘 함께한 사람들은 큰일을 해냈던 사람들만 모신 거다.”라며 이전에 그 어려운 성과를 어떻게 냈는지 회고하게 하면서 독려했다. 가장 많이 바뀐 것은 ‘실적은 못 내는 팀은 열심히 하지 않는다’는 필터에서 ‘잘하고 싶은데 안 되는 그 심정이 어떨지’ 안쓰러워하는 필터로 바꿔 낀 것이다. 이전에는 상사와 조직에만 로열티를 가졌었기에, 다른 조직에서 못한 목표치를 더 얹어줄 때도 수용했고 조직에 고과나 인센티브가 그에 합당하지 않아도 수용했었다. 그랬던 분이 구성원들의 애씀이 눈에 들어오자, 더 상위목표를 주려면 그에 응하는 평가와 보상도 밀어달라는 요구도 하게 되었다.

자, 이제부터라도 아름답게 조직을 이끌어가고 싶은데 이미 필패 신드롬에 빠져 버린 구성원이 있다면 어떻게 해야 할까. 이 구성원과도 새로운 시도를 해볼 수 있을까. 그 해법을 찾아보자.

저성과자라고 판단되는 구성원과 깊은 면담하기

참 어려운 면담이다. 이미 부정적인 골이 깊어진 사람과 면담을 한다니 말이다. 면담에서 애쓴 것만큼 성과가 있을까? 성과를 무엇으로 보는가에 따라 달라진다. 저성과자가 개과천선할 것을 기대한다면 애써 봐도 소용없다는 결론만 얻게 될 것이다. 한 번에 모두 해소되리라는 기대를 좀 낮추고 성과의 기준을 다양하게 본다면 생각보다 많은 성과를 거둘 수 있다. 이를 정리해보자.

어려운 면담을 통해 얻을 수 있는 성과들

- 어려운 관계에 있는 구성원과 갈등을 해소하고 '이전보다 나은' 관계가 되어 부정적인 에너지를 서로 줄일 수 있다.
- 새로운 기회를 주고 성공할 수 있도록 도와주면서, 실제로 성과가 나아질 수 있다.
- 리더 스스로 해볼 수 있는 최선을 다했다는 마음이 생겨서 그 구성원에 대해 좀 더 편안한 마음이 된다.
- 설령 그 구성원이 면담을 통해 아무것도 개선되지 않았다 하더라도, 다른 구성원들에게 '한 번 더 노력하는 상사'라는 신뢰를 얻게 된다.
- 이런 고난이도의 대화를 여러 번 해보면, 실제로 면담 능력과 커뮤니케이션 역량이 상당히 높아질 수 있다.
- 리더 자신의 확증편향을 수정해나갈 수 있다.

얼마나 귀중한 성과들인가. 그러니 관계와 성과가 좀 어려운 상태에 있다고 생각되는 구성원이 있다면, 다음의 3단계 프로세스[56]를 보면서 면담을 한 번 기획해보라.

1단계: 상호 준비하기

성공적인 면담이 되려면 여러 측면에서 준비가 필요하다. 리더의 준비와 구성원의 준비로 나눠 살펴보자.

① 리더의 준비

- 겸손한 성찰: 아니 땐 굴뚝에 연기 날 리 없다는 속담을 상기하자. 구성원의 태도에 내가 기여한 부분이 있음을 인정하는 노력이 필요함을 의미한다. 부정적인 결과에 내가 어떻게 기여했는지 듣고자 하는 마음이 생겨야 한다. 설령 내 판단이 옳더라도, 그 구성원도 무슨 이유가 있었을 것이라는 생각도 해보며 공감하는 마음을 가져본다. 이 기회를 통해, 구성원이 진짜 원하는 것이 무엇인지 들어보고, 내가 혹시 가진 편견이나 필터가 무엇인지 스스로를 관찰해보자는 마음도 필요하다. 이 마음이 없다면, 면담을 시작하면서 서로 방어하게 되고 면담은 소득 없이 끝날 것이다.
- 데이터 준비: 실제로 이 구성원이 성과나 관계 부분에서 문제가 있다고 보는 구체적인 데이터를 준비한다. 또한 처음부터 성과나 관계가 나빴는지, 언제부터 갈등이 시작되었는지, 좋았던 적은 없는지, 이 구성원이 가진 장점은 어떤 것이 있었는지 정리해본다. 이런 자료는 실제 면담을 하면서 어떤 부분에서 어려움을 갖게 되었는지, 그 이유는 무엇인지를 말해주

는 자료가 되며, 이는 상대를 납득시키는 매우 귀한 자료가 된다. 가끔 어떤 리더는 이 단계에서 자신의 왜곡을 발견하기도 한다.

- 합리적 기대 설정: 이 면담을 통해 어떤 것을 기대할 수 있는지 정리한다. 한 번의 면담으로 완전히 달라질 것을 기대하는 것은 힘들다. 성과와 관계 측면에서 어떤 부분들의 씨앗을 보게 되면 이 구성원을 다른 구성원들처럼 미워하지 않고 수용할 수 있을지 정리해본다.

② 구성원을 준비시키기

- 면담 요청하기: 면담을 요청할 때 멘트가 중요하다. 솔직하고 직접적인 멘트를 하는 것이 구성원으로 하여금 본질에 집중할 수 있게 한다. 예를 들어 "A매니저, 요즘 A과제 이후 A매니저와 내가 좀 어려워진 것 같아. 일의 진척도에 대해 내가 피드백을 여러 번 하면서 A매니저도 나도 서로 얼굴을 보는 게 껄끄러워진 건 아닌가 생각해. 과제든 관계든, 문제가 발생한 데는 나 역시 일조했다는 생각이 들어. 시간을 내서 함께 해결방안을 생각해보면 좋겠는데, A매니저는 어떤가?"라는 식이 좋다. 이런 멘트를 들은 A매니저는 미팅의 목적과 내용을 가늠하게 되고 좀 더 본질적인 이야기를 나누겠다는 생각들을 하게 된다.
- 시간과 장소 정하기: 시간은 반나절이나 하루 정도 뒤를 정하는 것이 좋다. 바로 보자고 하면, 구성원은 준비 없이 오게 되

니 초점을 맞추기 어려울 뿐만 아니라 자기가 하고 싶은 이야기를 다 못할 수 있기 때문이다. 하루를 넘겨서 시간을 잡으면, 생각이 많아지고 다른 일을 하지 못하게 된다. 장소도 중요하다. 매번 야단맞았던 그 회의실은 안 된다. 그 공간이 주는 긴장감 때문에 이야기의 시작이 껄끄러워지기 때문이다. 조용하면서도 다른 분위기에서 이야기할 수 있는 곳을 선택하라.

- 질문 세트 주기: 서로 방어하고 성토하는 대화로 흐르지 않기 위해서, 대화의 초점을 말해주는 질문을 미리 주는 것이 좋다. 예를 들면, '업무에서 해낼 만한 것은 무엇이고 어렵게 느껴지는 것은 무엇인가? 내가 어느 정도 돕고 있다고 생각하는가? 우리의 커뮤니케이션은 어떠한가? 성과와 관계 향상을 위해 우리가 할 수 있는 것은 무엇인가?'등의 3~4가지 질문을 주는 것이다. 구성원은 이 질문을 통해 자신의 생각을 정리하며, 면담에 참여할 준비를 한다.

2단계: 면담 진행하기

이제 드디어 서로의 생각을 가지고 면담 장소에서 만났다. 쉬운 기회가 아니므로, 정말 마음을 열고 부드럽게 이야기를 풀어나가야 한다. 구성원의 이야기가 뜬금없어도 끝까지 들어야 한다. 구성원이 변명할 기회를 주고 어떤 방법이 좋겠냐고 물어서, 구성원으로 하여금 자신의 아이디어를 말할 수 있도록 해야 한다. 구성원의 생각과 마음을 질문해서 듣는 것은 MZ세대가 이야기하는 절차의 공정성을 담보하는 과정이기에 반드시 지켜야 하는 그라운드룰이다. 다음의 단계를 참고해서 진행해보자.

① 문제와 원인 합의하기

- 마음을 열게 하는 오프닝: 이 자리에 왜 와 있는지를 다시 기억하라. 관계 및 성과의 개선을 위해 이곳에 왔고, 이를 위해 당신은 마음을 열고 구성원을 초대해야 한다. "오늘 자네와 일하는 방식에 대해 허심탄회하게 얘기해보고 싶어."라는 말로 시작할 수 있다. "나도 내가 생각하는 문제를 말하겠지만, A매니저도 이 문제에 대해 내가 기여한 바를 얘기해주면 좋겠어. 괜찮겠나?"하며 구성원이 마음을 열도록 독려한다.
- 이슈 합의하기: 상사가 먼저 어떤 부분이 불편했는지 이야기한다. 예를 들면 "자네에게 나름대로 상세히 가이드라인을 줬고 자네도 충분히 이해되었다고 했기에, 그 가이드라인을 기반으로 더 나은 버전의 제안을 할 줄 알았는데, 실제 가져온 결과물은 내가 준 가이드라인에도 미치지 못해서 속이 상했던 것 같아. 그러다 보니 점점 더 피드백이 많아지고, 피드백하는 나도 지치고 듣는 자네도 지쳤던 것 같아. A매니저는 어땠어?"
- 대화의 흐름에 따라 초점을 맞추어 대안 찾기: 구성원은 상사가 성과가 미흡했다고 제기한 문제에 대해 동의할 수도 있고 동의하지 않을 수도 있다. 구성원의 반응에 따라 대화의 초점을 바꾸어 나가야 한다. 두 가지 경우로 나눠서, 대화의 초점

을 바꾼다는 것이 무엇인지 살펴보자.

첫째, '성과가 미흡했다'는 상사의 의견에 구성원이 동의하지 않는다면, 그 원인이 무엇인지 잘 듣고 대화의 초점을 이동해야 한다. 만약, 실제로 보고서를 잘 썼는데 상사의 확증편향으로 잘못된 것에만 초점을 뒀을 수도 있다. 이럴 때 대화의 초점은 상사 자신이 무엇을 놓쳤는지 자세히 말해달라는 것으로 이동해야 한다. 반면 역량의 문제일 수도 있다. 보고하는 방법을 잘 모르거나 그 과제를 어떻게 해야 할지 몰라서, 이 정도면 충분한 거 아니냐고 생각하는 경우다. 이 경우라면, 역량에 초점을 둬서 대화를 이끌어가야 한다. 보고 받는 사람의 니즈라든가, 노력한 결과물을 어떤 방식으로 담아야 하는지 등에 대해서 이야기 나눠야 하는 것이다. 만약 상사에 대해 별다른 기대치가 없어서 방어만 한다면, 어떤 일에 흥미를 가지고 있는지, 가장 의미 있었던 순간은 어떤 때였는지 물어보면서 구성원이 동기가 높은 영역이 무엇인지 탐색해보는 것으로 대화의 초점이 바뀌어야 한다.

둘째는 '성과가 미흡했다'는 상사의 의견에 구성원이 동의하는 경우다. "맞아요. 제가 제대로 못했죠."라고 동의하는 것이다. 이 경우도 원인이 무엇인지 파악해서 대화의 초점을 바꾸어야 한다. 과제 자체가 자신에게 도움이 안 돼서 신경을 덜 쓴 것이 원인이라면, 이 과제가 어떤 의미를 가지고 있는지, 장단점은 무엇인지에 대해서 이야기를 나눠야 한다. 만약 과제는 의미가 있었지만 시간의 부족 때문이라고 답한다면, 업무의 우선순위와 업무 조정 등으로 대화의 초점이 이동해야 한다. 혹은 무엇을 해도 상사의 신뢰를 얻기는 힘든 상태라고 구성원이 느낀다면 어떻게 신뢰를 만들어낼 것인가에 대해 대화가 지속되어야 한다. 제일 안 좋은 것은 잘하고 싶은 기대치가 없는 경우다. 제대로 못한 것은 맞지만 앞으로도 잘하고 싶은 욕구도 없는 상태 말이다. 이 경우, 대화를 지속하기 어려울 수 있다. 그러나 시도는 해보자. 회사 생활에서 언제 에너지가 올라오는지, 언제 가장 즐겁고 기쁜지 질문하고 경청해보자. 그럼에도 불구하고 아무 의욕이 없다면 인생 전반에 걸쳐 자기 스스로를 존중할 것을, 자기를 아낄 것을 당부할 수 있고, 그럴 수 있도록 돕고 싶다는 의지를 밝힐 수도 있다.

② 실행 계획 수립하기

근본 원인을 알았고 여러 가지 대안을 이야기 나눴다면, 구체적으로 어떻게 실행할지 계획을 수립한다. 1~3개월 정도의 기간을 설정하여 구성원뿐만 아니라 상사도 무엇을 시도할지 실행 계획을 함께 정한다. 이 실행 계획에는 역량, 관계, 그리고 성과 중에 한두 가지를 높일 수 있는 방법이 포함되어야 한다. 또한 1개월 단위로 어떤 결과가 예상되는지 그림을 합의한다. 진전 정도를 어떻게 검토할 것인지 방식도 정한다.(예. 1주에 1회의 1on1에서 진척도와 지원 사항 점검하기)

③ 성찰과 감사 나누기

이야기를 마무리하면서 상사가 먼저 깨달은 점을 이야기한다.

상사보다 구성원이 자기 마음을 얘기하기가 훨씬 어렵기 때문이다. 애를 써준 구성원에게 고마움 또한 표현한다. 그런 뒤 구성원에게도 어떤 생각들을 하게 되었는지, 도움이 된 시간이었는지를 질문하고 경청한다. 서로 실행하기로 약속한 것을 열심히 해보자고 독려하며 면담을 마친다. 서로의 실행계획을 정리하여 공유한다.

3단계: 실행하기

면담만큼 중요한 것이 실행이다. 리더들은 충분히 설명했으니 알아서 잘 할 것이라고 안심하는 경향이 있다. 알아서 했을 상태라면 이전에 그렇게 했을 것이다. 이제 그 구성원이 약속했던 것들을 이루고 성공체험을 할 수 있도록 물심양면으로 지원해야 한다. 한 번의 성공체험은 구성원에게 새로운 희망을 싹트게 하고 주도성을 갖게 하는 지름길이 된다.

고성과자를 대하듯 일의 배경과 목적도 설명해주고, 큰 이슈가 아니라면 구성원의 아이디어도 수용해줘야 한다. 지시하기보다는 제안해주면서 실행을 돕고, 리더가 아이디어를 줬어도 구성원이 해낸 일이라며 격려해줘야 한다. 작은 진보가 일어나면 꼭 칭찬하고 격려해주자. 한 달에 1회는 전체 리뷰를 하면서 목표가 무엇이었고, 무엇을 이뤘고, 앞으로 무엇을 해야 하는지, 서로가 어떻게 긍정적으로 기여하고 있는지 격려해야 한다. 약속한 기간이 완료되면, 이런 나눔을 한 번 더 할지, 이제는 스스로 해나가도록 할지 한 번 더 이야기를 나누면서 마무리한다.

당신은 멀티플라이어multiplier인가 아니면 디미니셔diminisher인가

고질적인 관계의 어려움을 해소하기 위한 면담을 3부인 'Lead Result'에 넣은 이유는, 리더가 갖는 사람에 대한 편향이 성과와 직결되기 때문이다. 《멀티플라이어》라는 책에서는 두 종류의 리더를 비교한다. 한 종류의 리더는 멀티플라이어이다. 곱하기를 만들어내는 사람들을 말한다. 즉 구성원 각자가 가지고 있는 능력 이상의 일을 할 수 있도록, 구성원의 능력을 곱하기로 증폭시키는 리더다. 두 번째 유형은 디미니셔이다. 말 그대로 마이너스를 만들어내는 사람들이다. 구성원들의 지성과 열정을 감소시키는 사람이라는 뜻이다.[57]

이 두 리더가 재능 있는 사람을 알아보고 스카우트하는 것은 동일하다. 다만 그 소중한 자산을 관리하는 방식이 다르다. 멀티플라이어는 각 사람의 잠재력과 가능성을 인정하고 자유를 준다. 반면 디미니셔는 리더인 자신의 잠재력과 가능성만을 인정하다 보니, 다른 사람의 의견을 듣기보다는 자신의 생각대로 실천해주길 주장한다. 실수와 실패에 대해서도 멀티플라이어는 토론을 촉진하고 집단지성을 도출하지만, 디미니셔는 피드백을 줘도 왜 받아들이지 못하냐고 화를 낸다. 일일이 간섭하고 성과 내지 못하는 사람을 배제한다. 그리곤 기존 멤버를 대체할 또 다른 에이스를 찾아 나선다. 결국 자신의 자산을 자꾸 깎아 먹는 모습이 되어 버린다.

현장 에피소드에 나오는 상무도 디미니셔처럼 행동하다가 멀티플라이어가 되길 꿈꾸었다. 구성원마다 잠재력이 있고, 생각만큼 안 될 때 그들의 고민도 깊을 거라고 신뢰한다. 이 믿음이 있으면 피드백이 달라지고, 머리를 맞대는 토론의 장을 열게 만든다. 토론을 통해 작지만 빠른 성취를 설계한다. 작은 성공체험을 하면 눈빛이 변하고 좀 더 큰 도전을 기꺼이 하게 하는 원동력이 되기에 그렇게 하는 것이다. 설령 고성과 팀과 같은 '숫자'는 달성하기 어려울지라도 기존보다는 향상된 성과를 보이게 될 것은 분명하다.

나는 멀티플라이어인가? 아니면 디미니셔인가? 멀티플라이어가 되고자 한다면, 섣부른 피드백 대신 더 많은 데이터를 수집하고, 맥락을 듣고, 가능성에 대해 귀를 더 열어놓아야 한다. '속도가 줄어드는 어려운 커브 길에서 순위가 바뀌는 법'이라고 용기를 주며, 그들의 잠재력을 최대한 끌어내야 한다. 확증편향이 아니라 믿음과 확신을 가지는 리더로 나아가자. 당신의 자산을 귀중하게 여겨라. 이것이 '지속적인 성과'를 내는 지름길이다.

셀프 코칭

다음의 질문에 답하면서 저성과자를 양산하고 있지는 않은지 성찰해보고, 깊은 면담을 기획해봅시다.

Q1. 유독 자꾸 간섭하고 체크하게 되는 구성원이 있나요?

① 어떤 점이 마음에 들지 않나요? 계기가 있었나요?

② 그 구성원에 대한 부정적인 판단을 내리기까지 내가 관찰한 사실들은 타당하고 충분한가요?

③ 강점을 관찰한 적이 있나요? 그 구성원의 강점은 무엇인가요? 다른 사람들이 생각하는 이 구성원에 대한 장점이나 강점을 질문하고 들은 적이 있나요?

④ 마음에 들지 않는 이 구성원의 행태에 내가 기여한 바가 있다고 보나요? 기여했다면 어떤 부분인가요?

Q2. 위에서 언급한 구성원과 깊은 면담을 설계해봅니다.

① 이 구성원과 개선하고 싶은 것은 무엇인가요?(성과, 일의 방식, 관계, 소통 정도 등) 1차적으로 어느 수준까지만 개선되길 바라나요? 그 기대하는 수준은 적절한가요?

② 부족하다고 판단되는 증거를 모아봅시다. 상대가 납득할 정도의 것인지 자문해보세요.

상황	행동	결과	피드백하고 싶은 영역

③ 구성원을 초대하면서, 사전에 구성원이 준비해야할 질문 3가지를 정리해보세요.

④ 사전 멘트를 정리해봅시다. 어떤 멘트가 구성원의 마음을 열게 할까요?

⑤ 구성원과 몇 개월의 실행계획을 나누고자 하나요? 합리적인 실행 기대치는 어느 정도인가요?

⑥ 면담을 진행하면서 자신에게 당부하고 싶은 말을 적어봅시다.

* 생각만큼 잘 안되더라도 실망하지 마세요. 어려운 면담이었고, 생각보다 얻은 것이 많을 것입니다. 그리고 당신은 점점 능숙해질 것입니다. 지치지 말고 계속 가봅시다.

20

일 년을 정리하는 성과 면담, 어디에 중점을 둘 것인가

현장 에피소드

코치님, 이제 일 년 중 가장 어려운 시기입니다. 고과 면담 때문에 스트레스가 너무 심합니다. 기본적으로 자신의 KPI를 완수하면 고과 B를 받는 건데, 요즘 구성원들은 B를 받으면 형편없는 것으로 인식합니다. 그리고 자신의 고과에 대해 서슴없이 이의 제기를 합니다.

한 구성원은 자신보다 성과를 낸 사람이 있다면 말해달라고 하더군요. 완곡하게 설명을 해도 요지부동이기에 하는 수없이 다른 구성원의 이름을 이야기했습니다. '그 사람이면 인정한다'고 하면서 납득하는 것 같더니, 잠시 후 그 사람은 물론 자신도 고과 S를 받아야 한다고 고집을 피웁니다.

예전에는 어떤 고과를 받아도 수긍하는 구성원들이 대부분이었는데 요즘엔 항의하는 구성원들이 많다 보니 힘이 듭니다. 일 년 농사의 마무리가 성과 면담인데 어떻게 하면 이 농사를 잘 마무리할 수 있을까요?

성과관리의 변화를 이해하려면, 지금 기업의 상황이 어떻게 바뀌고 있는지 먼저 살펴봐야 한다. 아시는 것처럼 4차 산업 혁명 이후 기업의 환경은 사막과 같다고 표현한다. 자고 일어나면 지형이 바뀌는 사막의 특성에 비유한 것이다. 그래서 1년짜리 계획 따위는 무용지물이 되기 일쑤고, 최고경영층의 입만 바라보며 의사결정을 내리기에는 상황이 긴박하다. 더 많은 사람이 현장과 고객의 소리를 수렴해서 민첩하게 자사의 상품을 평가하고 수정해야 한다. 그렇지 않으면 어제의 고객이 소리도 없이 다른 기업의 고객이 되어 있고, 전 세계의 고객들이 그 댓글을 읽고 쉽게 이동해버리기 때문이다.

그래서 조직은 좀 더 평평한flat 조직이 되어야 한다. 웬만한 일들은 현장에 있는 실무자들이 의사결정을 내리도록 권한을 이양해야 하고, 6~7개 층의 직급체계를 2~3개로 바꾸어 빠른 의사결정을 해야 한다. 현장에서 일어나는 일에 대해 자유롭게 말할 수 있어야 하고, 상사가 내린 결정에 대해 이견을 주장할 수 있어야 한다.

MZ세대의 공정성 요구도 거세다. 미국의 사회심리학자 조너선 하이트Jonathan Haidt는 공정이 두 가지를 함축하고 있다고 본다.[58] 하나는 '기회의 평등'이고 다른 하나는 '뿌린 대로 거둔다'이다. 어떤 기회가 있는지 그 정보가 공유되어야 하고, 그 기회를 잡을지 말지는 개인에게 선택권을 줘야 하며, 실제로 노력한 만큼의 평가와 보상이 있어야 한다고 보는 것이다.

여기서 기성세대와 MZ세대가 바라보는 관점이 다르다. 즉 기성세대는 상대적으로 보수성을 띠고, MZ세대는 상대적으로 진보성을 띤다. 보수성이 높은 사람일수록 충성과 순종을 강조하는 경향이 있으므로, 기존 세대는 조직과 상사에 충성하는 경향이 강하다. 실제로 경기가 좋았던 시절에 직장생활을 한 기성세대는 공정하게 기회가 주어질 것이라는 믿음을 굳게 갖고 있고 실제로 대부분 그렇게 되었다. 그래서 올해 승진자에게 고과를 억울하게 양보해도 내년이면 더 큰 보상이 올 거라는 믿음을 갖고 순종한다.

MZ세대는 상대적으로 진보적인 성향이며, 자유와 공정에 대한 민감도가 높다. 기성세대와 다르게 어린 시절부터 지속적으로 경쟁하고 노력한 결과물의 무효화를 수없이 경험했기에 기회와 노력에 따른 배분은 매우 민감한 사안이다. MZ세대는 배분의 공정성뿐만 아니라 절차의 공정성도 매우 민감하다. 수행평가 세대였던 이들은, 학교에서 그랬던 것처럼 사전에 모든 사람에게 어떻게 평가받는지 알려줘야 하고, 실제로 그 기준대로 평가받는 절차가 있어야 한다고 생각한다.

이런 일련의 변화들이 성과관리와 평가에 지대한 영향을 미치고 있다. 많은 기업이 상대적인 비교를 통해 순위를 결정하는 상대평가에서, 이제 자신이 수립한 목표를 이뤘는가에 초점을 두는 절대평가로 이전하고 있다. 말은 절대평가인데, 한정된 재원을 나눠주기 위해서는 다시 상대적 비교를 하게 되고, 자신의 잣대로 깜깜이 평가를 하려는 보수적인 리더들의 고집으로, 역량을 가진 구성원들은 심리적·실제적 이직을 단행하기도 한다.

수평적 조직으로 가자고 하지만 의사결정권을 위임하지 않는 조직, 공정한 평가를 한다고 하면서도 어떻게 평가할 건지 그 기준을 제대로 알려주지 않는 조직, 혹은 초기에 약속한 대로 했는데도 마지막 평가에서는 자기 임의의 기준을 적용하며 공정성을 훼손하는 리더, 1년 내내 무엇을 다르게 해야 하는지 피드백해주지 않고 마지막 평가로 한꺼번에 피드백하는 리더, 낮은 평가를 받았는데 이유도 알려주지 않는 리더들로 인해, 평평한 조직으로 가는 길목에서 빠른 진도를 나가지 못하고 있다.

성과 평가가 아니라 성과 관리가 본질이다

2015년 글로벌 기업을 대상으로 한 설문조사[59]에 의하면 기업의 82%가 성과 평가에 시간을 투자할 가치가 없다고 보았다. 일 년을 지속할 목표를 더 이상 설정하기 어려워졌고, 인재를 영입하고 유지하는 것이 어려워졌으며, 과거를 따져 묻기보다는 현재에 성과를 내고 미래를 위해 육성하는 여정이 더 중요해졌기 때문이다. 이런 성과관리는 어떤 방식으로 변해왔고 우리의 현재 주소는 어떠한지 살펴본 후, 성과 평가를 위한 일련의 순서와 방식을 살펴보자.

상대평가의 시작과 쇠퇴

평가제도는 제1차 세계대전 중 제대할 사람과 인사이동 시킬 사람들을 선별하기 위해 미국 군대에서 개발된 인사고과 시스템으로 시작되었다. 제2차 세계대전 이후 60%의 미국 기업들이 이 시스템을 이용했고, 1960년대에 이르자 그 비중은 90%에 가까워졌다.[60] 잭 웰치가 1981년 GE의 최고경영자가 되면서, 군대에서 만들어진 강제 등급 시스템을 도입했다. 보상할 A급 구성원과 그냥 유지할 B급 구성원, 그리고 해고해야 할 C급 구성원으로 나눴고, A급 구성원에게만 승진 기회가 주어졌다. 이는 성과를 개인의 노력 여하에 달린 책임으로 보는 관점이며, 많은 기업들이 따르고 있는 성과제도는 이것에 뿌리를 두고 있다.

이 방식은 2000년에 들어서면서 쇠퇴하기 시작한다. 아이러니하게도 상대평가의 가속화에 영향을 미친 잭 웰치가 GE를 떠나면서, GE에서는 내부 경쟁이 심해지고 협력을 해친다는 이유로 강제 등급 시스템을 폐기했는데 이것이 상대평가의 쇠퇴에 파급효과를 주었다. 여기에 업무가 더 복잡해지고, 인력을 영입하고 우수한 인력을 유지하는 것이 어려워지면서, 지난 과거에 대해 묻고 실랑이를 벌이는 일이 효과적이지 않다는 회의감과 실증연구들이 상대평가의 쇠퇴를 가속화했다.

이제는 과거 성과에 대해 개인에게 책임을 묻기보다는 현재 진행하고 있는 일에 수시로 피드백을 나눠서 성과를 높이고, 미래에 더 나은 인재가 되도록 육성하는 코칭에 더 많은 관심을 갖게 된 것이다. 애자일agile이 요구되는 기업 환경에서 이제 리더가 지속적으로 물어야 하는 것은 '우선순위', 즉 "우리가 하는 일 중 그대로 유지할 일은 무엇인가? 우리가 하는 일 중 바꿔야 할 것은 무엇인가?"라는 질문이 되었다.

성과관리가 무엇이냐고 물어볼 때, '평가 등급'이나 '보상'에 관한 답변이 나오는 조직이라면 주객이 전도된 것이다. 성과관리는 고과 관리가 아니다. 성과관리는 그야말로 원하는 '성과'를 이룰 수 있도록 지원하고 모니터링하고 코칭해주는 것이다. 성과관리 방식이 바뀌었기에 성과 평가 방식도 달라져야 한다. 이제 많은 기업들이 리더가 구성원과 협의하여 스스로 목표와 수준을 정하고, 연말에 약속한 목표와 수준을 어떻게 성취했는지를 평가하는 절대평가로 전환하고 있다.

새로운 평가제도의 핵심은 리더십

제도와 리더십은 어떻게 어우러질 수 있을까. 절대평가 시스템으로 바꾸고 있는 한국 기업이 많아지고 있다. 그러나 학교에서의 절대평가와 기업에서의 절대평가 개념은 다르다. 기업에서는 한정된 재원의 성과급이 존재하기에 타인과 무관하게 자신만의 성과로 평가받는다는 순수한 절대평가 개념이 적용될 수 없다. 그러나 구성원들은 타인과 무관하게 자신만의 성과로 평가받고 보상받는 것을 희망하기에, 절대평가라는 평가방식에 대해서도 상대평가의 그림자를 짙게 느끼며 불만스러워한다. 이 갈등을 해결할 수 있는 제도적 보완과 리더십이 필요한데, 이 부분에서 한국 기업은 어려움을 겪는다.

글로벌 기업은 제도적 차원에서 평가 등급과 보상 재원 배분을 별개의 사안으로 다룸으로서 이 이슈를 보완해 나가고 있다. 성과급과 승진을 고과 면담과 다른 시기에, 그리고 성과 평가 외에 몇 가지 평가 항목을 더 포함해서 결정하는 것이다. 또한 주어진 보상 재원 내에서 구성원들의 기본금과 성과급을 결정하는 것은 상사의 고유권한으로 맡겨둔다. 물론 그 결정을 위한 가이드라인을 주고 리더의 성과급 결정을 최종 승인하는 것은 인사팀이지만, 리더의 결정을 중요하게 생각한다.

제도와 리더십을 잘 어울러 성과관리를 하고 있는 구글 사례를 보자. 구글은 구성원의 생산성과 성장 향상을 매우 중요하게 생각한다. 이것은 모든 기업의 공통점일 것이다. 차이점은 구글은 실제로 정책, 구조, 시스템, 커뮤니케이션들을 이것에 맞춰 실행하고 있다는 것이다. 일찌감치 절대평가를 채택한 구글은 22년 5월에 또 한 번 성과관리 방식을 진화시켰다. 일명 'GRADGoogle Review and Development'라 불린다. 직접적으로 성과관리라는 말을 쓰지 않고 '리뷰와 개발'이라는 말로 성과관리를 대신하고 있다. 리뷰와 구성원 개발에 초점을 두는 것이 성과관리의 핵심이라 뜻일게다.

이전에는 ①본인 평가, ②360도 동료평가, ③조정회의calibration를 거쳐 평가를 확정했었는데, 일 년에 두 번 진행하던 평가를 한 번으로 줄이고 동료평가의 비중은 줄이는 대신 관리자의 평가와 책임의 비중을 대폭 늘린 것이다. 이전에는 평가의 객관성을 높이기 위해 동료평가를 넣었지만, 동료평가가 리더 평가보다 객관적이지 않고 상호 피드백을 받다 보니 한 개인이 피드백을 줘야 하는 대상이 많아지면서 상당한 시간이 소요되는 비효율이 발생했기 때문이다. 평가 등급도 구성원을 동기부여하는 방향으로 수정되었다. 즉 이전에는 '항상 나타남Always demonstrates~절대 나타나지 않음Never demonstrates'의 6단계의 평정을 했는데, 구성원의 동기를 꺾는 하위의 부정적인 두 가지 평가를 삭제하고 4단계의 평정Transformative Impact, Outstanding Impact, Moderate Impact, Not enough Impact으로 수정했다.[61]

승진은 연 2회 이루어지며, 평가 기간과 다른 시기에 여러 준거를 포함하여 결정한다.

그러나 더 본질적인 초점은 리더가 1년 내내 정기적인 리뷰와 피드백을 나누며 구성원 개발에 관심을 갖는다는 것이다. 1년에 1회를 진행하는 성과 면담은 그 여정을 모아 정리하는 시간일 뿐이다. 그래서 구글은 리더들에게 돌봄 리더십caring leadership을 요구한다. 돌봄 리더십을 통해 성과뿐만 아니라 구성원 개인의 삶에 관심을 가지며, 구성원이 업무에 몰입할 수 있도록 1on1을 하고 수시피드백을 나누는 것에 방점을 둔다. 제도든 방향이든, 모든 성과관리 위에는 리더십이 있도록 지원하고 촉진하는 것이다.

우리나라 기업은 시스템적 측면에서도 리더십 측면에서도 글로벌 선진기업을 따라가고자 하나, 아직 다양한 이유로 교차로에서 머뭇거리고 있는 모습이다. 우선 시스템적 측면에서 보면, 우리 기업들은 평가 등급과 성과급을 연동시켜 시행하는 기업이 많다 보니 목표 달성이 곧 평가 보상이라는 뿌리 깊은 생각을 갖게 한다. 목표 달성률로 평가하고 보상하면 누구도 대담한 목표를 수립하거나 새로운 도전을 시도하지 않게 된다. 달성률 뿐만 아니라 달성 과정을 포함하여 협업 및 조직기여도 같은 여러 요소를 포함해 종합적으로 평가해야 한다. 그러나 어떤 회사는 종합적인 평가 없이 목표 달성률로만 평가하며 성과급에 차등을 급격히 둔다. 그러다 보니 절대평가라고 하지만 상대적인 심리적 박탈감과 경쟁을 유발한다. 또 어떤 회사는 완전히 반대로 구성원 간에 상대적 박탈감을 주지 말아야 한다는 관점으로 성과 차등을 작게 두기도 한다. 심지어 어떤 기업에서는 아예 하위 등급인 C등급을 주길 꺼려한 나머지 다른 사람들에게 피해를 입히는 구성원에 대해서도 B등급을 줌으로써, 자신의 KPI를 100% 달성해서 B등급을 받은 구성원에게 상대적 박탈감과 의욕 상실을 안겨 주기도 한다. 소수의 몇몇 대기업에서는 해외선진기업처럼 '성과 디자인'이라는 타이틀로, 조직의 리더가 직접 보상 차등을 설계하도록 한다. 그러나 공정한 절차를 위해 성숙한 적용을 위한 가이드라인이 더 필요하고, 리더 또한 이런 자율권을 사용할 때 성숙한 적용도 필요한 현실이다.

리더십 측면에서는 어떠한가? 상사 위주, 결과 위주, 제도 위주에 발맞춰 가야 하는 리더 입장에서, 우리나라 리더는 운신의 폭이 적은 게 사실이다. 그러나 리더 자신이 컨트롤 할 수 있는 영역이 리더십 영역이기에, 내가 할 수 있는 성과관리의 영역을 적극적으로 찾아봐야 한다. 일이 일어나는 현장에서 수시로 피드백을 나누고, 1on1을 통해 강점을 강화하고 약점을 보완하도록 도우며, 미래의 커리어를 이곳에서 준비하고 강화하도록 지원하는 것이다.

또한 구성원별로 피드백했던 내용들의 히스토리를 관리하는 것이 중요하다. 누적된 피드백을 보면서 구성원 성장을 추적할 수도 있고 앞으로의 성공 방향을 가늠해볼 수 있다. 또한 연말에는 이것들이 고과 기준으로 사용된다. 이를 위해 회사에서 IT 프로그램의 지원을 해준다면 금상첨화다. 즉 리더가 피드백했던 메모와 자료들을 언제든지 불러올 수 있고 동료들이 서로에게 피드백을 쉽게 줄 수 있는 시스템 말이다. 이런 자료들은 이후 성과급을 주거나 승진 등에 손쉽게 접근할 수 있는 자료가 된다. 앞으로도 성과평가

제도는 진화하겠지만, 리더십이 핵심인 것은 변하지 않을 것이라고 본다.

성과 면담의 일반적인 프로세스

절대평가든 상대평가든, 혹은 수시 피드백을 얼마나 자주하는지 상관없이 거의 모든 기업은 평가를 위한 공식면담 일정을 둔다. 일련의 성과 면담은 사실 '목표 수립 미팅'을 포함해, 총 5단계를 거친다.

1단계는 목표수립 미팅이다. 이것은 다시 팀 미팅과 개별 미팅으로 나눠진다. 팀 미팅을 통해 우리 조직의 미션을 살펴본 후 개별 미팅을 통해 자신의 과업을 정리해보도록 한다. 그런 뒤 정리된 것을 전체 미팅을 통해 리뷰해보는 과정으로 진행한다. 2~3개월에 한 번씩 목표를 점검하고 수정하는 OKR을 쓰는 조직이라면 팀 차원과 개인 차원의 면담을 적절하게 배분하여 사용하게 된다.

중간에 수시로 피드백을 나누지만, 상반기가 지나면서 공식적으로 함께 성과를 살펴보는 2단계 중간성과 리뷰 미팅을 진행한다. 상반기 전체를 돌아보면서 목표가 무엇이었는지, 올해 어떤 성취와 진보가 있어야 하는지, 더 높은 성과를 내기 위해서 하반기에는 무엇을 해야 하는지, 어떤 조력이 필요한지 등을 나누는 세션이다.

일 년이 마무리될 즈음에 구성원과 일 년을 리뷰해보는 미팅이 3단계 최종성과 리뷰 미팅이다. 고과를 주기 전에 구성원의 이야기를 들어보고, 리더의 편견으로 보지 못했던 이야기가 있는지 들어보며, 잘된 것에 대해서는 인정과 칭찬을, 잘되지 않은 것에 대해서

[그림 24] 1년 동안의 공식적인 성과 면담 사이클

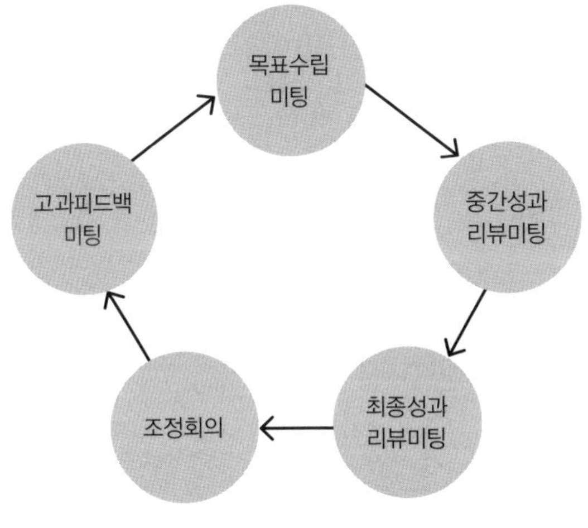

는 변명을 들어주고 내년의 노력을 격려하는 미팅이다. 이 미팅을 통해 구성원은 어렴풋이 자신의 고과에 대해 추정할 수 있지만, 더 중요한 것은 하고 싶은 이야기를 다했다는 것과 내년에 무엇에 초점을 둘지 등에 대해 정리해보는 시간이다. 고과 평가가 아직 확정되지 않았기에 저항 없이 해볼 수 있는 생각들인데, 그래서 이 면담이 중요하다. 이 과정 없이 고과를 통보하는 회사의 경우, 구성원은 자신의 이야기는 들어보지도 않고 팀장 임의로 고과를 준다고 느끼기 때문에 리더들은 매우 곤혹스러울 수밖에 없다. 이런 이유로 혹시 조직에서 최종성과 리뷰 면담이라는 공식 절차가 없다 하더라도, 리더는 구성원이 자신의 일 년을 리뷰해볼 수 있도록 비공식적으로라도 '최종 성과 리뷰 미팅'을 진행하는 것이 좋다.

4단계는 조정회의다. 상위 리더와 전체 고과에 대해 조정회의를 거친 후 고과를 확정하는 단계이다. 임원에 따라서 조정회의를 하는 임원도 있고 임원 혼자 단독으로 고과를 확정하는 경우도 있다. 팀장들이 자신의 팀원을 어필하고, 또 임원이 어떤 기준을 가지고 평가하는지 공유할 수 있는 좋은 시간이 절차의 공정성을 확보할 수 있는 시간이므로, 반드시 조정회의를 거치는 것이 좋다.

5단계는 고과피드백 면담이다. 조정회의를 거쳐 고과가 확정되면, 구성원이 그 고과를 열람하게 되고, 그 후에 고과 피드백 면담을 진행하게 된다. 최종성과 리뷰 면담을 충분히 했다면, 고과 피드백 면담은 좀 더 쉽고 짧게 진행된다.

성과 면담, 역지사지하면 답이 나온다

가장 긴장되는 대화가 바로 일 년을 정리하는 성과 면담일 것이다. 일 년 농사에 대해 리뷰하면서 내년을 위한 동기부여를 동시에 해야 하니까 그렇다. 성과가 좋은 구성원과의 대화는 즐겁다. 그러나 성과를 내지 못한 구성원, 심지어 성과가 저조했는데도 자기 몫은 충분히 했다고 우기는 구성원과의 면담은 매우 곤혹스럽다.

현장 에피소드처럼 충분히 설명했음에도 자신의 고과를 인정하지 못하는 구성원은 누가 면담을 해도 어려운 케이스다. 어떤 구성원은 조르면 들어주는 환경에서 성장한 게 아닌가 하는 생각을 들게 한다. '다른 사람은 내가 한 것을 인정해줘야 한다, 나는 최고여야 한다, 내가 계속 주장하면(떼쓰면) 상대는 들어줄 수밖에 없다'

와 같은 신념 말이다. 어찌 됐든 이런 구성원은 고도의 면담 역량이 필요하고, 설령 그런 역량을 갖췄다고 해도 소통이 어려울 수 있다. 공감해주면서도 사실을 말해주고, 칭찬·인정하면서 직면시키는 역동적인 면담이 되어야 한다. 이런 극단적인 사례는 내려놓고, 좀 더 상식적인 측면에서 성과 면담을 위한 가이드라인을 생각해 보자.

성과 면담은 역지사지해보면 답이 좀 쉽게 나온다. 한번 생각해 보자. 당신이 직속 상사와 한 시간 동안 성과 면담을 한다면 어떤 이야기가 오고 갔으면 좋겠는가? 한 임원 워크숍에서 이 질문을 했더니 네 가지의 내용을 다뤘으면 좋겠다고 의견이 모아졌다. 즉, ①성과에 대해 무엇을 잘했고 무엇이 부족했는지 구체적인 피드백을 제공받았으면 좋겠고, ②내가 생각하는 성과나 변명을 들어주면 좋겠고, ③목표한 바를 다 이루지 못했어도 내가 노력한 것에 대해 진심으로 인정해주면 좋겠고, ④내년에 어떤 노력을 하면 더 유능한 사람이 될 수 있는지 조언을 듣고 싶다는 것이었다. 다른 리더들에게 물어봐도 이 네 가지 카테고리가 공통으로 나온다. 물론 시니어 임원으로 올라갈수록 ①, ②번보다는 ③, ④번에 더 초점을 두는 경향이 크다.

성과 면담은 역지사지를 통해 내가 상사와의 면담에서 바랬던, 그 방식대로 하면 된다. 통보가 아니라 유대관계 속에서 서로의 이야기를 나누고, 1년 동안 회고하며 열심히 한 것, 잘 안된 것, 안 된 이유에 대해 변명하고 공감해주고, 내년에 무엇을 어떻게 해야 할지 나누는 것이다. 시간의 연속선상에서 올 1년은 어떤 의미인지,

내년은 또 어떤 것을 담아낼지 함께 계획해보는 것이다.

여기서 구분해야 할 것이 있다. 앞서 성과면담의 5단계에서 설명한 것처럼 최종성과 리뷰 면담과 고과 피드백 면담은 다르다. 본 글에서는 최종성과 리뷰 면담을 진행한 후 고과 피드백 면담이 이뤄지는 순서대로 서술하고자 한다. 조직의 상황에 맞게 응용하시길 바란다.

최종성과 리뷰 ① 면담 전

최소한 여섯 가지를 점검해봐야 한다. 이것은 하루아침에 준비되는 것이 아니다. 목표 수립 이후부터 누적 관리를 해야 한다. 만약 올해 준비가 제대로 안 되어 있다면 실망하지 말고 내년에는 반드시 반영해보자.

- **구성원이 잘한 것과 부족한 것에 대한 객관적인 데이터가 수집되어 있는가?**

일 년 동안 중요한 이벤트에 대한 구체적인 데이터가 수집되어 있어야 한다. 중요한 사건이 있을 때마다 누적 관리해야 하는데, 가장 좋은 공식은 'STAR-A'이다. 잘한 일, 좀 아쉬운 일을 적어 놓으면 수시피드백을 나눌 수도 있고 1년 농사를 마무리하면서 일관되게 드러나는 강점, 약점, 진보된 점 들을 나눌 근거가 된다.

- **어떤 상태가 성과를 이룬 상태인지에 대한 합의가 있었는가?**

과업이 잘 되었다면 어떤 모습이어야 하는지 합의 했었는가? 이

[표 19] 구성원 관찰 기록 방법 'STAR-A'

일자	4.10	5.15
(S/T) 발생상황	1/4분기 개발 보고서 제출	AA행사기획 보고서
(A) 행동/의사결정	현재 DB를 효율적으로 활용하기 보다는 자신의 다른 DB개발에 시간을 너무 많이 쏟았음.	고객 참여, 경품행사 등 예년과 다른 새로운 아이디어를 많이 담았음. 그러나 데이터나 일정 계획 부분에서 꼼꼼하지 못한 실수가 있었음.
(R)결과	이런 시간 낭비로 보고서가 제때 제출되지 못했고 나아가 팀 전체의 업무가 지연되는 결과를 초래하였음.	문서 교정 작업에 많은 시간을 소요함으로써 최종 보고 시한을 넘겼고 행사 준비에 쫓기게 되었음.
피드백 포인트	시간 관리와 업무 우선순위를 따져서 일 처리하는 습관의 중요성	창의적 아이디어와 창의적 접근은 강점이나 이 강점을 더욱 돋보이게 하려면 꼼꼼한 일 처리, 보고서 작성 시 확인하는 습관이 필요함.
(A) 대안제시	업무의 중요도와 우선순위를 조정, 더 시급한 일에 자원을 투입하여 업무 기한을 지킴으로써 팀 전체의 손실을 막고 개인 업무 생산선도 높아질 것임.	엑셀 워크시트 활용, 보고 전 확인 단계 습관 등을 통해 빈틈없는 일 처리가 되도록 노력할 것.

부분에서 다툼과 갈등이 많다. 구성원 입장에서는 전략 보고서에 관한 KPI 이상을 해냈다고 말하는데, 팀장 입장에서는 하긴 했지만 데이터를 통해 해석하고 관점을 제시하는 능력이 부족했다고 말한다.

이 갈등은 리더의 끝그림과 구성원의 끝그림이 다르다는 것을 의미한다. 만약 '내가 이 과제에서 보고자 했던 것은 ○○○하는 모습이었어.'를 연초가 아니라 연말이 되어서야 말을 했다면, 구성원은 납득할 수 없게 된다. 그뿐만 아니라 내년에도 이 리더를 어떻게 믿고 갈 수 있겠냐는 낙담까지 하게 된다. 어렵지만 그 일을 잘 해냈을 때 어떤 일이 일어나야 하는지 끝그림을 그리고 공유하고 합의해야 한다.

A사 고위 임원이 제시한 조직 내 평가 기준을 살펴보자. 최상위의 평가를 얻기 위해서는 구성원 자신이 속한 팀을 넘어서 상위조직인 센터 성과에 기여해야 하고 이것은 모든 리더와 구성원이 인정할 수 있는 수준이어야 한다는 것이다. 중간인 A등급(S,A,B,C등급으로 표현한다면 B등급)은 자신이 하기로 약속한 목표를 모두 이뤘

[A사 고위 임원의 조직 내 평가 기준 제시]

구성원 평가는 업무 성과 70%, 업무 태도 30%로 업무 성과는 난이도와 달성도를 고려하여 정성적으로 판단한다.

GE는 센터 성과에 핵심적으로 기여하여 센터 모든 리더와 구성원이 인정하는 성과일 경우 부여.(예를 들면, 실 전체 팀장들이 모여서 가급적 모두 동의할 수 있는 실 단위 GE 평가자를 선정.)

E는 목표를 성공적으로 달성하여 팀 단위 이상의 조직에 영향을 주는 성과일 경우 부여.(기술 조직은 만들어진 기술을 다른 조직에서 사용하든지, 다른 조직의 결과물을 활용하여 상용화하든지 등의 성과.)

A는 무난하게 업무를 수행한 구성원에게 부여. 전체 구성원 중 50~70% 수준으로 부여.(A학점의 개념임. 모든 사람이 잘하면 A학점을 받고, 회사에서도 A를 주는 것)

N은 목표 대비 성과가 부실하거나, 너무 난이도가 낮은 업무를 수행했거나, 낮은 성과 대비 낮은 개발 노력 등으로 평가.

U는 불성실한 업무 태도로 인하여 추후 업무 성과 개선이 어려울 경우 부여하며, 조직 이동 등을 통해 업무 조정 기회를 부여.

* 이 회사의 경우 절대평가로 5단계 평가를 진행함. GEGreatly Exceed(목표 달성도 120% 이상), EExceed(목표 달성도 110~120%), AAchieve(목표 달성도 90~110%), N(Need Improvement, 목표 달성도 80~90%), UUnsatisfactory(목표 달성도 80% 미만)

을 때 받을 수 있는 것임을 분명하게 명시해두었다. 평가의 공정성을 위해 되도록 분명한 지표를 두려고 노력했음을 볼 수 있다.

• 개인 목표에 과제의 난이도가 반영되어 있는가?

개개인의 역량에 맞는 과제를 주면서 성공체험을 줘야 하지만, 분명한 것은 같은 연차에서 더 가치가 높거나 난이도가 높은 일을 한다면 그 평가는 달라야 한다. 그것은 목표 수립 시에 분명히 해둬야 하며, 수시피드백을 통해서도 더 높은 평가를 받고 싶다면 감당해야 할 과제가 무엇인지 소통해 두어야 한다.

실제로 분기 리뷰를 1on1으로 하면서 더 나은 평가를 받기 위해서는 이 과제 혹은 이 수준까지 도달해야 한다는 이야기를 해준 팀장들은, 최종 성과 면담에서 구성원들이 수용하는 비율이 좀 더 높다. 여러 번 높은 고과를 받기 위해 필요한 일들이 무엇인지 나눴기에 절차의 공정성이 높다고 평가한다. 또 하나 가치가 높은 일을 계속 맡아오는 구성원의 경우, 그 일을 매번 동일하게 했다는 것에 초점을 두기보다는, 좀 더 가치를 더하거나 고도화를 요청하는 목표가 되어야 한다는 것이다.

• 팀(혹은 조직) 전체의 목표와 개인 목표 간의 정렬이 공유되었나?

개인 목표가 팀의 전체 목표에서 어떤 위치를 차지하는지, 역할 분담이 공정한지, 작은 부분이라도 하고 싶은 일들이 포함되어 있는지 등에 관한 것을 의미한다. 실제로 자신이 맡은 일을 다 했지만, 그 일의 볼륨이 다른 사람에 비해 적다면 높은 고과를 받기 어렵다. 이것 또한 목표 수립 및 중간성과 리뷰 과정에서 확인해줘야 할 사항이다.

• 1년 동안 성과를 이뤄가는 과정에서, 구성원들이 성과를 내고 성공하도록 피드백을 제대로 나누었나?

이것은 매우 중요한 일이다. 리더들은 자신의 부족함은 스스로 깨닫고 있을 것이라 생각하지만, 대부분은 자신이 잘한 일을 기억하고 이 정도면 충분히 기여했다고 생각하며 증거로 들이밀고 싶어 한다. 바로 더닝 크루거 효과The Dunning-Krugger effect다. 사람들은 보통 자신의 능력을 제대로 평가하지 못하는데 실제 역량(경험, 지식 등)이 나쁠수록 자신의 수준을 과대평가하는 경향이 있다는 것이다. 따라서 1년 동안 필요할 때 인정과 칭찬도 해주고, 부족한 부분에 대해서는 피드백을 해주어야 한다. 설령 자신의 고과에 대해 서운한 마음이 드는 상황이라 하더라도, 예측가능성이 높을 때 사람들은 그 평가가 공정하다고 느낀다.

• 리더와 구성원 간에 신뢰감이 쌓아져 있는가?

가장 어려운 이야기다. 성과 면담은 한 시점에 이뤄지는 이벤트이지만, 그 대화는 일 년에 걸친 시간의 결과물이다. 작더라도 신뢰를 경험할 수 있도록 구성원을 도와야 한다. 그리고 면담에 앞서 구성원과 신뢰를 주고받았던 경험을 떠올려보라. 구성원이 노력한 것에 대해서도 떠올려보라. 이런 노력은 면담을 훨씬 더 부드럽게 진행하게 만든다.

최종성과 리뷰 ② 면담 프로세스

성과 리뷰 면담 시간에 가장 경계할 것은 빨리 끝내려는 마음과 통보하려는 마음이다. 이 마음으로 면담에 임하면, 구성원 또한 방어기제가 작동해서 자기 의견만 내세우게 된다. 이 경우 성과 리뷰 면담은 저항에 부딪히고 서로에 대한 불신만 늘어나는 결과를 낳는다. 성과 리뷰 면담의 목표 중 내년에 대한 기대감을 갖도록 돕는 것도 있는데, 이건 꿈도 못 꾸게 되는 것이다.

그렇다면 어떻게 해야 할까? 전체 면담 프로세스는 '면담 준비-도입-과정 전개-마무리'의 순서대로 이뤄진다. [그림 25]에 예시를 두었으니, 이를 응용하여 나만의 성과 리뷰 면담 프로세스를 만들어보라.

이때 다음의 다섯 가지를 다루면, 성과 리뷰 면담이 이전보다 공정하게 이뤄졌다는 구성원의 피드백을 경험할 수 있을 것이다.

첫째, 성과 리뷰 면담의 목적과 목표를 분명히 한다. 면담은 수단이다. 이 면담을 통해 궁극적으로 얻고자 하는 끝그림은 무엇인가? 리더마다 다르겠지만 다음과 같은 것을 목표로 할 수 있다. 올해 구성원의 성과 및 역량에 대해 피드백을 나눠 ①구성원이 성과, 역량, 성장을 바라보는 관점을 정리하도록 돕고, ②성과 평가 기준에 대해 합리적으로 이해하고, ③내년에 대한 마음가짐을 북돋기 등이다. 조직의 상황에 맞게 최종성과 면담의 목표를 정리해보라.

둘째, 리더와 구성원 모두, 서로의 관점을 지지할 구체적인 데이터를 준비한다. 구성원에게도 자신의 역할, 목표, 목표 대비 이룬 결과물(정량 및 정성적 결과물)에 대해 구체적인 데이터를 준비하도록

[그림 25] 최종성과 리뷰 면담의 프로세스 예시

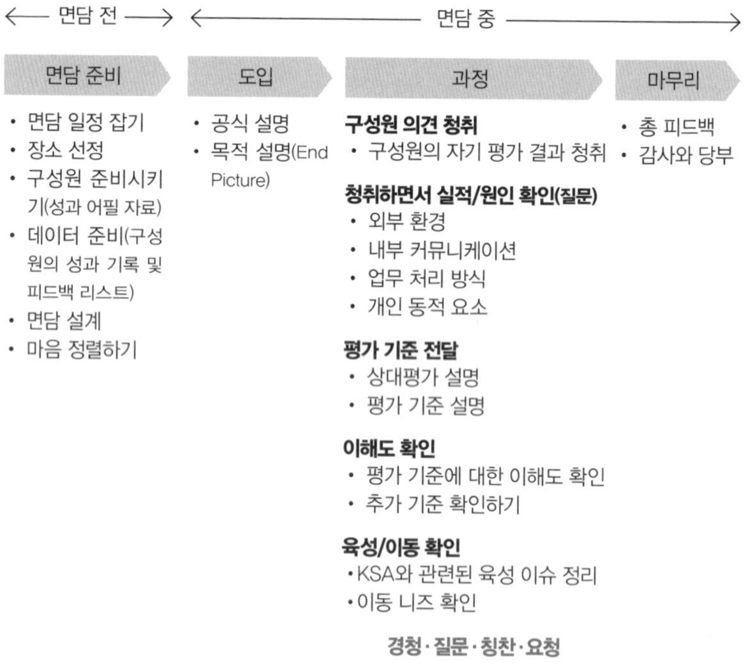

← 면담 전 →	←	면담 중	→
면담 준비	도입	과정	마무리
• 면담 일정 잡기 • 장소 선정 • 구성원 준비시키기(성과 어필 자료) • 데이터 준비(구성원의 성과 기록 및 피드백 리스트) • 면담 설계 • 마음 정렬하기	• 공식 설명 • 목적 설명(End Picture)	**구성원 의견 청취** • 구성원의 자기 평가 결과 청취 **청취하면서 실적/원인 확인(질문)** • 외부 환경 • 내부 커뮤니케이션 • 업무 처리 방식 • 개인 동적 요소 **평가 기준 전달** • 상대평가 설명 • 평가 기준 설명 **이해도 확인** • 평가 기준에 대한 이해도 확인 • 추가 기준 확인하기 **육성/이동 확인** •KSA와 관련된 육성 이슈 정리 •이동 니즈 확인 **경청·질문·칭찬·요청**	• 총 피드백 • 감사와 당부

요청한다. 이를 위해서는 KPI 항목 외에 대화를 나누고 싶은 것에 대해 미리 질문 세트를 제공할 수 있다. 예를 들면, '가장 의미 있었던 과제와 이유는? 가장 어려웠던 과제와 상황은? 가장 성장이 있었던 영역은?'과 같은 질문이다.

구성원 스스로 높은 고과를 받을 것이라고 희망하는 이유는, 평가에서 참고할 만한 기준이 명확하지 않은 이유가 크다. 해당 조직의 전체 목표, 난이도, 가치, 수준, QCDQuality, Cost, Delivery에 대한 기준을 잘 모르거나 부분적으로만 알고 있기에 자신의 성과를 과대평가할 수 있다. 이런 경우가 예상된다면, 고성과의 기준을 잘 준비하는 것도 필요하다.

셋째, 각 구성원마다 맞춤형 면담이 되기 위한 목표와 키워드를 준비한다. 자신에 대해 상사가 고민한 흔적을 발견할 때, 구성원의 마음은 열린다. 앞서 성과 리뷰 면담의 큰 방향은 정해졌으니, 각 구성원별로 면담의 목표를 정리해보자. 예를 들면 'A매니저의 성과를 방해하는 요소는 우선순위를 제대로 정하지 못하는 것이다. 여러 번 이야기했지만 성과 면담을 통해서 이 중요성을 이해하고 내년에 실천할 수 있도록 컨센서스를 합의해보자'가 목표가 될 수 있다.

더불어 구성원의 강점과 약점도 준비해둬야 한다. 올해 초에 각 구성원별로 강점 한두 가지와 육성되어야 할 역량 한두 가지를 메모해 뒀다면 너무 훌륭한 준비를 갖춘 것이다. 만약 구성원별로 이 메모가 있다면 일 년 동안 성과를 내는 데 있어서 구성원의 강점이 어떻게 쓰였는지, 더 큰 영향력을 위해 어떤 부분을 개발해야 하는지 피드백하면 된다. 만약 구성원의 강점과 개발점에 대해 생각해보지 않았다면, 성과 리뷰 면담에 앞서 메모해보길 권한다. 일 년을 되돌아봤을 때 이 구성원의 강점이 무엇이었는지, 좀 더 보완하면 좋을 역량은 무엇인지 말이다. 부족하다고 생각하는 그 역량(예. Co-work을 도출하는 역량)이 개발되었을 때 그 구성원의 미래 삶에 긍정적인 영향력을 준다면, 좀 더 확신을 가지고 이야기를 나눌 수 있다. '당신에게 이 역량이 꼭 필요하다'고 말이다.

넷째, 성과 면담 시간에 구성원의 자랑 혹은 변명을 들어줄 마음의 여유를 가져라. 리더가 생각한 것과 다른 이야기를 한다면 충분히 들어주어야 한다. 여기에는 두 가지 중요한 사항이 있다. 들어주는 것이 첫 번째이다. 귀로만 들으면 안 되고, 입으로도 들었음을 표현해야 한다. 상대방의 이야기를 말로 요약해주며 당신이 경청하고 있다고 느낄 수 있도록 해야 한다. 여기에 공감까지 해주면 금상첨화다. 다른 하나는 다양한 관점에서 생각해볼 수 있도록 적절한 질문을 던져야 한다는 것이다. 성과리뷰시간에 할 수 있는 질문의 카테고리는 다음과 같다.

- 외부 환경적 변수(시장 상황, 고객사의 니즈, 조직의 최고 결정자들의 의사결정 등) 차원에서는 어떠했나?
- 내부 프로세스 측면에서는 어떠했나?
- 내부 커뮤니케이션 측면에서는 어떠했나?
- Co-Work를 요청하는 측면(혹은 사전에 Co-Work에 협조하도록 환경을 조성하는 측면)에서는 어떠했나?
- 개인적 차원에서는 어떠했나? (구성원 개인의 동기, 의욕, 역량 등)

어떤 팀장은 이런 고백을 한다.

"이런 질문과 프로세스 없이 최종성과 리뷰 면담을 할 때는 10분도 안 걸렸는데, 질문을 준비해서 대화를 하니 1시간 넘게 깊은 대화를 나누게 되더라구요. 신기한 게 질문에 답하면서 구성원이 스스로 자신의 문제점을 깨닫더라고요. 질문하고 들어주기만 했는데 나갈 때는 열심히 하겠다, 들어주셔서 감사하다고 하네요. 신기한 경험이었어요."

물론 모든 구성원이 질문에 답하면서 불일치를 스스로 깨닫긴 어렵겠지만, 비교적 성공적인 면담이 될 수 있다. 질문 리스트를 촘촘히 만들어 시도해보자.

다섯째, 프로세스 전체를 관리하라. 앞의 그림에 제시한 것처럼, 성과리뷰 면담은 프로세스가 있다. 준비-도입-전개-마무리의 큰 틀에서 짚고 가야 할 항목과 들어야 할 항목, 그리고 당부해야 할 것과 고마움을 표시해야 할 영역이 있다. 대화하면서 한 부분에만 함몰되지 말고 전체를 보면서 프로세스를 전개해 나가야 한다.

고과 피드백 면담의 초점

고과 피드백은 고과 결과를 구성원이 열람한 후에 진행하는 면담이다. 고과 피드백 면담에서는 평가 결과의 구체적인 기준과 근거를 제시한다. 이에 대해 구성원의 생각을 경청하고 의견을 나눈다. 이 부분에 대해서는 간단히 내용을 나눈 후, 내년 설계로 초점을 이동시킨다. 리더로서 조직을 어떻게 운영하고자 하는지 밝히고 더 나은 팀이 되기 위해 팀과 리더에게 기대하는 바가 무엇인지, 내년에 도전하고 싶은 업무가 있는지 어떤 지원이 필요한지 듣는다.

팀에서는 좋은 성과를 냈는데도 본부차원에서 성과가 조정이 되어 좋은 고과를 주지 못했거나 리더가 생각할 때도 평가가 그 노력에 미치지 못했다고 생각되면, 비금전적인 보상을 고민해서 제안하는 것도 필요하다. 학자들마다 이견이 있지만, 금전적 보상은 퇴직 여부와 관계가 깊고 비금전적 보상은 동기부여와 관계가 깊다고 본다. 금전적 보상은 리더 입장에서 제한적일 수밖에 없지만, 비금전적 보상은 다양한 방식이 가능하다. 조직 내 비금전적 보상을 잘 찾아내는 것도 리더의 역량이라 생각된다. 작게는 상사에게 칭찬 받을 기회를 주는 것부터 시작해서 크게는 굵직한 교육의 기회를 제공하는 것까지 다양하다. 실제로 어떤 조직에서 오프라인으로 MBA를 보내주는 것과 온라인으로 진행하는 대학원 과정이 있었는데, 한 팀장이 재빠르게 신청하여 한 팀에서 두 명이나 보내게 된 사례가 있었다. 다른 팀장들은 그런 제도가 있는지도 몰랐다. 구성원들에게 좋은 기회를 주기 위해 팀장이 촉수를 예민하게 세우고 있었기에 얻을 수 있는 정보였다.

보안이 삼엄하기로 유명한 미국 은행을 턴, 미국 최고의 은행강도인 존 딜린저John Dillinger가 은행강도를 꿈꾸는 후배(?)들에게 조언한 것이 있다. 처음 은행을 털기 전 몇 번은 주유소부터 시작하라는 것이다. 새로운 뭔가를 배운 리더들은 늘 기존에 머리를 지끈거리게 했던 가장 어려운 구성원을 대상으로 대화를 시도해보려는 노력을 한다. 이런 리더들에게 존 딜린저의 말을 빌려 권고하고 싶다. 리더가 이상하게 이야기해도 찰떡같이 알아들을 수 있는 구성원과의 성과 면담을 먼저 시작하라고 말이다. 좀 더 대화가 편한 구성원, 논쟁거리가 적은 구성원과 성과 면담을 하다 보면, 리더 스스로 기술도 생기고 요령도 생긴다. 두려워하지 말고 진정성을 가지고 시작하자. 작년보다 10%만 나아지길 희망하며 도전해보자.

셀프 코칭

다음의 질문에 답하면서 성과 면담에 대한 생각을 정리하고 성과 면담을 기획해봅시다.

Q1. 성과 면담은 성과관리의 한 형태일 뿐입니다. 성과 면담에 앞서 나는 일 년 동안 어떻게 성과 관리를 하고 있나요? (합리적인 목표 수립, 과제를 성공하도록 지원, 구성원의 몰입을 방해하는 요소에 대한 관심, 구성원의 커리어에 대한 관심, 수시 피드백 등등)

Q2. 우리 조직은 일련의 성과 면담 중 어떤 것을 하고 있나요? (목표 수립 면담, 중간성과 리뷰, 최종성과 리뷰, 조정회의, 고과 피드백 면담, 그리고 수시 피드백) 추가로 내가 맡은 조직에서 시도해볼 면담은 무엇인가요?

Q3. 최종성과 리뷰 면담 직전에 준비할 4가지를 점검해봅시다. 무엇이 준비되어 있고 무엇을 더 보완해야 할까요?

면담 전 준비할 4가지: ①구성원에게 성과 면담에서 나눌 데이터를 미리 준비시켰나요? ②나는 구성원의 입장에서 성과에 대한 관점과 변명을 들어보려는 진심과 여유가 있나요? ③나는 성과 면담의 프로세스를 알고 있나요? ④성과 면담을 위해 어떤 대화 스킬을 사용할 건가요?

Q4. 나만의 최종 성과 리뷰 면담을 프로세스별로 만들어봅시다. 단계별로 하고 싶은 키워드를 적어보세요.

면담 준비	도입	진행과정	마무리

Q5. 성과를 얼마나 냈느냐와 상관없이 면담을 위해서는 구성원마다 강점, 진보한 것, 개선할 점이 정리되어야 합니다. 한 구성원을 떠올리면서 성과 면담의 끝그림을 정리해보고 그 구성원의 강점과 약점 등을 정리해보세요.

면담을 마치고 기대하는 끝그림 ______________________________

구성원의 강점 ______________________________

1년 동안 진보한 것 ______________________________

개선할 점 ______________________________

주

1 《정신분석용어사전》, 미국정신분석학회 지음, 이재훈 옮김, 한국심리치료연구소, 2002.

2 《기억, 꿈, 사상》, 칼 구스타브 융 지음, 조성기 옮김, 김영사, 2007.

3 A person can perform only from strength., 《Managing Oneself》, Peter F. Drucker, Harvard Business Press, 2008.

4 A competency is an underlying characteristic of an individual that is causally related to criterion referenced effective and/or superior performance in a job or situation., 《Competence at Work》, Lyle M. Spencer Jr., Signe M. Spencer, Wiley, 1993.

5 《강점에 올인하라》, 도널드 클리프턴, 폴라 넬슨 지음, 홍석표 옮김, 솔로몬북, 2007.

6 〈A look at derailment today: North America and Europe〉, Jean Brittain Leslie, Ellen Van Velsor, Center for Creative Leadership, 1996

7 《아웃워드 마인드셋》, 아빈저연구소 지음, 서상태·김신배·박진숙 옮김, 트로이목마, 2018.

8 《의식혁명》, 어빈 라슬로·스타니슬라프 그로프·피터 러셀 지음, 이택광 옮김, 경희대학교출판문화원, 2016.

9 《이것만 의식하면 건강해진다》, 고바야시 히로유키 지음, 윤지나 옮김, 청림Life, 2014.

10 《습관의 디테일》, BJ 포그 지음, 김미정 옮김, 흐름출판, 2020.

11 《아름다운 가치 사전》, 채인선 지음, 김은정 그림, 한울림, 2005, pp.16–17.

12 《아름다운 가치 사전》, 채인선 지음, 김은정 그림, 한울림, 2005, pp.32–33.

13 〈The first glimpse determines the perception of an ambiguous figure〉, Garvin Chastain·Clarke A. Burnham, Perception & Psychophysics, 1975, Vol. 17 (3), 221–224.

14 《확신의 덫》, 장 프랑수아 만초니, 장 루이 바르수 지음, 이아린 옮김, 위즈덤하우스, 2014.

15 《확신의 덫》의 내용을 수정 적용함.

16 1994년 기준 대기업 입사 경쟁률은 5:1~8:1 정도였으니, Z세대의 경쟁률은 이때와 비교하면 100배 높아진 것이다.

17 〈국내 100大 기업 임원 연령대 현황 분석〉, 유니코써치, 2022.

18 《승자의 뇌》, 이안 로버트슨 지음, 이경식 옮김, 알에이치코리아, 2013.

19 〈학교란 무엇인가〉, 8부, "0.1%의 비밀", 연출 정성욱 외, 2010.11.29. 방영, EBS.

20 〈Metacognition and cognitive monitoring〉, Flavell, J. H., American Psychologist, 34, 906–911, 1979.

21 《나는 왜 도와달라는 말을 못할까》, 웨인 베이커 지음, 박설영 옮김, 어크로스, 2020.

22 《90일 안에 장악하라》, 마이클 왓킨스 지음, 박상준 옮김, 동녘사이언스, 2018.

23 《리더의 질문법》, 에드거 샤인, 피터 샤인 지음, 노승영 옮김, 심심, 2022.

24 〈우리는 왜 대학에 가는가〉, 5부 말문을 터라, 연출 정성욱, EBS, 2014.01.28.~2014.01.29. 방영.

25 '기존 은행엔 있지만 카카오뱅크에는 없는 건?', 이경은, 블로터, 2017.12.03., n.news.naver.com/mnews/article/293/0000021061?sid=105

26 2017.4. 은행업 본인가기준, 전자공시시스템 2021년도 사업보고서 참조.

27 2023.05. 종가 기준.

28 '개인성장관리: 일잘러가 되는 비법', 하우코칭.

29 'AAA코칭리더십' 하우코칭.

30 이는 감수성훈련의 대가 유동수 선생의 아이디어다.

31 《전진의 법칙》, 테레사 에머빌·스티븐 크레이머 지음, 윤제원 옮김, 오지연 감수, 정혜, 2013.

32 MBCI Business Coaching, 모듈 3.

33 '변화 관리, 한 번에 하루씩', 키스 페라지, 하버드비즈니스리뷰, 2014.07–08. www.hbrkorea.com/article/

view/atype/ma/category_id/7_1/article_no/297

34 《켄 블랜차드의 상황대응 리더십II 바이블》, 켄 블랜차드 지음, 조천제 옮김, 21세기북스, 2007.

35 Edgar Schein's Model of Organizational Culture(1997)

36 〈Cultures of Genius at Work: Organizational Mindsets Predict Cultural Norms, Trust, and Commitment.〉, E. A. Canning et. Al., Personality and Social Psychology Bulletin, Vol. 46(4), 2020, pp.626-642.

37 《변화면역》, 로버트 케건, 리사 라스코우 라헤이 지음, 오지연 옮김, 정혜, 2020.

38 《최고의 팀은 무엇이 다른가》, 대니얼 코일 지음, 박지훈·박선령 옮김, 웅진지식하우스, 2022.

39 〈인간의 두 얼굴〉, 1부, "상황의 힘", 연출 정성욱, 2008.08.11. 방영, EBS.

40 《1만 시간의 재발견》, 안데르스 에릭슨·로버트 풀 지음, 강혜정 옮김, 비즈니스북스, 2016.

41 www.researchgate.net/figure/The-Spiral-of-Experiential-Learning_fig1_247740387

42 www.hyperisland.com/blog/develop-learning-spiral-and-experimental-learnin

43 www.ted.com/talks/simon_sinek_how_great_leaders_inspire_action/c?language=ko

44 '개인성장관리: 일잘러가 되는 비법', 하우코칭.

45 〈Interrelationships among employee participation, Individual differences, Goal difficultly, Goal acceptance, Goal instrumentality, and Performance〉, Gary A. Yukl·Gary P. Latham, Personnel Psychology, Vol 31(2), 1978, 305-323.

46 'The Science & Psychology Of Goal-Setting 101', Madhuleena R. Chowdhury, Positive Psychology, 2019.05.02., positivepsychology.com/goal-setting-psychology.

47 'Designing Work That People Love', Marcus Buckingham, HBR, 2022.05., hbr.org/2022/05/designing-work-that-people-love.

48 '인사조직론 기초과정', 최동석, 최동석인사조직연구소, 2019.

49 《Facilitative Leadership》, Steve Reilly, Peanut Butter Publishing, 1996.

50 사실 구글과 같은 회사에서는 구성원들이 각자 1년 동안 할 수 있고 하고 싶은 목표들을 모두 내면, 그것을 분류하여 종합한다. 그 종합된 내용을 가지고 경영진들이 여러 번 회의를 하면서 올해의 목표 방향을 정한다. 방향이 정해지면 그것을 토대로 다시 팀이나 개인의 목표를 수정하는 방식으로 진행한다.

51 《진짜 성과 관리 PQ – Version Two》, 송계전, 좋은땅, 2017.

52 '피드백에 멍들다', 마커스 버킹엄·애슐리 구달 지음, 하버드비즈니스리뷰, 2019. 03-04, www.hbrkorea.com/article/view/atype/ma/category_id/8_1/article_no/1322

53 인간의 뇌를 쉽게 설명하면 파충류의 뇌, 포유류의 뇌, 인간의 뇌로 구성되어 있다고 본다. 파충류의 뇌는 생존을 위해 싸울까 도망갈까를 즉각적으로 결정하는 뇌이다. 포유류의 뇌는 감정을 통해 행동을 취한다. 사랑, 보호, 존중, 신뢰 등을 느끼고 이를 행동을 취하는 뇌이다. 사람의 뇌는 전두엽으로 구성되어 있으며 존재하지 않는 것들을 볼 수 있고 포유류의 뇌보다 천 배 이상 유연하고 창의적이다. 이 세 가지 구조의 뇌는 상황에 따라 1순위 뇌가 결정된다. 숲속을 지나다가 이상한 소리가 들리면 바로 팔다리에 혈액을 보내서 힘을 생성해 뛰도록 만드는 것은 파충류가 1순위 뇌가 되었기 때문에 가능하다. 그러나 회사에서 창의적인 아이디어를 쏟아내는 장면이라면 인간의 뇌가 1순위가 되어서 전두엽이 활성화되고 있을 것이다.

54 《일의 99%는 피드백이다》, 더글로스 스톤·쉴라 힌 지음, 김현정 옮김, 21세기북스, 2021.

55 〈한국인과 영어〉, 4부, "언어의 벽을 넘어라", 연출 박성오, 2013.12.01. 방영, EBS.

56 《확신의 덫》, 장 프랑수아 만초니·장 루이 바르수 지음, 고원 옮김, 위즈덤하우스, 2014.

57 《멀티플라이어》, 리즈 와이즈먼 지음, 이수경 옮김, 한국경제신문, 2019.

58 《바른 마음》, 조너선 하이트 지음, 왕수민 옮김, 웅진지식하우스, 2014.

59 'Performance Management: Playing with a winning hand', Nathan Sloan·Stacia Garr ·Karen Pastakia, Deloitte Insights, 2017.02.28., www2.deloitte.com/us/en/insights/focus/human-capital-trends/2017/redesigning-performance-management.html

60 성과 관리 혁명, 피터 카펠리·안나 타비스, HBR, 2016.10., www.hbrkorea.com/article/view/atype/ma/category_id/8_1/article_no/851

61 'Google introduces a new employee performance approach called GRAD. The HR Congress', Farai Mugabe, HR-congress, 2022.05.10., hr-congress.com/2022/05/10/google-introduces-a-new-employee-performance-approach-called-grad

KI신서 11031
일 만명 리더를 변화시킨
리더 수업

1판 1쇄 발행 2023년 7월 7일
1판 2쇄 발행 2023년 8월 30일

지은이 현미숙
펴낸이 김영곤
펴낸곳 (주)북이십일 21세기북스

콘텐츠개발본부이사 정지은
정보개발팀장 이리현 **정보개발팀** 강문형 이수정 박종수
출판마케팅영업본부장 한충희
마케팅1팀 남정한 한경화 김신우 강효원
출판영업팀 최명열 김다운 김도연
제작팀 이영민 권경민

출판등록 2000년 5월 6일 제406-2003-061호
주소 (10881) 경기도 파주시 회동길 201(문발동)
대표전화 031-955-2100 **팩스** 031-955-2151 **이메일** book21@book21.co.kr

ISBN 978-89-509-0115-8 (03320)

(주)북이십일 경계를 허무는 콘텐츠 리더

21세기북스 채널에서 도서 정보와 다양한 영상자료, 이벤트를 만나세요!

페이스북 facebook.com/jiinpill21 **포스트** post.naver.com/21c_editors
인스타그램 instagram.com/jiinpill21 **홈페이지** www.book21.com
유튜브 youtube.com/book21pub

서울대 **가**지 않아도 들을 수 있는 **명강**의! 〈서가명강〉
'서가명강'에서는 〈서가명강〉과 〈인생명강〉을 함께 만날 수 있습니다.
유튜브, 네이버, 팟캐스트에서 '서가명강'을 검색해보세요!

책값은 뒤표지에 있습니다.